スマート
シンクロナイゼーション

eビジネスとSCMによる二重の情報共有

編著
山下洋史
村田　潔

同文舘出版

はしがき
――「スマート・シンクロナイゼーション」をめざして――

　20世紀（1945年）にコンピュータが誕生してから今日に至るまでの，わずか60年ほどの間に，情報技術（Information Technology：IT）が著しい進展を遂げていることは周知のことであろう。それに伴い，企業や公共機関においても当然のことながらITの有効活用が1つの重要な課題として認識されるようになっている。とりわけ，インターネットやLAN（Local Area Network）を中心とした情報通信ネットワークが急速に発達し，コンピュータ技術との融合化が進んだ結果，ITという用語はICT（Information & Communication Technology：情報通信技術）なる用語へと取って代わられつつある。これが，企業活動の情報化のみならずグローバル化の潮流を生み出す要因となっていると同時に，グローバル化によって増大する時間的・空間的制約を克服する役割を果たしているのである。

　一方，バブル経済崩壊後の構造的不況の続く日本企業は，何とか現状をブレーク・スルーしようという大きな期待をかけてリエンジニアリング（Business Process Reengineering：BPR）に取り組んできた。しかし，多くの企業がBPRに行き詰まりを感じているようである。そこで，注目されているマネジメント・コンセプトがSCM（Supply Chain Management）である。その背景には，企業間のパートナリングやコラボレーションの必要性や，アジリティへの関心の高まり等の要因があるものと考えられる。

　それでは，なぜ多くの企業がこのようにBPRに対して行き詰まりを感じているのであろうか？　その最大の理由は，BPRが「個別企業」の最適化をめざしているところにあるように思われる。すなわち，企業間のパートナリングやコラボレーションによる，供給連鎖（サプライチェーン）全体としての競争優位の確立が求められる今日，個別企業の最適化のみでは不十分となっているので

ある。

　これに対してSCMは，従来，部門ごと・個別企業ごとの最適化にとどまっていた情報・物流・キャッシュに関わる業務の流れを，サプライチェーン全体の最適化へとシフトさせようとするマネジメント・コンセプトである。ICTの有効活用による情報共有化・知識共有化と，業務プロセスの改善・改革を通じて，サプライチェーン全体の活動とキャッシュ・フローの効率を向上させ，全体最適化を図るのである。

　SCMにおいて，その全体システム（本書では消費者も含めて考えるところに特徴がある）の最適化を達成するための中核となるアプローチは，サプライチェーン全体での情報共有化による業務プロセスの「同期化」(synchronization)であり，そのための理論が「制約理論」(Theory Of Constraints：TOC；詳しくは第1章を参照）である。これまで，多くの企業が個別に自社の生産性向上を図ってきたが，個別企業ごとの生産性向上は必ずしもサプライチェーン全体の最適化に結びつくとは限らない。例えば，生産性の低い企業・工程をそのままにして他の企業・工程の生産性をいくら向上させても，交通渋滞と同様に，かえって仕掛り在庫が増大し，スムーズな生産・販売を妨害してしまうのである。それは，企業間の壁や，企業と消費者との間の壁が障害となって，生産情報や販売情報が分断されてきたという問題点から生じるものである。しかし，現在ではICTの発達により，企業の壁が相対的に低いものとなりつつある。SCMでは，このICTを積極的に活用して情報共有化，そして知識共有化を推し進めると同時に，TOCに基づきサプライチェーン全体での「同期化」を図るのである。

　本書の目的は，このようなサプライチェーン全体の「同期化」をスマートに行っていくためのアプローチを多面的に論じることにある。そこで，「スマート・シンクロナイゼーション」のコンセプトを新たに提示し，SCMとeビジネスのシナジー（相乗効果）を追求するという立場から「SCM→e-SCMの流れ」を論じていくことにする。

　従来，SCMはB to B(Business to Business)中心に展開されてきた。しかしながら，これでは「生産者の論理」のみでサプライチェーンの全体最適化が図られ

てしまうことになる。つまり，全体最適化の議論から，「消費者の論理」がこぼれ落ちてしまうのである。こういった問題意識に基づき本書では，これまでB to B中心であったSCMの対象領域に，eビジネスにおけるB to C (Business to Consumer)を取り込むことによりサプライチェーンの範囲をB to B&Cへと拡張することが，「SCM→e-SCMの流れ」の本質であるという立場をとることにする。SCM→e-SCMの流れの本質が，B to B→B to B&Cへの拡張にあると考えるのである。これにより，消費者の動向をよりストレートにサプライチェーン全体へと反映させ，市場のニーズに対して迅速かつ柔軟に（アジルに）対応するようなe-SCMを構築するための基本コンセプトが本書の「スマート・シンクロナイゼーション」である。

この「スマート・シンクロナイゼーション」は，文部科学省 学術フロンティア推進事業「先端的グローバル・ビジネスとITマネジメント―Global e-SCMに関する研究」プロジェクトの研究活動から生み出されたコンセプトであり，本書の著者18名は，当該プロジェクトの中の「TOC戦略サブ・プロジェクト」と「e-commerceサブ・プロジェクト」のコア・メンバーである。TOC戦略サブ・プロジェクトでは主に「SCMにおけるB to Bの同期化」研究を，またe-commerceサブ・プロジェクトでは主として「ICTを活用したB to Cの同期化とそこでの情報倫理」研究を展開しており，今回の出版は両サブ・プロジェクトのコラボレーションによるものである。

当該プロジェクトは，2002年4月に明治大学商学研究所を母体として発足し，明治大学 Global e-SCM研究センターを拠点に，国際シンポジウム，国際会議や国内学会での研究発表，論文誌の発行，情報システムの開発等，積極的な研究活動を展開している。2005年に同文舘より出版された「スマート・グローバリゼーション」も，当該プロジェクトの「Global Businessサブ・プロジェクト」メンバーによる翻訳書であり，本書はその姉妹書としての性格を有している。

ここで，本書の基本コンセプト―「スマート・シンクロナイゼーション」―における「スマート」の意味を少し掘り下げて考えておくことにしよう。英語のsmartなる単語には，

① <u>利口な</u>・<u>気が利いた</u>・抜け目のない・ずるい・生意気な
② <u>しゃれた</u>・<u>洗練された</u>・流行の
③ 活発な・<u>きびきびした</u>
④ 激しい・厳しい・~~強烈な~~
⑤ 誘導ミサイルの・~~自動制御の~~・~~コンピュータが組み込まれた~~

というような意味がある。①～③が一般的な意味で，④と⑤は範囲が限定された特別な意味であろう。

一般的な①～③の意味に関していえば，むだな努力をしない「利口な」・「気が利いた」状態や，時代遅れでない「しゃれた」・「洗練された」状態，さらには，のろまでない「きびきびした」状態といったポジティブな意味と，そこから生じる「ずるい」，「生意気な」といったネガティブな意味に用いられるようである。本書では，アンダーラインを引いたポジティブで多面的な意味(利口な，気が利いた，しゃれた，洗練された，きびきびした)として「スマート」を位置づけることにする。

ただし④と⑤の波線を引いた意味も，範囲が限定された意味ではあるが，本書にとっては重要である。④の意味でsmart crackといえば，ひびが入るほど「強烈な一撃」・「ガツンと一撃」を意味し，本書の「スマート・シンクロナイゼーション」には激しい市場競争の中で相手に強烈な一撃を食らわせる戦略(シンクロナイゼーション)の意味を込めている。また，⑤の波線の「自動制御の」と「コンピュータが組み込まれた」は，主として武器やオートメーション設備を意味するため，本書では「情報武装」という面で重要な意味を持つ。それは，第7章にて「TOCに基づく基準生産計画<u>自動作成システム</u>」(MAster Production Schedule system based on TOC：MAPS-TOC)を提示し，その詳細スペックを付録として紹介しているからである。MAPS-TOCは，サプライチェーン全体を「同期化」させる規準生産計画をスマートに(洗練されたかたちで自動的に)作成していくことを意図して，当該プロジェクトが2003年に開発したソフトウェアである。

このように，本書における，生産者のみの論理でなく消費者の論理をふまえた同期化がスマートであり，在庫を持たないような利口なアプローチ，ICTを

駆使した洗練されたアプローチ，下請企業に対する強制でなく個の自律性を尊重したアプローチ，激しい企業競争の中で相手に強烈な一撃を与えるようなアプローチがスマートなのである。周知のように，サプライチェーンを構成する組織や個人の行動は，高い多様性・複雑性・不確実性を有している。そこで，本書の「スマート」を包括的にいえば，これらのエントロピーを上手に吸収することとなる（詳しくは第6章を参照）。

　本書は，主として，商学・経営学・経営工学・経営情報学を専門とする研究者・学生と，社会の第一線で活躍される実務家の方々を対象に書かれている。基本的には研究書としての性格が強いが，実務家の方々にも関心の高いテーマ，例えば，SCM，e-ビジネス，ICTの有効活用による情報共有化・知識共有化，TOC，企業倫理・情報倫理，リサイクル等，を取り上げ，スマート・シンクロナイゼーションという枠組みの中でできる限り簡潔に，かつわかりやすく解説したつもりである。しかしながら，限りある紙面の中で簡潔にまとめようとしたがゆえに，研究者の方々には少々もの足りなく感じられるかもしれない。本書を読んで，さらに詳細な議論やロジックを知りたいと感じられた方々には，本書の参考文献に掲げた当該プロジェクト・メンバーの論文をご覧いただくことをお薦めしたい。

　本書は，第Ⅰ部の基礎編(e-SCMとスマート・シンクロナイゼーション)と第Ⅱ部の応用編(組合せ制約理論によるスマート・シンクロナイゼーション)の2部構成となっている。

　第Ⅰ部の基礎編(第1章～第5章)では，eビジネスとSCMの動向，とりわけICT活用による企業間のコラボレーションと企業倫理・情報倫理に対する関心の高まりをふまえながら，はしがきで提示した「スマート・シンクロナイゼーション」のコンセプトを基礎に，SCMから「e-SCM」への流れを解説している。ここでは，スマート・テクノロジーを基盤とした，SCMとeビジネスの有機的結合(e-SCM)によるB to B→B to B&Cへの拡張が，工程間の同期化のみならず生産者と消費者の同期化を通じたCSの実現やサプライチェーンの全体最適化に寄与するという視点が提示される。さらに，ICTをB to B&Cに活用していく際に，スマート・シンクロナイゼーション実現のための重要な要素とし

て企業倫理・情報倫理を位置づけ，第Ⅱ部の「組合せ制約理論」への基礎を固めている。

　第Ⅱ部の応用編(第6章～第11章)では，まずスマート・シンクロナイゼーションのための「組合せ制約理論」(Theory Of Combined Constraints：TOCC)を提示し，オートマティックTOCCプラニングのソフトウェアとして，当該プロジェクトが開発した「MAPS-TOC」を紹介すると同時に，このMAPS-TOCがスケジューリング問題に介在する複雑さをスマートに奪い取る「低エントロピー源」の役割を果たすという視点を提示している。また，TOCCに基づき，モジュラリゼーション，カスタマー・オリエンティドSCM，管理から支援へのパラダイム・シフト，企業の社会的責任といったテーマを論じている。さらに，e-SCMにおける「二重の情報共有」と「二重の知識共有」の概念や「柔らかいSCM」，さらには「タッキング・マネジメント」，「循環型e-SCM」等，当該プロジェクトの研究活動から生まれた新規性の高いテーマを解説している。

　本書の出版は，明治大学Global e-SCM研究センターを支える多くの方々の協力により実現したものである。とりわけ，明治大学商学研究所，社会科学研究所の関係者には，当研究センターの設置，およびその後の研究活動に対して温かいご支援をいただいた。これらの多くの方々に深く感謝の意を表したい。

　さらに，本書の出版にあたって多大なるご助力をいただいた同文舘出版の方々に心からの謝意を表す次第である。

　2006年1月

編著者　山下　洋史
村田　潔

執筆者一覧（＊は編者）

井上崇通（明治大学教授）　第9章2節

上原　衛（愛知淑徳大学教授）　第11章4節

梅田敏文（愛知淑徳大学教授）　第4章2節

小笠原泰（NTTデータ経営研究所主任研究員）　第3章1，2節

小澤行正（浜松大学教授）　第9章3節

折戸洋子（明治大学助手）　第4章3節

風間信隆（明治大学教授）　第8章（3，4，5，6，7節）

金子勝一（山梨学院大学助教授）　第1章（1，2，3，4節）、第2章（3，5節）、第5章（1，2節）

川中孝章（ネットワンシステムズ）第3章3節

為本吉彦（三菱総合研究所主任研究員）　第5章（6，7，8，9，10，11，12節）

西　剛広（明治大学助手）　第7章（5，6，7，8，9，10節）

林　誠（山梨学院大学講師，経営コンサルタント）　第5章（3，4，5節）

松田　健（明治大学講師）　第7章（1，2，3，4節）、第11章（2，3節）

松丸正延（東海大学教授）　第1章5節、第10章、付録A，B

＊村田　潔（明治大学教授）　第4章1節、あとがき

村松潤一（広島大学大学院教授）　第9章1節

文　載皓（富士常葉大学助教授）　第8章1，2節、第11章1節

＊山下洋史（明治大学教授）　はしがき、第2章（1，2，4，6，7，8節）、第6章

目　　次

はしがき ————————————————————(1)

第Ⅰ部：基礎編
スマート・テクノロジーを活用したeビジネスとSMCの有機的結合

第1章　eビジネスとSCMの動向 ————————————3
第1節　進展するeビジネス …………………………………………3
第2節　eビジネスにおける取引形態 ………………………………6
第3節　eビジネスとビジネス・モデル ……………………………8
第4節　eビジネスにおける予期せぬ成功 …………………………10
第5節　スマート・テクノロジーを基盤としたSCM ……………12

第2章　eビジネスとSCMの有機的結合(e-SCM)によるスマート・シンクロナイゼーション ————————————19
第1節　eビジネスとe-SCM …………………………………………20
第2節　「潜在的組織参加者」の概念と顧客満足(CS) ……………21
第3節　イントラネットとエクストラネット ……………………23
第4節　SCMからe-SCMへ …………………………………………26
第5節　e-SCMにおける自律分権的な業務プロセスとICTの積極的活用 ……………………………………………………………27
第6節　e-SCMにおける顧客満足 …………………………………29
第7節　e-SCMにおける顧客活性化フレームワーク ……………31
第8節　e-SCMにおけるスマート・シンクロナイゼーション …34

第3章　スマート・シンクロナイゼーションを支える情報通信技術 ―― 37

第1節　情報通信技術（ICT）の動向 ―― 37
1．情報技術と通信技術の融合　37
2．ICTが企業にもたらすインパクト　41
3．人間能力の重要性　43

第2節　e-SCMにおけるICTを利用したスマート・シンクロナイゼーション ―― 44
1．企業間コラボレーション　44
2．サービス指向アーキテクチャ　45
3．スマート・シンクロナイゼーションのためのビジネス・アーキテクチャ　47

第3節　スマート・シンクロナイゼーションを保存するセキュリティ対策：コンピュータ・ウィルスへの対応 ―― 49
1．情報セキュリティ対策の重要性　49
2．企業の技術的抵抗力と人的抵抗力　50
3．コンピュータ・ウィルス対策の概念モデル　51

第4章　スマート・テクノロジーと企業の倫理 ―― 61

第1節　スマート・テクノロジーとしてのICTと企業情報化 ―― 62
1．ICTと社会　62　　2．ICTの二面性　63
3．企業の情報化と倫理　65

第2節　ICTの開発と利用がもたらす企業倫理課題 ―― 67
1．企業の直面する倫理課題　67
2．ICTの開発と利用による倫理課題の増大　68
3．SCMの推進による倫理課題の増大　71

第3節　スマートなICT・情報管理のあり方 ―― 74
1．スマートな情報管理システム　74
2．サプライチェーンにおける情報管理　76

第5章　e-SCMによる二重の情報共有と知識共有 ——————81

第1節　eビジネスとe-SCMにおける情報共有……………………82
第2節　e-SCMによる二重の情報共有………………………………84
第3節　ナレッジ・マネジメントからナレッジチェーン・マネジメント（KCM）へ ………………………………………………86
第4節　e-KCMと知識共有・知識創造のプロセス………………87
第5節　ナレッジ・コミュニティにおける学習の場……………91
第6節　個客接点とは何か……………………………………………94
第7節　個客接点機能プロセスの4つのカテゴリー……………96
第8節　個客個人に向けた情報提供機能…………………………97
第9節　個客間での情報交換・情報共有…………………………98
第10節　個客のサプライチェーン参画機能………………………99
第11節　個客接点における触覚機能………………………………100
第12節　個客接点における一体化度形成モデル………………101

第6章　e-SCMにおける組合せ制約理論（TOCC） ——————105

第1節　スケジューリング問題とMRPシステム ………………106
第2節　SCMにおける情報の共有化とTOCによる同期化 …108
第3節　TOCに関する低エントロピー源フレームワーク……111
第4節　TOCのジレンマ・モデル …………………………………112
第5節　TOC戦略におけるスループットの定式化………………116
第6節　TOCからTOCC（組合せ制約理論）へ …………………118
第7節　TOCCの拡張によるスマート・シンクロナイゼーション …122

第7章　スマート・シンクロナイゼーションのためのオートマティックTOCCプラニング ——————127

第1節　スマート・シンクロナイゼーションと生産管理システムにおける「同期化」……………………………………………128
第2節　MRPシステムの持つ問題点………………………………129

第3節　MRPシステムとJITシステムにおける「同期化」………130
第4節　TOCにおける同期化 …………………………………132
第5節　生産計画における低エントロピー源フレームワーク ……133
第6節　TOCにおける「分散化された低エントロピー源」の概念……135
第7節　TOCとオートマティックTOCCプランニング……………136
第8節　MAPS-TOCの概要 ……………………………………138
第9節　生産管理における「業務プロセスと低エントロピー源のC-Dフレームワーク」………………………………………139
第10節　スマート・シンクロナイゼーションにおけるオートマティックTOCCプランニング ………………………………142

第Ⅱ部：応用編
組合せ制約理論（TOCC）によるスマート・シンクロナイゼーション

第8章　モジュラリゼーションとスマート・シンクロナイゼーション：自動車産業における動向 ———147

第1節　自動車産業におけるSCM戦略の展開………………148
　1．サプライヤー・システム　148
　2．生産・販売ネットワーク　149
第2節　自動車産業におけるアーキテクチャ ………………151
第3節　自動車産業のモジュラー化戦略とマス・カスタマイゼーション ……………………………………………………153
第4節　ドイツ自動車産業におけるモジュール組立て生産方式の展開 …………………………………………………156
第5節　マルチ・ブランド化戦略とモジュール化戦略の展開 ……158
第6節　サプライヤー構造の階層化とモジュール・サプライヤー …160
第7節　モジュラリゼーションとスマート・シンクロナイゼーション…162

第9章　カスタマー・オリエンテッドSCM ─────167

第1節　eマーケティングとカスタマー・オリエンテッドSCM ……168
1．マーケティングと消費者　168
2．eマーケティングとその特徴　169
3．eマーケティングのタイム・プロセスとe-SCM　170
4．有機的情報への対応とコンシェルジュ機能　173

第2節　インターネット上の消費者行動 ……………………174
1．消費者とハイパーメディア型CME　174
2．目的志向型行動vs.経験志向型行動　175
3．消費者の購買プロセスと企業のネット対応　176
4．インターネットによる購買行動の情緒的側面　178

第3節　消費者起点のECモデルとエージェントシステム …………179
1．EC市場の変化とエージェントの必要性　179
2．消費者起点のECエージェントモデル　180
3．消費者起点のECにおける売り手側のエージェントモデル　184

第10章　管理と支援の共存による柔らかいSCMとタッキング・マネジメント ─────189

第1節　管理と支援の共存 ……………………………………190
第2節　柔らかいSCM ………………………………………196
第3節　タッキング・マネジメント …………………………203
第4節　TOCC(組合せ制約理論)とタッキング・マネジメント ……207

第11章　e-SCMにおける社会的責任：自然環境保護への対応──213

第1節　企業の社会的責任 ……………………………………214
1．社会的責任(CSR)論の展開とその意味　217
2．自然環境保護とCSR　217

第2節　環境の内部化 …………………………………………217
1．環境の外部化と内部化　217
2．環境の内部化の例　218
3．環境問題対策と企業業績　219

  4．環境の内部化とSCM………221
 第3節　グリーン連鎖と環境負荷を抑えたSCM……………………222
    ――グリーン・ベンダーとグリーン製品資材――
 第4節　e-SCMにおけるグリーン連鎖からCSR連鎖への動き……226
  1．企業群としての社会的責任　226
  2．サプライチェーンにおけるグリーン連鎖とCSR連鎖への展開　227
  3．e-SCMにおける第3のリスク増大　229
  4．社会的責任を含めたe-SCMの全体最適　230
  5．e-SCMにおける「CRSによる信頼構築フレームワーク」　231

【付録A】　SCMにおけるスループットとリードタイムの問題 ―235
  1．スループットとリードタイムの一元化……………………………235
  2．サプライチェーン・ネットワーク(SCN)モデル……………236
  3．SCNにおけるスループットとリードタイム……………………239

【付録B】　MAPS-TOCの詳細―――――――――――――――244
  1．MAPS-TOCの利用……………………………………………………244
  2．開発システムコード体系……………………………………………253
  3．シミュレーションの実行例…………………………………………263

 あとがき――――――――――――――――――――――――――267
 索　　引――――――――――――――――――――――――――269

第Ⅰ部：基礎編

スマート・テクノロジーを活用したeビジネスとSMCの有機的結合

第1章
eビジネスとSCMの動向

本章のねらい

① eビジネスが,インターネットに代表される情報通信技術(ICT)の普及により,飛躍的に進展している背景を概観する。その上で,eビジネスにおける代表的な取引形態であるB to B,B to C,C to Cのそれぞれの発展プロセスを把握する。

② eビジネスの進展が新しいビジネス・モデルの実現を可能にしているが,その基本はCS(顧客満足)の向上にあり,eビジネスでは,従来のビジネス・モデル以上に企業と顧客との双方向の(インタラクティブな)関係が形成されるため,よりアジルかつ的確な対応が必要であることを理解する。

③ 市場の動向をよりストレートにサプライチェーン全体に反映させ,消費者のニーズに対して迅速かつ柔軟に(アジルに)対応する「スマート・シンクロナイゼーション」を,リードタイム,シンクロナイゼーション(同期化),コストの3側面より理解する。

④ 簡単なサプライチェーン・ネットワークで実現する仕組みを理解する。

第1節　進展するeビジネス

インターネットに代表される情報通信技術(Information & Communication Technology：ICT)の急速な進展と普及が,経済社会に大きなインパクトを与えている。とりわけ,WWW(World Wide Web)や電子メールといったインターネット技術の普及は,企業と顧客との新しい取引関係を生み出し,eビジネ

ス市場の拡大を推し進めている。

　このようにeビジネス市場が急速に拡大している要因として，インターネットがオープンかつ自律分散型の情報ネットワークであるため，誰もが容易に情報ネットワークへ接続可能であることを指摘することができる。つまり，インターネットワーク上のバーチャル空間においては，顧客と企業との接続が容易であると同時に，分離することも容易であり，分離の容易さが接続を促す原動力となっているのである。

　ICTは現在でも急速に進展しており，インターネットのブロードバンド化が進み，PCや携帯電話を含めた多くのデバイスを活用しながら，情報ネットワークに接続することが可能となっている。そのため，いつでもどこからでも情報ネットワークに接続することができるといった意味で，ユビキタス（ubiquitous）ネットワークも注目されつつあり，今後もeビジネス市場の成長が期待される（金子ら［2003］）。

　eビジネスは，1997年にIBMが「e-business」として，情報技術とインターネット技術を融合することにより，ビジネスの機会を広げる新しい業務形態の名称を提唱したことに始まるといわれている（アーサーアンダーセン［2000］）。

　当初のeビジネスは，インターネット上に自社のホームページを開設し，情報を提供することが中心的であった。しかしながら，インターネットはオープンな情報ネットワークであるという特徴から，従来のように一方向の情報発信だけではなく，顧客と企業とのインタラクティブなコミュニケーションを可能としている。そして，両者の間の情報共有化を容易にしており，顧客は多くの企業情報を獲得することが可能となっている。そのため，顧客と企業との関係は大きく変化しつつあり，企業は顧客の捉え方を見直す必要に迫られている（第2章を参照）。

　そこで，多くの企業は，インターネットに接続する不特定多数の顧客に対して，eビジネスにおける商品・サービスの提供を行うと同時に，顧客への迅速かつ的確な対応を図っている。その際，eビジネスは，顧客に対して1人1人（個客）に焦点を当てた対応を容易にしている。もし，顧客（個客）への対応が遅れたり不的確であったりすると，顧客を失うことにつながってしまう。なぜな

ら，インターネット上では，顧客同士の情報共有化も容易に行われるため，悪い評判も広まるからである。

　eビジネスは，インターネットの飛躍的な進展と，これによる企業と顧客との関係性の大きな変化により，顧客(個客)に焦点を当てたB to C(Business to Consumer：企業対消費者間)の領域で注目されることが多い。これに対して，B to B(Business to Business：企業対企業間)の領域では，インターネットの普及以前から，オンラインを活用した取引が頻繁に行われていた。その代表的なシステムとしては，航空会社の発券システムに代表されるSIS(Strategic Information System)や小売業におけるPOS(Point of Sales：販売時点情報管理)システムがあり，業務の効率化に大きく貢献した。

　このようなコンピュータの普及とともに，電子的にデータを送受信して，業務の効率化を図ることを目的に，EDI(Electronic Data Interchange：電子データ交換システム)が活用されている。EDIは異なる企業間や組織間などで標準プロトコルに基づき，情報ネットワークを通じて電子的にデータのやりとりをすることである(流通システム開発センター編[1997])。EDIを活用する対象範囲は，主に受発注のデータであったが，近年は物流，金融などのデータへとその範囲を拡大していった。

　EDIのデータをやりとりする情報ネットワークの1つとして，VAN(Value Added Network：付加価値通信網)がある。VANには，食品業界，医薬品業界，家電業界のような同一業界で構成される「業界VAN」や，同一地域内の異業種の卸売業と小売業の間で構成される「地域VAN」などがある。VANは，インターネットと比較すると，クローズな情報ネットワークとなることが多い点に特徴がある。しかしながら，クローズな情報ネットワークのメリットは，セキュリティ面での安全性が高い点および情報の透明性が高い点にある(山下ら[1998])。この点から，VANや専用線を用いた，企業間のクローズな情報ネットワークを構築して活用している企業も多い。インターネット技術が企業内においても広く活用されるようになったことにより，主に企業間における取引中心のEDIやVANの活用の場においても，Web EDIまたはインターネットEDIのように，インターネット技術を用いた電子商取引(Electronic Commerce：EC)のシステ

ム構築が進みつつある。

 eビジネスは，インターネット上で簡単に商品・サービスの提供を受けることが可能なことから，前述のように，顧客(個客)を中心としたB to Cの領域における議論に焦点が当てられがちである。しかしながら，B to Bの領域におけるECは，より活発化している。

 eビジネスは，ICTの活用，とりわけ情報ネットワークの活用により商品・サービスのみならず，情報の取引を円滑化するものである。つまり，eビジネスでは，情報ネットワーク上の参加者間の情報共有化を通じて，経済社会の活動を促進するものである。なお，eビジネスにおける，情報ネットワークの中心はインターネットであるが，企業内のLAN(Local Area Network)や企業間独自のVANを含めた情報ネットワークの活用を含めて考える必要がある点に注意を要する。また，顧客と企業との幅広い情報の共有化を通して，商品・サービスを取引することに加え，新しい価値創造を含めた概念でもある。

第2節　eビジネスにおける取引形態

 eビジネスはICTを活用したビジネスであり，その基盤となる情報ネットワークはインターネットである。インターネットは，オープンかつ自律分散型の情報ネットワークであるという点に特徴があり，誰もがこれに接続することを容易にしている。eビジネスは，顧客や株主，取引先企業や従業員などを対象とするだけでなく，潜在的な組織参加者(第2章を参照)としての消費者を含めて，インタラクティブなコミュニケーションを可能とするものである。そのため，eビジネスにおける取引形態も，対象となる主体により多種多様である。

 eビジネスにおける主な取引形態は，次のようなものである。

① B to C(Business to Consumer)

 B to Cは企業対消費者間の取引を意味する。インターネット上には，多くのバーチャル・モール(Virtual Mall：仮想店舗)が構築されている。バーチャル・モールを構築する場合，物理的な制約がないため現実の店舗を必要とせず，

投資コストは相対的に安価となる。そのため，eビジネスへの新規参入は容易であり，競合他社の参入の機会も増大する。また，顧客(個客)がeビジネスを利用することは，時間的・空間的な制約の排除につながるため，購買機会を増大させることになる。

B to Cにおける取引規模は，PC，書籍・CD，旅行，中古車などの商品・サービスの販売を中心に拡大している。ネット証券やネットバンクの利用も活発になってきている。また，取引決済の手段もクレジットや銀行の口座引落のみならず，電子マネーの普及により，容易に行うことが可能となりつつある。

一方，eビジネスのインフラの基盤であるインターネットはオープンかつ自律分散型の情報ネットワークであるため，セキュリティ面においては万全とはいえない。そのため，情報セキュリティ，個人情報の流出やネットワーク・ウィルスの問題については十分な注意を要する(第4章を参照)。

また，B to Cにおいて，企業は商品・サービスを提供するだけでなく，顧客とのインタラクティブなコミュニケーションを通じて，顧客情報を獲得することが可能となる。さらに，顧客を個客として捉えた，きめ細かなビジネスを可能としている。そのため，企業はeビジネスの活動を通じて顧客との関係性を深め，CSの向上を図るための企業活動を積極的に展開しつつある。

② B to B(Business to Business)

B to Bは，企業対企業間の取引を意味する。これまでのEDIやVANによる情報共有化は，クローズな情報ネットワーク中心のものであった。そのため，この情報ネットワークへの参加は特定の企業に限定され，系列や囲い込みによるクローズな取引形態に結びつくことが多かった。

これに対して，インターネットに代表されるオープンな情報ネットワークは，不特定多数の企業との取引を可能としている。製造業では，競合他社に対する競争優位を確立するために，品質の向上・コストダウンやリードタイムの短縮(Quality, Cost, Delivery：QCD)を目的とした継続的な活動を行っているが，これらの活動を支える1つの方法として，インターネットによる部品調達を行う企業が増加している。インターネットによる部品調達は，従来の系列企業との取引関係や長期的な取引関係の枠を越えた取引を可能としている。

今後，Web EDIの導入が進むことにより，B to Bの領域におけるeビジネス市場は飛躍的に進展するものと思われる。

③ C to C(Consumer to Consumer)

C to Cは消費者対消費者間の取引を意味する。eビジネス市場では，誰もが比較的容易にこれに参入することができる。例えば，個人が自らWebサイトを開設して商品・サービスを提供する方法がこれに相当する。ただし，自前でWebサイトのすべてを揃えるためには，投資コストや技術的な問題が生じることも少なくない。そのため，個人で容易にeビジネスに参入する方法として，仲介業者のWebサイトを活用したインターネット・オークションが注目されている。しかしながら，コスト面や技術面における問題が少ない反面，情報セキュリティ，個人情報の流出やインターネット・ショッピングにおける顧客とのトラブルの発生等の問題も起こっている。

第3節 eビジネスとビジネス・モデル

eビジネスは，ICTを活用して従来の業務プロセスを大きく変革する新しいビジネス・モデルの創出を強力に支援する。例えば，アメリカのDellは，PC（パーソナル・コンピュータ）をマス・カスタマイゼーションにより消費者に直接販売するビジネス・モデルを展開している。eビジネスにおいては，このような画期的なビジネス・モデルが登場する一方で，eビジネスの「誰もが容易に接続できる」という特徴が驚異になりうる。つまり，新しいビジネスを開始すると同時に，インターネット上にビジネス・モデルのノウハウが公開されてしまうことになることも多いのである。ICTの技術的側面においては，通常の新製品開発や新規事業開発と比較すると，設備投資や開発投資が少なくてすむ。このため，技術的な側面のみならず，資金的な側面においても参入障壁が低い。そのことが逆に，競合他社がeビジネスのモデルを容易に模倣することにつながる点には注意を要する。

このような状況において，ビジネス・モデルの特許が注目されている。つま

り，ビジネスの方法やアイディアの実現が特許として保護されるか否かという問題である。eビジネスでは，情報ネットワークやPCといったICTを利用してビジネス上のアイディアを実現することが少なくない。そのため，ビジネス・モデルの特許は，eビジネスの拡大とともに，発明に該当するか否かといった問題として大きくクローズ・アップされている。

ビジネス・モデルの特許に関しては，1998年にアメリカで「ビジネス・モデルに該当するからといって特許にならないとは言えない」とする判決が言い渡されたことにより，注目され始めた（片方[2001]）。

一方，日本における特許法は，「発明は自然法則を利用した技術的思想の創作」であるため，ハードウェアを中心とした技術特許を対象としていた。ただし，従来より一部にはソフトウェア関連の発明として特許性を認められているものもあった。しかしながら，eビジネスにおいて，ビジネス・モデルの実現に用いるICTそれ自体に，技術的な特徴や差異を明らかにすることは非常に困難である。なぜなら，eビジネスにおいて活用される情報ネットワークやPCは汎用的なものが多く，それ自体には新規性がないからである。また，既存のビジネス・プロセスを，ICTの活用により自動化しただけでは特許の対象とはならない。

特許の対象となるためには，技術的側面からの新規性が必要とされる。アイディアを実現するためのハードウェアが，独自の発明の機械装置であれば特許の対象となるのである。そのため，eビジネスの特許では，専用的な装置の開発と同等の発明に該当するソフトウェアの工夫が必要となる。

日米における主なビジネス・モデル特許には，以下のものがある（片方[2001]）。

① アマゾン社のワンクリック商品購入システム
② ウォーカー・アセット社のリバースオークション
③ NTTの「テレコング特許」
④ 凸版印刷の「マピオン特許」
⑤ トヨタ自動車の「電子かんばん特許」

eビジネスにおいて，新しいビジネス・モデルが市場に大きなインパクトを与えることは多い。そのためには，顧客とのインタラクティブなコミュニケー

ションを継続的に行い，顧客のニーズやシーズを的確に把握することにより，CSの向上をめざす姿勢が重要である。しかしながら，CSの実現を，eビジネスの領域のみで対応することには限界がある。そのため，eビジネスにおいてビジネス・モデルを構築する際には，B to B&C(Business to Business & Consumer)の視点(第2章を参照)をふまえることが大切である。

第4節　eビジネスにおける予期せぬ成功

　eビジネスでは，インターネットに代表されるオープンかつ自律分散型の情報ネットワークが重要な役割を果たしていることは前述の通りである。このオープンな情報ネットワークの特徴は，誰もがこれに接続することを容易にしていることである。顧客は，この情報ネットワークに接続することにより，企業とのインタラクティブなコミュニケーションを可能にする。これに対して，企業とのコミュニケーションの必要性がなくなった顧客は，情報ネットワークから容易に分離することができる。この分離の容易さがオープンな情報ネットワークへの接続を促す原動力になっているのである。

　一方，組織における技術革新に代表される偶然的な問題解決までのプロセスを記述したモデルとして，Cohen et. al. [1972]の「ゴミ箱モデル」がある。このモデルは，組織における問題解決の多くは偶然的なもので，あらかじめ問題が認識されているとは限らず(目的の先与性を前提としていない)，参加者と問題・解が何らかのタイミングで偶然的に結びついたときにはじめて認識されるといった"loosely coupled"(Weick[1976])あるいは"loose coupling"の考え方に基づいている点に特徴がある(山下[1996])。

　これと同様に，当初の目的(問題)とは異なった目的で製品・サービスが使用され，イノベーション(革新)が起こり，しばしば「予期せぬ成功」が生まれることが指摘されている(金子・山下[1999])。このことは，イノベーションの過程において，問題と解が偶然的に結びついたことを意味するものである。このようなイノベーションにおける問題と解の構造は，従来のビジネスにおいても示

唆されていたが，eビジネスにおける顧客と企業との関係において，よりフィットすることが多いように思われる。これは，顧客にとって情報ネットワークの接続および分離が容易であるという点において，情報ネットワーク上の「柔らかい結合」を意味するものである。

　この点に着目して，eビジネスにおける顧客と企業との対応関係を，ゴミ箱モデルの視点から考えてみよう。情報ネットワークは，誰でも参加(接続)または退出(分離)が容易な「選択機会」として捉えることができる。この情報ネットワーク上に，顧客や企業という「参加者」が参加と退出を繰り返していると同時に，多くの「問題」と「解」が存在しているのである。

　参加者があらかじめ決められた問題の解を探索するために，インターネット(選択機会)に接続することもあるが，eビジネスにおいては，必ずしもその必然性を有していないことも多い。

　例えば，顧客があるキーワード(問題)をブラウザの検索エンジンに入力すると，そのキーワード(問題)に関する一覧(解)が表示される。こういった過程を通して，顧客はリスト上から企業のWebサイトに偶然的に接続することも多くなるのである。また，Webサイト上には，多くの企業や個人の情報(問題と解)が存在している。顧客は偶然的に選択機会に参加し，自らの「問題」と「解」を結びつけることになる。この結果，eビジネスにおいては，論理必然的というよりも偶然的な機会が創出されることが多くなるのである。

　一方で，eビジネスは，情報ネットワークという選択機会において，顧客(個客)と企業との柔らかな結合を繰り返し発生させている。情報ネットワーク上で選択機会を提供する役割を果たしているのである。これにより，「予期せぬ成功」という偶然を生み出すことになる。そこで，eビジネスにおいて新しいビジネス・モデルの生成プロセスを捉える際には，論理必然的な問題と解の関係よりも，柔らかい結合と予期せぬ成功といった視点からの検討の方が重要である。さらに，予期せぬ成功の議論にも，問題と解の柔らかい結合の視点を欠かすことができないのである。

第5節　スマート・テクノロジーを基盤としたSCM

　1990年代に市民権を獲得したサプライチェーン・マネジメント(Supply Chain Management：SCM)は，アメリカとロシアの冷戦が終結した結果，世界規模での競争社会が出現した時期を契機として，古くからその重要性が認識されているロジスティクスの物流を，経営者が新たな視点から捉えその重要性を認識したところから始まる。それは，従来の物流の管理手法では世界規模に拡大した競争市場における供給業者から顧客までの物の流れにおける組織・システム・業務をうまく運営することができなくなったからであり，新たな仕組みを構築するために組織・システム・業務を見直す必要性が生じたからである。

　具体的にはこれまで部門ごとの最適化，企業ごとの最適化にとどまっていた情報，物流，キャッシュに関わる業務の流れを，サプライチェーン全体の視点から見直し，ITの活用による「情報の共有化」と全体最適のための「ビジネス・プロセスの改善・改革」を行うことにより，サプライチェーン全体のキャッシュ・フローの効率を向上させようとすることである。

　SCMには，メーカーの生産工程の効率化から始まったことからもわかるように，企業内の購買(調達)，生産，配送，販売(営業)，決済といった一連の流れと，供給業者(Supplier)，製造業者(Manufacture)，卸売業者ないし物流業者(Wholesaler)，小売業者(Retailer)，顧客(Customer)ないし消費者(Consumer)の流れといった2つの流れがある。これらは独立した流れではなく相互に深く関連する。

　Christpher[1992a]，[1992b]はサプライチェーンを「組織のネットワーク」と定義している。そしてこの組織のネットワークは上流工程から下流工程までリンクし，製品やサービスの形で価値を創造したいろいろなプロセスと行動を必然的に含むとしている。この定義は，2本のサプライチェーンの流れのうち，後者の意味合いが強い。このサプライチェーン上の一連の流れをマネジメントするのがSCMである。前者のサプライチェーンを対象とするマネジメントで

は一連のチェーンとして捉えた業務プロセスの改善が中心であるのに対して，後者のサプライチェーンを対象とするマネジメントでは企業間，具体的には供給業者，製造業者，卸売業者ないし物流業者，小売業者をつなぐサプライチェーンの価値連鎖をどのように高めるかという企業戦略が中心であり，顧客ないし消費者への製品・サービスの付加価値を高めるため最適な生産・購買・物流を実現するビジネス・プロセスの全体最適化をめざしている。またChristpher[1992a]は「本当の競争は会社対会社の競争でなく，サプライチェーン対サプライチェーンの戦いである」と述べている。各企業が競って競争優位のサプライチェーン構築とそのマネジメントに精力を注いでいる背景には，グローバル競争が当然になり，より過酷になった世界競争市場の存在がある。さらには情報化の急速な進展により，市場の需要に迅速に対応した部品調達・生産計画を行うことができるSCMが要求されているからである。具体的には，供給業者，製造業者，卸売業者＆物流業者，小売業者，顧客＆消費者の効率的な結びつきを実現するために下記に示す基本的なサプライチェーンを構築して，迅速な対応を行うことが肝心であると認識されている。

(1) 基本的なサプライチェーン

　SCMを簡潔に表現するキーワードをあげれば，リードタイム，シンクロナイゼーション(同期化)，コストの3ワードである(松丸[2003])。SCMにおいて，それを構成する企業群全体の最適化を達成するための中核となるアプローチは，サプライチェーン全体での情報共有による業務プロセスのシンクロナイゼーション(同期化)であり，そのための理論が制約理論(TOC)である。

　本節では，シンクロナイゼーション(同期化)を基盤として図表1-1の4段階サプライチェーン・モデルにおいて，スループット最大化を実現する最小のリードタイム，最小のコストを考えることにする。ここでは，上述の2つのタイプのSCMのうち後者の供給業者，製造業者，卸売業者ないし物流業者(以下では，卸売業者＆物流業者と記述する)，小売業者，顧客ないし消費者(以下では，顧客＆消費者と記述する)について記述するが，以下で展開する理論は前者のサプライチェーンにおいても基本的には同じように適用されうる。

図表1-1　基本的なサプライチェーン・モデル

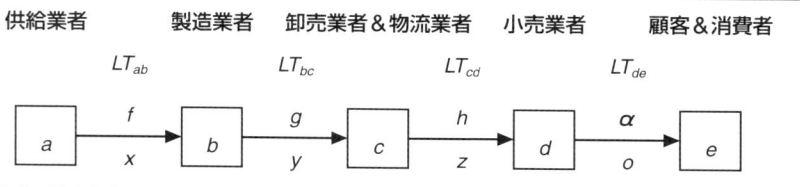

出所：筆者作成。

　図表1-1は基本的なサプライチェーン・モデルを示しており，ここでは，供給業者が1業者，製造業者が1業者，卸売業者&物流業者が1業者，小売業者が1業者，顧客&消費者は1社ないし1人である。巻末の付録Aでは，図表1-1の基本的なサプライチェーン・モデルを拡大して，サプライチェーン・ネットワーク(Supply Chain Network)について議論しているので，より現実に則したモデルについて知りたい場合はそれを参照されたい。

　サプライチェーンを流れる製品の供給方式はプッシュ方式(Push system)とプル方式(Pull system)がある。プッシュ方式は，1段階目の供給業者から製造業者への原材料・部品の供給量を押し込んでゆき，最終段階の小売業者から顧客&消費者に製品の供給量を送り出す方式で，上流段階から下流段階への流れである。したがって，この方式は生産者主導型である。一方，プル方式は，最終段階の顧客&消費者の製品に対する需要量から，1段階目の供給業者に供給量が発注される方式で，下流から上流への流れである。したがってこの方式は顧客&消費者主導型である。MRP(資材所要量計画)システムは最終段階(工程)の計画であるMPS(Master Production Scheduling：基準生産計画)に，すべての前段階(工程)の計画を合わせ込む(同期化させる)ので，プル方式である。巻末付録Bで述べられるMAPS-TOC(MAster Production Schedule System Based on Theory of Constraints)は，MRP(資材所要量計画)システムの核となるMPSを，常に変動するボトルネックの負荷を考慮しながら作成している。現在では，生産者主導型のプッシュ方式から，消費者主導型のプル方式に変化してきている。

(2) スループット(Through-put)

　生産工程のボトルネックを発見し，解消して工程を改善し，全体としてのスループットを最適化させる理論が，ゴールドラットの制約理論(Theory of Constraints；以下「TOC」と略す)であり，SCMを加速させた理論である。いま図表1-1の基本的なサプライチェーン・モデルのスループットを考えるために，供給業者から，製造業者への原材料・部品の供給量 x，製造業者から卸売業者&物流業者への製品の供給量 y，卸売業者&物流業者から小売業者への供給量 z，小売業者から顧客&消費者への供給量 o を設定する。

　ここでスループットを考えると，第4段階の顧客&消費者の製品需要量 e は，小売業者から顧客&消費者への供給量 o に等しいこと($e = o$)が望まれる。いま，プル方式であるとすれば，下流段階の供給量は上流段階(工程)の供給量に等しくなければならない。すなわち，卸売業者&物流業者から小売業者への供給量 z は，小売業者から顧客&消費者への供給量 o に等しくなければならないので，$o = z$ である。以下，同様に考えれば，$e = o = z = y = x$ である。これは，市場における顧客&消費者の製品需要量 e の情報が得られたならば，上流の第1段階(工程)の供給業者はすぐに市場の需要量に対応可能なように，原材料・部品の供給量を確保しておかなければならないことを意味する。すなわち，最終段階(工程)である顧客&消費者の製品需要量 e に合わせ込み，同期化して全体としてのスループットを最適化させる方法が最良の方法であると考えるのである。この問題設定の場合は，全体としてのスループットの合計値 $TH = o + z + y + x$ を最大にすることである。

　図表1-1において $a, b, c, d,$ は，各段階で供給できる原材料部品および製品の供給量を表わしている。

(3) リードタイム(Lead Time)

　リードタイムは，(イ)物事の発端から決着までの時間，(ロ)製品の注文から配達までの時間と解釈されているが，典型的なサプライチェーンのリードタイムは原材料の購買(調達)から，工場での生産，中間在庫のある倉庫や配送，販売(営業)，決済までの時間の全体の合計である。部分的なリードタイム例をあ

げれば，原材料の購買(調達)であれば資材受注より納入までのリードタイム，工場での生産であれば生産リードタイム等となる。SCMは全体最適化をめざすものであるから，全体のリードタイムを意識し，短縮することは当然であるが，各工程でのリードタイムも把握する必要がある。上記の市場における顧客＆消費者の製品需要量eが材料・部品の供給量xに等しくしなければならない問題は，供給量だけでなく，時間を考慮しなければならないということを意味する。供給量を確保することができても，市場が必要とする時刻に必要な商品がなければならないからである。したがって，市場の要求に対するアジルな対応が必要になってくる。市場の需要量を把握して，その情報を得たならば，迅速にそれを市場に提供することが，過酷な競争に勝つ唯一の手段である。これが実現されれば，在庫不足や過剰在庫は生じないので，SCMの全体最適化は，この迅速なサプライチェーンを構築できるか否かにかかっている。このことが前述したクリストファーの「本当の競争は会社対会社の競争でなく，サプライチェーン対サプライチェーンの戦いである」という言葉に相当するのである。図表1-1において各業者間のリードタイムを上流工程から順にそれぞれLT_{ab}, LT_{bc}, LT_{cd}, LT_{de}とする。第1段階としては各段階(工程)間のリードタイムをいかに短縮するかがサプライチェーンの課題である。このような各工程間のリードタイム短縮実現の後には，サプライチェーン全体のリードタイムの合計値LT，すなわち，$LT = LT_{ab} + LT_{bc} + LT_{cd} + LT_{de}$の短縮が重要課題となる。

（4） コスト(Cost)

いま，供給業者から製造業者への原材料・部品の供給量をx_{ij}，製造業者から卸売業者＆物流業者への製品の供給量をy_{jk}，製造業者から小売業者への供給量をz_{kl}，小売業者から顧客＆消費者への供給量をo_{lm}とする。また，費用(コスト)を考慮するために，f_{ij}を供給業者iと製造業者jとの間の原材料・部品の関係コスト，g_{jk}を製造業者jと卸売業者＆物流業者kとの間の製品の関係コスト，h_{kl}を卸売業者＆物流業者kと小売業者lとの間の関係コスト，α_{lm}を小売業者lと顧客＆消費者mとの間の関係コストとする。この関係コストは，基本

的には，供給業者i，製造業者j，卸売業者&物流業者k，小売業者lのそれぞれの発注費用(コスト)，在庫維持費用(コスト)，輸送費用(コスト)である。当然のことながら，他の費用も存在するがこれらは固定費用とし，変動費用としての関係コストの最小化問題を考えることにする。

いま，これらの関係コストを，供給量１単位あたりの関係コストとすれば，総費用(コスト)は，供給量と関係コストとの積である。スループットを論じたときと同様に，供給業者，製造業者，卸売業者&物流業者，小売業者がそれぞれ１業者，顧客&消費者は１社ないし１人であるとすれば，fは供給業者と製造業者との間の原材料・部品の関係コスト，製造業者と卸売業者&物流業者との間の製品の関係コストがg，卸売業者&物流業者と小売業者との間の関係コストがh，小売業者と顧客&消費者との間の関係コストがαとなる。基本的なサプライチェーン・モデル(図表1-1)においてコストを考えるときに大切なことは，供給業者と製造業者との間の原材料・部品の関係コストfと原材料・部品の供給量xの積fxを最小化することである。以下同様にして考えると，各業者間の製品の関係コストと製品の供給量の積を最小化するべきであるため，サプライチェーン全体のコストの合計値$TC=fx+gy+hz+\alpha o$を最小化することがSCMの課題となる。

参考文献

アーサーアンダーセン[2000]『図解eビジネス』東洋経済新報社。
Christopher, M. L.[1992a]*Logistics and Supply Chain Management*, London: Pitman.
Christopher, M. L.[1992b]*Logistics: The Strategic Issues*, London: Chapman and Hall
Cohen, M. D., March J. G. and Olsen, J. P.[1972]A garbage can model of Organizational choice, *Administrative Science Quarterly*, Vol.17, pp.1-25.
ドラッカー，P. F.（上田惇生訳）[1997]『新訳イノベーションと企業家精神（下）』ダイヤモンド社。
Simchi-Levio., Kaminsky, P. and Simchi-Levi, E.[2000]*Desining and Managing the Supply Chain*, McGraw-Hill(久保幹雄監修, 伊佐田文彦・佐藤泰現・田熊博志・宮本祐一郎訳[2002]『サプライ・チェインの設計と管理』朝倉書店).
井上古樹・林林・玄光男[2005]「優先順位遺伝的アルゴリズムによる物流ネットワーク設計問題の一解法」『日本ロジスティクスシステム学会第8回全国大会予稿集』pp.107-110。

金子勝一・山下洋史［1999］「予期せぬ成功と柔らかい結合」『第23回日本経営システム学会全国大会講演論文集』pp.53-56。

金子勝一・山下洋史［2001］「e-SCMにおける「二重の情報共有」」『第27回日本経営システム学会全国大会講演論文集』pp.47-50。

金子勝一・山下洋史・板倉宏昭・木全晃［2003］『経営システムのためのネットワーク論』理想書林。

片方善治監修［2001］『e-コマースシステム技術大全』フジ・テクノシステム。

松丸正延［2003］「SCMとは何か」，山下洋史・諸上茂登・村田潔編『グローバルSCM』有斐閣。

森田道也［2004］『サプライチェーンの原理と経営』新生社。

流通システム開発センター編［1997］『EDIの知識』日本経済新聞社。

高橋伸夫［1993］『組織の中の決定理論』朝倉書店。

田中政光［1990］『イノベーションと組織選択』東洋経済新報社。

Weick, K.E.［1976］Educational Organizations as Loosely Coupled Systems, *Administrative Science Quarterly*, Vol.21, No.1, pp.1-9.

山下洋史［1996］『人的資源管理の理論と実際』東京経済情報出版。

山下洋史・金子勝一・田島悟［1998］『OJC（On the Job Computing）』経林書房。

山下洋史［2001］「e-SCMにおける顧客満足（CS）フレームワーク」『日本経営システム学会第27回全国研究発表大会講演論文集』pp.43-46。

山下洋史・金子勝一［2001］『情報化時代の経営システム』東京経済情報出版。

第 2 章

eビジネスとSCMの有機的結合(e-SCM)によるスマート・シンクロナイゼーション

本章のねらい

① e-SCMが，eビジネスにおける顧客(消費者)とのインタラクティブな関係形成を基盤として，サプライチェーンの中に顧客(消費者)を取り込むことにより，B to BのみならずB to Cを加えたB to B&Cにその対象領域を拡張し，顧客満足(CS)とサプライチェーン全体の同期化の同時達成をめざすものであることを理解する。

② BPR→SCM→e-SCMの流れの中で，複数の部門間や企業間のコラボレーションの重要性に対する認識が高まり，インターネット→イントラネット→エクストラネットといったICTの進展を生み出している状況を把握する。

③ e-SCMにおいて，個の自律性を尊重しながら全体最適化をめざすためには，サプライチェーン全体に共有された目的・価値に基づく的確な水平的コーディネーションと，そのためのICTの有効活用が要求されることを理解する。

④ これまでのような企業→顧客(消費者)の片方向のみの関係を，ICTの積極的活用により，サプライチェーンを構成する企業群と顧客との双方向の(インタラクティブな)関係へとシフトさせることが「顧客活性化」をもたらすという，顧客重視の視点への関心を高める。

⑤ SCM→e-SCMの流れの本質が，B to B→B to B&Cの拡張にあると同時に，このような拡張が「普通のシンクロナイゼーション」から「スマート・シンクロナイゼーション」への進化を支えることを理解する。

第1節　eビジネスとe-SCM

　近年の急速なインターネットの普及は，企業と顧客(個客)との間のインタラクティブな関係の形成を容易にした。これにより，従来のB to B(Business to Business)のみならずB to C(Business to Consumer)にも焦点を当てたeビジネスが注目されていることは，前章で述べた通りである。eビジネスは，ICTの活用，とりわけパブリック情報ネットワークの活用により財・サービス・情報の売買を円滑化するものであり，急速に成長を続けている。

　ここで注意すべきことは，eビジネスがインターネット上に新たなWebサイトを開設するだけのビジネスではなく，従来の「e-commerceを超えた概念」という点である。eビジネスは，ICTを中心とした新しいテクノロジーの導入を促進することのみならず，企業の経営戦略や業務プロセス・組織・システム，そして取引パートナー(B to B)や最終消費者(B to C)まで含めた，企業のあらゆる側面に影響を及ぼしていくのである(村山ら[1999])。

　eビジネスは，顧客1人1人(個客)に焦点を当てたビジネスを可能にするため，当初B to Cがその中心的な視点となっていた。これに対して，eビジネスの先進国アメリカではB to Bの取引金額がeビジネス全体の過半数に及ぶことからもわかるように，その後B to Bへとその対象がシフトしつつあるが，企業にとって消費者との直接的な取引を可能にするeビジネスのB to Cは，やはり魅力的である。

　このような状況の中で，eビジネスのノウハウをSCMに活かそうとする動きが生じている。これは，B to B中心の従来型SCMから，B to B&C(Business to Business & Consumer)を対象とした「e-SCM」への流れとして捉えることができる。バリュー・チェーンを構成する重要な要素としてB to Cを認識し，SCMとeビジネスを有機的に結合させようとするのである(図表2-2を参照)。e-SCMは，IT(ICT)を活用した企業間取引の調整やマネジメントを通じて，最終消費者の要求に対応するプロセスであり(PWC SCMグループ[2000])，eビジネスにおけるB to CからB to Bへの流れとは逆に，B to B中心のSCMにB to C の機能を取り込んだ B to B&C への変革を図るのである。

　e-SCM では，ICT の有効活用と，それによるサプライチェーン全体での顧客(個客)情報の共有化，および顧客(個客)と企業との情報共有化を通して，これまで以上に市場の動向をストレートにサプライチェーン全体へと反映させていくところに大きな特徴がある。ただし，サプライチェーン全体での個客情報の共有化は，個人情報保護の問題を含んでいるので注意を要する(この問題については，第4章を参照)。

　従来の SCM においても，ICT の活用による情報共有化は，不確定性の高い市場変化にサプライチェーン全体がアジルに対応していくための重要な要素であったが，それは基本的に B to B の範囲内で行う情報共有化であった。これに対して e-SCM では，インターネットを中心とした ICT の有効活用による顧客(消費者)とのインタラクティブな関係形成と情報共有化を基盤として，サプライチェーンの中に顧客(消費者)を取り込むところに特徴がある。これにより，B to B のみならず B to C を加えた B to B&C へと対象領域を拡張し，CS(Customer Satisfaction：顧客満足)とサプライチェーン全体の同期化の同時達成をめざすのである。

第2節　「潜在的組織参加者」の概念と顧客満足(CS)

　BPR 以来，顧客満足(CS)は企業活動を展開していく上での1つの重要なキーワードとなった感がある。これに関して安藤[2000]は，「潜在的な組織参加者」の概念からのアプローチを試みている。安藤によれば，企業にとって CS と従業員満足，それぞれを実現するためのアプローチは非常に似通っているとされる。企業の「外」と「内」という違いこそあれ，企業が従業員に満足を与えることによって離職率や欠勤率の改善が進むのと同様に，顧客に対して満足を与えれば顧客はその企業の製品やサービスを購入するというかたちで組織に参加しつづけることになるため，「組織参加」の観点からみれば両者は同じ発想に基づく概念なのである。このような安藤の視点は，「潜在的組織参加者」の概念の

みならず，企業と顧客との双方向性やCS重視の点で，e-SCMに通じるものである。

さらに安藤［2000］は，CSの向上が企業に次のような好循環をもたらすことを指摘している。まず，CSが高ければ，その製品やサービスを継続して購入しようとする顧客，いわゆる「リピーター」が誕生し，そのリピーターから評判の高さを聞きつけてこれに追従する新たな顧客ができる。その結果，当該企業の市場での優位性が増すため，企業はさらに勢いづき，品質改善や新製品開発に向けたいっそうの工夫・努力を行う余力が生じることになる。そして，このような市場での優位性を背景にした新たな努力が，ますます高いCSをもたらすという図式が成立する。山下［2001a］はこういったCSの好循環を図表2-1のように整理している。

図表2-1　CSの好循環

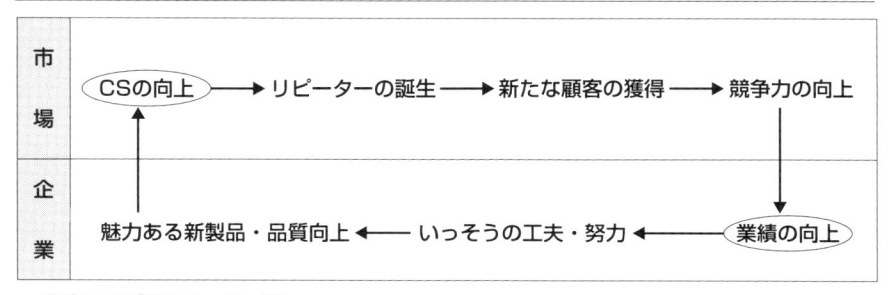

市場	CSの向上 → リピーターの誕生 → 新たな顧客の獲得 → 競争力の向上
企業	魅力ある新製品・品質向上 ← いっそうの工夫・努力 ← 業績の向上

出所：山下［2001a］p.45，図1。

一方，椙山［2000］は「ユーザー・イノベーション」に焦点を当て，形式的には組織の外部の顧客であるはずのユーザーが，実際にはメーカー側の複雑なイノベーションの組織的プロセスに参加し，組織の決定に大きく関与しているようにみえることを指摘している。そして，フォン・ヒッペル［1988］の調査を例としてあげ，ガス・クロマトグラフ，核磁気共鳴分光器といった科学機器の場合，実にイノベーターの77％がユーザー（リード・ユーザー）であり，エレクトロニクス製品の製造装置のような，より一般的な生産財でもイノベーションの67％がユーザーによるもので，ユーザー・イノベーションが一般に考えられ

ているよりもずっと多いことを指摘している。こういったことからも，顧客をサプライチェーンの内部に位置づける視点が，決して非現実的ではないことが理解される。

以上のように，顧客を「潜在的な組織参加者」と考え，サプライチェーンの内部に位置づける視点は，CSの実現が求められている現在の企業にとって，とても重要なことであるように思われる。したがって，従来のSCMにおける企業間同士のコラボレーションは，顧客(個客)との円滑なコラボレーションを図るための手段にすぎないと考えることもできるのである。

第3節　イントラネットとエクストラネット

eビジネスおよびe-SCMにおいて，インターネットはそれらを支える基盤としての役割を果たしている。インターネットとは，「ネットワークのネットワーク」を意味し，オープンかつ自律分散型の情報ネットワークである。当初，学術研究機関を中心に発展し，1990年代に商用にも開放されてからは企業や個人の利用者数を爆発的に増加させ，今や世界的規模で張り巡らされたネットワークとしての地位を築いている。インターネット普及の主要因は，時間的・空間的ギャップを克服して，情報の受発信を可能にするWWW(World Wide Web)と電子メールにあるといわれている。これらにより，企業では顧客(消費者)とのインタラクティブなコミュニケーションが可能となり，顧客と企業との関係性が急速に緊密化しつつある。

その後，企業内部においてもインターネットの技術やツールを利用して情報システムを構築する「イントラネット」(Intranet)が普及していった。イントラ(Intra)とは「内部の」という意味であり，イントラネットは，企業内にWWWサーバーを持ち，ファイアウォール(防火壁)を構築して外部からは企業内の情報システムに無断でアクセスすることができないようにした企業内情報ネットワークである。イントラネットは，WWWサーバー，ブラウザやTCP/IPなどの汎用的なインターネット技術を活用する点に特徴がある。これにより，1

つのユーザー・インターフェイスのみで多くのサービスを利用することが可能となるため，ユーザーは多くの複雑なオペレーションを覚える必要がなくなり，企業内の情報化を効率的に推進することができる(金子・山下[2003])。

イントラネットの普及は，組織をフラット化するといわれる(山下ら[1998])。なぜなら，組織全体としてICTによる情報共有化を容易にし，コミュニケーションの円滑化を推進することにつながるからである。しかしながら，ICTの側面からイントラネットにアプローチするだけで，組織運営やコミュニケーションの側面からの検討を欠いている場合，その導入効果が相対的に小さいものとなってしまう点に注意を要する。それは，ICTの積極的活用による情報共有化とともに，自律分権的な業務プロセスを実現するためのアプローチが，組織と情報の活性化へと導くからである。つまり，組織において集権的コントロールから自律分権的コーディネーションへのシフトが必要なのである。

例えば，1990年代にBPR(Business Process Reengineering)が大きくクローズアップされたことは記憶に新しいが，それはICTの有効活用と業務プロセスの抜本的変革を有機的に結びつけるアプローチが多くの企業に注目されたためであろう。BPRは，(米国で一般的な)従来の垂直的ヒエラルキー・コントロール型の組織ではなく，(日本で一般的な)分権的でフラットな水平的コーディネーション中心の組織を志向している点で，上記のイントラネットと同様の捉え方をすることができる。その際，分権的な組織が陥りやすい局所最適化の問題を，ICTの有効活用よる情報共有化により防止し，組織全体に共有された豊富な情報をもとに意思決定を行うのである(金子・山下[2003])。

一方，企業間競争が企業群間競争へと拡大しつつある近年の企業環境に対応すべく，企業内部のイントラネットを複数の企業間へと拡張する「エクストラネット」を構築しようとする動きが活発化している。エクストラネットは，複数の企業のイントラネット同士をインターネット経由で接続して構築した企業間の情報通信ネットワークである。イントラネットは同一企業内の複数の部門間における情報共有化を容易にするのに対して，エクストラネットは複数の企業間での情報共有化・コラボレーションを容易にする。そういった意味から，BPR→SCMの流れの中で，イントラネット→エクストラネットの流れが生じ

ていることは，ごく自然なことであるように思われる。さらに，SCMに比較して次節のe-SCMでは，ICTの積極的活用による情報共有化がより大きな意味を持つため，e-SCMにおけるエクストラネットの果たす役割は非常に大きい。

このように，インターネットの普及とともに，イントラネットやエクストラネットの構築が進展していく中で，企業内の基幹システムを中心としたネットワークを情報系ネットワークと結合することも重要な課題となっている。従来，基幹システムは機密情報の流出防止を目的にクローズな性格を有していたため，情報システム担当部門がそれを集権的に管理することが多かった。しかしながら，基幹システムのデータを各職場で有効に活用（情報活性化）しようとすれば，それぞれの基幹システムと情報系ネットワークとの結合を図る必要がある。また，情報系ネットワークはインターネットの汎用的なICTを利用することが多いため（例えば，イントラネットやエクストラネット），専用的なICTを利用する従来の基幹システムに比べて，全社的な情報システムの構築が非常に容易なものとなる。

情報系ネットワークは，インターネットと同様に自律分散型の情報ネットワークであるため，TCP/IPを用いたLAN(Local Area Network)が構築されていれば，ルータやブリッジのようなネットワーク装置を接続することにより拡張が容易である。

以上のように，基幹システムと情報系のネットワークの結合を，互いに協力関係にある企業間で行う，すなわちイントラネットからエクストラネットへの拡張を図ることにより，企業内部の情報活性化から企業間での情報活性化へと進化していくことになる。さらに，eビジネスにおける顧客情報を，サプライチェーンに取り込むことは，e-SCMにおけるB to BからB to B&Cへの拡張を意味するものであるため，顧客の動向に対するアジルな対応によるCSの向上を期待することができる。その際，企業内の機密情報の漏洩・個人情報の保護やコンピュータ・ウィルス等の問題には，十分な配慮が必要である（第3章と第4章を参照）。

第4節　SCMからe-SCMへ

　インターネットを中心としたICTの著しい進展とともに，多くの企業が従来の業務プロセスの見直しを図っているが，その際に各企業はICTが生み出すパワーを最大限に活用するような戦略の立案を進めている。こういった状況の中で，SCMにおいても図表2-2のように，バリュー・チェーンを構成する要素としてeビジネスのB to Cを取り込もうとする動きが生じ始めている。これが，SCMからe-SCMへの流れであり，ICTを活用した企業間取引の調整やマネジメントを通じて最終消費者の要求に対応するプロセス（PWC SCMグループ[2000]）である。e-SCMにより，B to B中心の従来型SCMにB to Cの機能を取り込んで，「B to B&C」を基本コンセプトとしたサプライチェーンへの変革を図ろうとしているのである。

図表2-2　e-SCMの対象領域

e-SCMのB to B&C
SCM（B to B）: 原材料業者 − 部品業者 − **メーカー** − 物流業者 − 卸売業者 − 小売業者 − **消費者**（個客）
eビジネス: メーカー 〜 消費者

出所：筆者作成。

　e-SCMでは，ICTの有効活用とそれによる顧客（消費者）情報の共有化を通して，これまで以上に市場の動向をストレートにサプライチェーン全体に反映させ，CSの実現と業務プロセスの同期化を図るようサプライチェーンを導くことになる。それと同時に，「CSにとっては，B to BのコラボレーションはB to Cでのコラボレーションを円滑に進めるための手段にすぎない」という基本的考え方に基づき，これまでのSCMとeビジネスのそれぞれの領域において

分離して行われてきた「情報共有」を一本化(情報共有を共有化；第5章では，これを「二重の情報共有」と呼んでいる)することにより，市場の動向に対してよりアジルに対応するサプライチェーンの構築をめざすのである。このようなSCMからe-SCMへの流れは，インターネットのさらなる進展とともに，今後も多くの企業を呑み込んでいくものと思われる。

e-SCMについて論じる際には，BPRの場合と同様に，CSが特に重要な視点となる。これは，顧客(消費者)との関係，言い換えればB to Cを大切にすべきことを意味する。そのためには，顧客とのタイムリーかつインタラクティブな関係の形成が大切である。e-SCMにおけるB to Cの重要性は，B to B中心であったSCMの対象領域を「B to B&C」へと拡張すべきことを示すものである(図表2-2)。さらに，顧客とのタイムリーかつインタラクティブな関係の形成は，時間的・空間的制約の克服と双方向のコミュニケーションが前提となるため，必然的にICT，とりわけ情報ネットワークの有効活用へと結びつく。

従来のSCMにおいても，ICTの有効活用とそれによる情報共有化は，サプライチェーン全体の最適性を追求するための最重要テーマの1つであったことをふまえると，e-SCMがサプライチェーンの「全体」に最終消費者(個客)を含めようとすること，およびeビジネスから発生する情報をサプライチェーンの情報ネットワーク上で共有しようとすること(第5章の「二重の情報共有」)は，きわめて自然な流れであるように思われる。そういった意味で，今後SCMの多くはe-SCMへと進化していくと同時に，SCMを論じる際の中心的視点も，サプライチェーンの中に顧客(消費者)を取り込むべくe-SCMへと向けられることになろう。

第5節　e-SCMにおける自律分権的な業務プロセスとICTの積極的活用

SCMでは，サプライチェーンの局所最適化を防止し，全体最適化を図るため，一般的に集権的なコントロールが強いように思われがちである。しかしな

がら，SCMにおいて全体最適化のための改善の源泉は1人1人のメンバーの知的・創造的活動であり，各メンバーの主体的・自律的な活動を否定しようとするものではない。「個の自律性の尊重」を基本的なスタンスとして，コントロールの強化ではなく，主体的に行動する各メンバーへの「サポート」を強化するのである（支援基礎論研究会［2000］）。個の自律性を尊重しながら全体最適化をめざすためには，サプライチェーン全体に共有された目的・価値に基づく的確な水平的コーディネーションが要求される。なぜなら，「野放し」の個の自律性の尊重では局所最適をもたらす危険性が高くなってしまうからである。

　山下［2001b］の拡張代替的双対モデルによれば，SCMは工程間の水平的コーディネーションによる「自律分権的な業務プロセス」に特徴があるとされる。これは，個の自律性の尊重によるものであり，B to B&Cを対象とするe-SCMにおいては，この特徴がさらに強化される。こうした「自律分権的な業務プロセス」は，一般に個が局所最適化に走りやすいため，この局所最適化を防止するための方策を必要とする。

　e-SCMでは，その役割を「ICTの積極的活用による情報共有化」が果たすことになる。すなわち，集権的コントロールに基づくサプライチェーン全体の最適化であれば，各メンバーあるいは各企業はセンターが作成した計画通りに実行さえすればそれで良いのであるが，個の自律性を尊重したe-SCMにおける全体最適化では，情報共有化により意思決定の基盤をそろえることが必要となるのである。そういった意味で，SCMやe-SCMは，局所最適化を防止するための方策に関して，個別企業におけるBPRの方法論を基本的にそのまま受け継いでいることになる（山下［2001b］）。

　このような局所最適化を防止するための「ICTの積極的活用による情報共有化」に，「自律分権的な業務プロセス」を加味すると，それが山下ら［1998］のいうOJC（On the Job Computing）のアプローチと基本的に一致する。OJCは，職場内でのICTの積極的活用により「眠った情報」を活性化（情報活性化）し，かつメンバーの「幅広い参加的学習」を通じて組織と目的・価値を共有することにより権限委譲の際の局所最適化を防止しながら，非定型的な情報処理に能動的に対応しようとするものである。すなわち，上司やセンターからの命令があって

初めて行動するのではなく，自分で問題をみつけ自分で問題を解決しようとするメンバーの「自働化」(山下［2004］)と，ICT を積極的に活用した情報共有化による，組織と情報の両面での「活性化」をねらいとしているのである。

OJC において，組織やサプライチェーンのセンターから実務担当者へと意思決定機能を権限委譲することは，上記の「自律分権的な業務プロセス」に相当し，「自働化」されたメンバーが ICT を積極的に活用して能動的に情報を処理し，その情報を関係者・関係部門で共有することは，上記の「ICT の積極的活用による情報共有化」に相当する。したがって，e-SCM では，活発な OJC が要求されることになる。

第6節　e-SCM における顧客満足

第2節で述べた「潜在的組織参加者」(安藤［2000］)の概念は，これまで顧客を組織の外部者と考えてきた多くの企業に対して，発想の転換を要求するものである。山下［2001a］は，この発想の転換が企業に対して下記のような示唆を与えるものとなることを指摘している。

① 「潜在的」であるにしろ組織参加者である以上，顧客との双方向のコミュニケーションやコラボレーションが大切である。

② しかしながら，空間的には組織の「外部」に位置するため，顧客とのコミュニケーションやコラボレーションには，インターネットを中心とした ICT の有効活用が要求される。

③ CS の実現をめざして，顧客とのコミュニケーションから得られる情報を積極的に活用すべきである(ただし，第4章で述べるように「個人情報」の取り扱いには十分な配慮が必要である)。

④ そのためには，組織全体でこの情報を共有化し，顧客のニーズに対してアジルに対応していく姿勢が必要である。

⑤ できる限り多くの顧客をリピーター化し，「潜在的」以上の組織参加者として，組織の内部に取り込むことが求められる。

これらは，基本的に e-SCM のマネジメント・コンセプトと共通するものである。すなわち，上記の「組織」を「サプライチェーン」に置き換えれば，e-SCM においても成立するのである。その意味から，上記の①〜⑤は，企業に対して e-SCM へのアプローチの必要性を認識させる役割を果たしうるものではないかと思われる。こういった考え方に基づき，山下[2001a]は，図表2-3 に示すような「e-SCM における CS フレームワーク」を提案している。

　図表2-3 のフレームワークから，第1に e-SCM の対象領域がサプライチェーンと顧客（消費者）の両方に渡っていること，第2に CS およびそれによる図表2-1 と同様の好循環が期待されること，第3に ICT の有効活用が e-SCM の中心に位置づけられることが理解される。従来の SCM においても「CS」と「情報共有化」は重要な課題であったが，e-SCM ではさらにそれを徹底させることが必要なのである。逆の言い方をすれば，SCM における「CS」と「情報共有化」のみでは不十分であり，それらをさらに強化させるべく e-SCM への転換，あるいは拡張が求められるということになる。

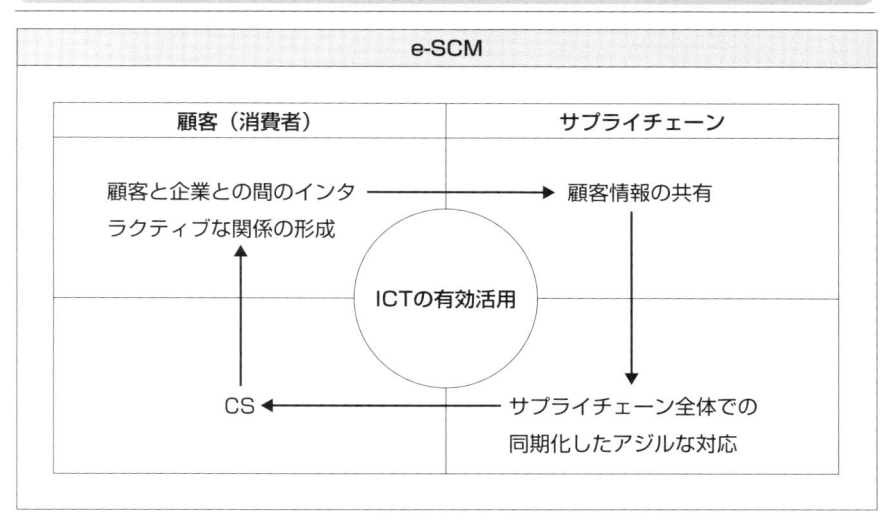

図表2-3　e-SCM における CS フレームワーク

e-SCM	
顧客（消費者）	サプライチェーン
顧客と企業との間のインタラクティブな関係の形成 →	顧客情報の共有
	ICTの有効活用
CS ←	サプライチェーン全体での同期化したアジルな対応

出所：山下[2001a] p.46，図2。

さらに，CSのみならず前述のユーザー・イノベーションの面においても，e-SCMにおける「サプライチェーンの内部への顧客の取り込み」とそのための「ICTの有効活用」は，重要な役割を果たす。ユーザー・イノベーションは，企業→ユーザー（顧客）という片方向の関係では起こりえないものであるため，e-SCMにおいて重視される，顧客とのインタラクティブなコミュニケーションやコラボレーションが，ユーザー・イノベーションの面でも必要となるのである。

以上の議論をまとめると，e-SCMの果たすべき役割は，顧客とのコミュニケーションやコラボレーションがサプライチェーン全体に反映されるように，SCMとeビジネスのそれぞれにおいて分離して行われてきた，ICTの有効活用による情報共有を一本化，すなわち情報共有を共有化（第5章の「二重の情報共有」）し，顧客（消費者）の動向に対して，よりアジルに対応するようなサプライチェーン（第10章の「柔らかいSCM」を参照）を構築していくことにあるといえよう。

第7節　e-SCMにおける顧客活性化フレームワーク

企業において，e-SCMのマネジメント・コンセプトに基づく，サプライチェーン内部への顧客（消費者）の取り込みは，サプライチェーンを構成する企業群と顧客とのインタラクティブなコミュニケーションを強化する。また，その過程において，インターネットを中心としたICTの有効活用が重要な役割を果たし，両者の間の情報共有化を進展させることは，前述の通りである。

このことは，顧客（消費者）を「潜在的組織参加者」（安藤［2000］）として位置づける考え方を意味するものである。そこで，潜在的であるにしろ，顧客を組織内部者として認識することにより，組織論の領域における理論やフレームワークがこの問題に対して示唆を与えるものとなりうるのではないかと思われる。ここでは，高橋［1993］の「組織活性化」に関する先行研究に基づき，「顧客活性化」の問題を論じていくことにする。

日本人は「活性化」という言葉を好んで使う傾向があり，このテーマに関するセミナーがいたるところで開かれている(山下[1996])。しかし，いざ「組織活性化とは何か？」と聞かれると，それは答に詰まってしまうような掴みどころのない漠然とした概念であった。こういった問題意識に基づき，高橋[1993]は無関心度指数と一体化度指数の二面からのアプローチを試みている。

　ここに，無関心度指数は「無関心圏」(zone of indifference)の大きさを表し，これが小さいほど能動的な状態であることを意味する(高橋[1993])。逆に，無関心圏が大きい場合は，組織の命令に対して従順で上からいわれたことには従うが，自分から能動的に問題をみつけて解決しようとしない。一方，一体化度指数は，組織と目的・価値を共有している程度を表し，これが大きいほど組織と「一体化」していることになる。

　無関心度指数が低いタイプのメンバーは自ら問題を探策し解決しようとするため，ネットワーク組織(あるいはマトリクス組織)が適用可能であり，これが高いタイプは上からいわれたことしかやらないため，垂直的ヒエラルキー・コントロールの組織しかとることができない。また，一体化度指数が高いタイプには，計画機能を権限委譲することが可能であり，これが低いタイプは局所最適(山下・尾関[1994])に陥りやすいため，権限委譲を行うことが困難である。

　したがって，活性化されたメンバーは無関心度指数が低く一体化度指数が高いタイプのメンバーであり，無関心度指数も一体化度指数も高いタイプは組織の命令に忠実であるが，あまり自分から能動的に行動しようとしない。一方，無関心度指数が高く一体化度指数が低いメンバーは目的・価値の点では組織と一線を画しているが行動の点では命令に従う公務員タイプである。さらに，無関心度指数も一体化度指数も低いメンバーは組織的な行動をまったく期待することができない「非貢献者型」のメンバーであり，日本における実際の企業には少ない(高橋[1993])。

　ここでもう一度，前節の「e-SCMにおけるCSフレームワーク」に戻って考えてみよう。これは，企業→顧客(消費者)の商品・サービスの提供という片方向の関係を，インターネットを中心としたICTの有効活用により，下記のようにシフトさせる必要があることを示唆するものであった。

① サプライチェーンを構成する企業群と顧客との双方向の(インタラクティブな)コミュニケーションを通じて両者の間のコラボレーションを強化し，顧客の能動性を向上させる。
② これまで，SCM と e ビジネスのそれぞれの領域に分離して行われてきた「情報共有」を一本化(情報共有を共有化)することにより，両者の間で目的・価値を共有する。
③ これらにより，顧客(市場)の動向に対して，よりアジルに対応しうるサプライチェーンを構築する。

上記の①と②に注目すると，①は潜在的組織参加者としての顧客の能動性を表すところから「低い無関心度指数」を意味し，また②はサプライチェーンを構成する企業群と顧客との間での目的・価値の共有を表すところから「高い一体化度指数」を意味するものであることがわかる。高橋［1993］の枠組みに従えば，このように無関心度指数が低く一体化度指数が高いメンバーは活性化されたメンバーに相当するため，①と②を実現させることが「顧客活性化」をもたらすということになる。

そこで，山下［2002］は図表2-4に示すような「e-SCM における顧客活性化フレームワーク」を提案している。このフレームワークは，サプライチェーンを構成する企業群に対して，e-SCM の果たすべき役割を示唆するものとなる。それを最も単純に表現するならば「顧客活性化」であり，そうした方向に導くための「CS」である。また，そのためにはサプライチェーンを構成する企業群と顧客との間の双方向の(インタラクティブな)コミュニケーションが大切であり，インターネットを中心とした ICT がそれを強力に支援するということである。さらに，このようなプロセスの中で，著しく活性化された顧客，すなわち著しく，無関心度指数が低く一体化度指数が高い顧客がユーザー・イノベーションを起こす可能性を秘めているということである。

図表2-4　e-SCMにおける顧客活性化フレームワーク

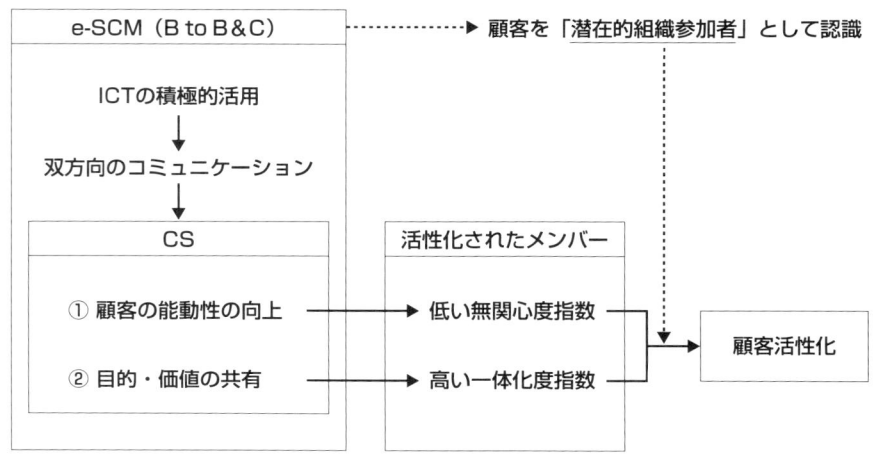

```
┌─────────────────────────────┐
│    e-SCM（B to B&C）        │ ┄┄┄┄▶ 顧客を「潜在的組織参加者」として認識
│                             │                                    ┊
│      ICTの積極的活用          │                                    ┊
│           ↓                 │                                    ┊
│   双方向のコミュニケーション    │                                    ┊
│           ↓                 │   ┌──活性化されたメンバー──┐           ┊
│   ┌─────CS─────┐           │   │                      │           ┊
│   │① 顧客の能動性の向上 │──┼──▶│  低い無関心度指数      │──┐        ┊
│   │                   │   │   │                      │  │   ┌────▼────┐
│   │② 目的・価値の共有   │──┼──▶│  高い一体化度指数      │──┼──▶│ 顧客活性化 │
│   └───────────────┘    │   └────────────────────┘  │   └─────────┘
└─────────────────────────────┘                              
```

出所：山下［2002］を加筆修正。

　図表2-4のフレームワークにより，これまで個別に研究が進められてきた，e-SCM，潜在的組織参加者（安藤［2000］），CS，顧客活性化といった問題を，1つの枠組みの中で議論することが可能になるものと思われる。それと同時に，e-SCM研究に対して新たなアプローチの方向性を示唆するものとなる可能性を秘めている。

第8節　e-SCMにおけるスマート・シンクロナイゼーション

　これまでのSCMは，B to Bを中心に展開されてきた。その多くが，完成品メーカーを核として部品業者・原材料業者や物流業者の範囲，広くてもこれに卸売業者や小売業者を加えたB to Bの範囲に留まっており，消費者にまで対象範囲を広げて考えることは，ほとんどなかったのである。しかしながら，B to Bだけでは「生産者の論理」で全体最適化が図られてしまい，全体最適化の議論から「消費者の論理」がこぼれ落ちてしまうことになる。

本章では，B to B 中心であった従来型 SCM の対象領域に，e ビジネスにおける B to C を取り込むことにより，サプライチェーンを B to B&C へと拡張することの必要性を一貫して述べてきた。「SCM→e-SCM の流れ」の本質が，B to B→B to B&C への拡張にあると考えるのである。

これにより，顧客，とりわけ消費者の動向をストレートにサプライチェーン全体に反映させ，消費者のニーズに対してアジルに対応することが可能となる。消費者のニーズに対してサプライチェーン全体がアジルに対応することは，B to B と B to C の両面での「同期化」(シンクロナイゼーション)を意味する。ICT の積極的な活用により，B to B の同期化のみならず，B to C の同期化(すなわち，B to B&C の同期化)を達成することは，「はしがき」で述べたように，洗練された，きびきびした，そしてコンピュータが組み込まれたという点で，明らかに「スマート」な同期化である。e-SCM 構築のための基本コンセプトは，本書の「スマート・シンクロナイゼーション」と整合的なのである。

したがって，従来のSCMにおける B to B の同期化を「普通のシンクロナイゼーション」として，また e-SCM における B to B&C の同期化を「スマート・シンクロナイゼーション」として位置づけることができる。ICT を積極的に活用して顧客活性化を図る「SCM→e-SCM の流れ」の本質が，B to B→B to B&C への拡張にあると同時に，このような拡張が，「普通のシンクロナイゼーション」→「スマート・シンクロナイゼーション」への進化を意味するのである。

参考文献

安藤史江［2000］「顧客満足」，高橋伸夫編『超企業・組織論』有斐閣，第 2 章，pp.25-34。
金子勝一・山下洋史編［2003］『経営システムのためのネットワーク論』理想書林。
村山徹・三谷宏治・アクセンチュア CRM グループ・戦略グループ［1999］『CRM (Customer Relationship Management)』東洋経済新報社。
プライスウォーターハウスクーパースコンサルタントSCMグループ［2000］『eSCM』東洋経済新報社。
支援基礎論研究会編［2000］『支援学』東方出版。
椙山泰生［2000］「ユーザー・イノベーション」，高橋伸夫編『超企業・組織論』有斐閣，第10章，pp.109-118。

高橋伸夫［1993］『組織の中の決定理論』朝倉書店。
フォン・ヒッペル・E.(榊原清則訳)［1998］『イノベーションの源泉』ダイヤモンド社。
山下洋史・尾関守［1994］「組織における学習の二面性に関する研究」『日本経営工学誌』Vol.45，No.3，pp.246-251。
山下洋史［1996］『人的資源管理の理論と実際』東京経済情報出版。
山下洋史・金子勝一・田島悟［1998］『OJC(On the Job Computing)』経林書房。
山下洋史［2001a］「e-SCMにおける顧客満足(CS)フレームワーク」『日本経営システム学会第27回全国研究発表大会講演論文集』pp.43-46。
山下洋史［2001b］「サプライチェーン・マネジメントと拡張代替的双対モデル」『明大商学論叢』Vol.83, No.2, pp.213-232。
山下洋史［2002］「e-SCMにおける顧客満足と「潜在的組織参加者」の概念」『明大商学論叢』Vol.84, No.1, pp.129-146。
山下洋史［2004］「組織における情報共有と知識共有の概念を基礎としたマネジメント・モデルの研究」明治大学博士(商学)学位論文。

第3章
スマート・シンクロナイゼーションを支える情報通信技術

本章のねらい

① コンピュータとネットワークの融合というICT(情報通信技術)の技術的背景とその意味合いを理解する。
② スマート・シンクロナイゼーションの実現に関わる動きについて,最新の事例を通して,その理解を深める。
③ ネットワークの宿命でもあるコンピュータ・ウィルスに代表されるセキュリティに対する脆弱性の一層の高まりに対する認識を深める。
④ セキュリティ・システムの立案と実施にあたっては,技術的対応と人的対応のバランスが必須であることを理解する。

第1節 情報通信技術(ICT)の動向

1. 情報技術と通信技術の融合

　IT(情報技術)に加えて,ICT(情報通信技術)という用語が用いられるようになってきた。OECDなどの国際機関がこの用語を用いるようになり,市民権を得てきている。このICT(Information & Communications Technology)という用語は,急速な技術の発展によって,情報技術(Information Technology)と通信技術(Communications Technology)が融合し,あらたな技術インフラストラクチャとなりつつあるため,ITという用語では,もはや,その意味合いとインパク

トを十分に表現することが難しくなってきたという認識が一般的になってきたことを意味している。また，IT(情報技術)からICT(情報通信技術)への発展は，インターネットの急速な普及が，その引き金となっており，この融合は，ネットワークの重要性の高まりを意味している(小笠原・小野寺[2002])。

この情報技術と通信技術の融合は，言い換えれば，コンピュータ(デジタル化)と通信(ネットワーク化)の融合であり，その背景には，3つの大きな技術的変革が存在している。それは，
① ネットワークのIP(Internet Protocol)への一元化
② ネットワークのBB(Broad Band)化
③ ソフトウェアのコモディティ化
である。

(1) ネットワークのIP(Internet Protocol)への一元化

メーカ独自のネットワーク技術はIPに統合される方向にある。音声はVoIP技術によってIPネットワークに統合される方向にあり，実際，データ・ネットワークと音声ネットワークのIPネットワークへの一元化が急速に進みつつある。つまり，IPが通信プロトコルのデファクト・スタンダードとなったのである。

その要因としては，インターネットの普及によるところが大きい。IPはその名の通り，インターネットのために開発されたプロトコルである。インターネットに接続するためには，個々のハードウェア，ソフトウェアがIPに対応する必要がある。インターネットがビジネスにおいても必須となってきたことから，多くのユーザー企業が通信プロトコルにIPを採用し，ベンダー側もこれに呼応するように多くのハードウェアとソフトウェアをIP対応させている。

これにより，ユーザー企業は既存システムの多くをIPに対応したものにリプレースすることとなり，多くの企業では，限定された領域を除いて通信プロトコルとしてIPを採用する結果となっている。

IPへの対応は，単に通信の下位レイヤーだけではなくアプリケーションの一部を含む上位レイヤーにも及んでいる。つまり，各社のソフトウェアがIP

ネットワーク上で動作するといったレベルの対応だけではなく，ユーザーインターフェースとしてWebを採用することや，e-mail(SMTP，POP3等)への対応といったことまでもそこには含まれており，企業は通信インフラに下位レイヤーのみならず，上位レイヤーにおいてもIPを採用するようになってきている。

(2) ネットワークのBB(Broad Band)化

現在，これまで高価であったデジタル専用線を代替する広域イーサネットなど広域帯での安価なサービスが急速に企業で採用されつつある。また，家庭でも大容量通信を可能とするADSLや光ファイバーが急速に普及しつつあり，「大量のデータ」を「リアルタイム」に，しかも安価にやり取りすることが可能になりつつある。ナローバンドでの通信が行われていたときには，特に企業間をまたがる通信は時間を定めて行うことが多かった。しかし，ブロードバンド化が進み，帯域の心配がなくなると，リアルタイムに情報を流すことが可能となり，同時に集約を行わない生のデータを送受信することが可能になった。

大量のデータをリアルタイムでやり取りすることが可能になったということは，通信のレベルでいうと企業内のイントラネット通信と，企業間にまたがるエクストラネット通信のレベルの差がなくなってきたことを意味する。ネットワーク環境面においては，セキュリティ等の問題を除けば，実質的にイントラとエクストラネットとの差異が消滅することにより，企業の中・外を意識せずに通信を行うことが可能となってきたのである。

事実，企業の情報システムの重点は，個々の企業の単独のシステム(あるいはイントラネット)を中心としたものから，エクストラ・ネットワークで結ばれたネットワーク全体での情報処理へと移ってきている。

(3) ソフトウェアのコモディティ化

ソフトウェアのパッケージ化・コモディティ化が進みつつある。日本の大企業の情報システムでは，従来，フルスクラッチ開発のシステムがそのほとんどを占めていた。しかし，2000年問題を1つの契機としてERP(Enterprise Resource Planning)システムを多くの企業が採用するようになった。

本来のERPシステムは，企業の様々な活動を1つのシステムで遂行することによって企業リソースの状況をリアルタイムに近い形で統合的に把握できることをその特徴としている。しかし，日本においてERPシステムは統合業務システムと理解され，主に海外の企業のベストプラクティスによって構成された業務パッケージとして捉えられている。もちろん，この理解はERPの一面を捉えたものとしては正しい。しかし，ERPと単なる業務パッケージの違いを正しく理解しているとはいえない。上記のような事情はあるにせよ，日本においてはERPの導入を契機として，企業の重要なシステムにおいてもパッケージを採用することが増えてきたのは確かなことである。

　日本企業がパッケージを採用するようになってきた理由は，主としてコストにある。急速な情報技術の進展やOS・データベース等の基本ソフトウェアのバージョンアップに対応するにあたって，自社独自のシステムを維持するのではシステムのあらゆる項目にわたって自社で検証を行う必要があり，また技術者も自社システムに特化した者を必要とする。同様の対応をする場合でも，パッケージを活用する場合には，自社独自の開発部分ではない共通部分に関してはベンダーの保守費用によってまかなえることが多く，多くの場合，このコストは自社独自のシステムの維持コストよりも飛躍的に小さい。

　一方，パッケージの機能の拡大やモジュール化により，各社独自のビジネス・フローに対応できる幅が広がり，多くの企業にとってパッケージを使用しても，それを自社のビジネスシステムにマッチさせることが可能となってきている。

　多くの企業がパッケージを採用することで，企業間でのシステム連携に関してのメリットも生じてきている。それは，インターフェースに関しての規格が共通となっている，あるいは，公開されていることによる。実際，インターフェースが標準化されたソフトウェアのモジュールを自由に組合せて特定の機能を実現するWebサービスなどの技術が急送に普及しつつある。また，システム間のインターフェースに関しては，その技術的な要件もさることながらデータの「意味合い」の定義が重要である。これがパッケージにおいては統一されているため，データの意味内容をそろえることも同種のパッケージでは容易とな

るのみならず，異なるパッケージ間でのインターフェース変換ソフトウェアも用意されている。これによって企業間でのシステムの接続が以前より容易になってきているといえる。

2．ICTが企業にもたらすインパクト

　企業にとって，ICTの利用は「誰が，何を，誰と，誰に，何処で，何処へ，何時，どのように」という付加価値創出のプロセスの設計自由度を大きく向上させ，付加価値の作りかたを柔軟にする。すなわち，「Faster, Better, Smarter」にビジネスを行えるというメリットを与えるのであり，その一方で，このような観点にたったICTの利用に関わる迅速な意思決定が求められる。その前提として，コア・コンピタンスへの資源集中と協働（コラボレーション）が求められるようになる。

　ICTというデジタル・ネットワーク・システムの活用が企業に対して与えるインパクトの詳細をみていくと，次の3つの点での大きな改善が期待できることがわかる。

① コミュニケーション
② 柔軟性
③ コスト

(1) コミュニケーション

　コミュニケーションに関しては，その範囲の拡大（拠点内にとどまらず，企業内，グループ企業内，外部へと広がる），量の増加（ネットワークのBB化により，画像や音声といったリッチ・コンテンツやCADなどの重いデータやソフトウェアも自由にやりとりできるようになる），頻度の増加（ユビキタス環境のもと，何時でも，何処でも，誰とでも簡単にコミュニケーションがとれる），質の向上（コミュニケーションの活発化を通して情報の取捨選択が行われ，重要度や価値の高い情報が流通するようになる）が期待できる。結果として，既存の組織境界を越えての共通理解が拡大し，知識の共有・活用・創造が可能となり，Time to Marketも含めたスピードの向上が期待できる。

(2) 柔軟性

　前述したようにIPがデファクトとなり，それに対応したハードウェア，ソフトウェアが開発されたことにより，システム間での接続性の向上が図られる。以前はそれぞれの企業が選定したベンダーが採用しているプロトコルを使ってシステムが構築されていたため，企業間でのデータ転送を行うには，相手企業のプロトコルにあわせてシステムを改変する必要があった。さらに取引する企業に応じてプロトコルが違う場合，複数のプロトコル変換に関して個別に対応する必要があった。ほとんどの企業にとって，多種多様なプロトコル変換に対応することは現実的とはいえないため，異企業間のシステム接続は限定的なものにとどまざるをえなかった。

　しかし，ICTという技術インフラのもとでは，システムのモジュール化，情報資源の共有化，システム間をオープンなIP標準で接続することによるシームレスなネットワーク・システムの構築などにより，企業間通信のための共通基盤の確立が期待できる。より具体的には，標準化されたフォーマットでの情報の共有が可能になり，誰とでも自由に情報の交換が可能になり，モジュールの組合せによって，システム機能を柔軟に変更することが可能となる。つまり，現状では，業務プロセスの設計・変更は既存システムが制約要因となり自由にできるわけではない。しかし，今後は，情報システムを自由に組合せることが可能となるため，最適な業務プロセスの設計・変更が可能となる。また，組織設計に関しては，現状では，システム面での考慮が必要であり，特にコラボレーションを前提とした組織構築は容易ではなく，コラボレータの変更も困難であるものの，今後は，外部とのコラボレーションを前提とし，コラボレータの変更も含めて再設計が容易に行えることが期待できる。このように，企業がめまぐるしく，かつ非連続的に変化する事業環境に対応していくために必要な，業務プロセスならびに組織設計の自由度の向上が期待できる。この設計自由度は，自社に留まらず，コラボレータの存在を前提としたものであっても適用可能である。

(3) コスト

コスト改善に関しては，ミクロの観点では，通信プロトコルの集約によるコストの削減があげられる。IP採用以前では，ベンダーごとの通信規格が存在し，それぞれのシステムごとに異なる通信プロトコルを採用している企業が多かった。これでは，異なるシステムを接続するときには通信プロトコルのレベルでの変換が必要となり，必然的にソフトウェア，ハードウェアの対応に大きなコストがかかっていた。また，複数プロトコルの混在により，保守コストも多額なものであった。

マクロな構造的観点では，トランザクションコスト(transaction cost)と機会損失コスト(opportunity cost)に注目すると，従来はトランザクションコストと機会損失コストの関係はトレードオフに近いものがあった。しかし，今後は，標準化された形でシームレスに情報のやりとりを行うことによって部門間・組織間でのトランザクションコストの低減が可能であると同時に，情報の入手と選択の自由度が高まることで社内外を問わず機会損失コストも低減することが可能となると期待される。企業としての全体コストの把握もより明確になり，企業間協業を支える情報システムのTCO(Total Cost of Ownership：全体コスト)の重要性に対する認識の向上にもつながることが期待される。

3．人間能力の重要性

これまでみてきた通信(ネットワーク)とデジタル情報処理(コンピュータ)の融合が企業に与えると想定されるインパクトを考慮すると，短期的には，現在個別の部署が管理をしている回線と情報処理が，統合化された部署によって管理されるようになり，また，TCOが大きく改善されることが期待される。しかし，マクロ的にみれば，個人同様，企業間でも情報の不均衡は解消される方向に向かうと考えられるので，得られる情報の質・量そのものに企業間で大きな差はなくなり，均質的な情報が得られる傾向が強くなる。このような状態の中で企業が自社の差別化を追求するには，組織スピードを上げて迅速なインプリメンテーションを行うか，均質的情報からユニークな意味を引き出せる高い戦略的読解能力が求められる。

また，オープン化とネットワーク化に象徴されるICTの急速な進歩によって人間系と機械系のインターフェースが一層連続的かつ柔軟になってきている。このことは，従来は難しかった戦略，組織と情報システムの同期化を可能とし，それを差別化の梃子とする環境が整いつつあることを意味している。すなわち，多くの企業にとって，市場環境の変化に対する迅速かつ能動的な対応が可能な，ハイ・パフォーマンスな組織を設計する自由度が高まる一方で，ICTによって参入・撤退コストが大きく低下し，ビジネス・モデルそのものの模倣可能性も高まることを意味しているのである。

　このようなICTを前提とした事業環境にあっては，柔軟な事業設計が可能となるので，Means and Schneider[2000]が指摘するように，コラボレータの存在を前提としたビジネス・モデルやバリュー・ネットワークのデザイン能力，言い換えれば，最適な業務プロセス・組織の高い設計・維持能力と迅速な修正能力の重要性が格段に増すのである。

第2節　e-SCMにおけるICTを利用したスマート・シンクロナイゼーション

1．企業間コラボレーション

　企業活動がボーダーレス化し，一層のスピードが求められるという経営環境の中，自己完結的なビジネスのあり方が難しくなり，的確な選択と集中が要求されるようになる中で，戦略立案の視点を，旧来の3Ｃ(company：自社, customer：顧客, competitor：競合)から，これにコラボレータ(collaborator)を加えた4Ｃに変える必要がある。自社のコアを明確化する一方で，コラボレータの存在が前提条件となる。つまり，旧来型のSCM(本来は，最終アセンブラがシステム・プロフィットをコントロールし，利益分配を有利に行うための垂直統合システムであり，この利益配分は基本的にはゼロサム・ゲームである)から，ICTを活用して，消費者までを含むコラボレータとのウィン・ウィン関係の構築が可能な水平協働システムである企業間コラボレーションへと視点をシフトさ

せ，全体最適の観点を強く持つ必要がでてくる。

　事実，このような水平協働システムである企業間コラボレーションを，シスコ・システムズは，NVO(Networked Virtual Organization)というデジタル・ネットワークを活用した限りなく現実に近い仮想組織というコンセプトで提唱している。NVOに求められるものは，
　・最終顧客へのサービス向上に注力した文化と組織を持つ。
　・コア業務のみを自社に持ち，非コア業務は外部パートナーを活用する。
　・顧客や外部パートナーと効果的に協働できるように，業務，データ，情報システムを標準化する。

であると定義している[1]。この定義のもとでは，仮想ではあるがNVOは，あたかも1つの企業体のように有機的に機能することが求められている。このような仮想組織形態は，高度なICTの存在なくしては実現不可能であり，通信会社，ソフトウェア・ベンダ，システム・インテグレータが部分的にソリューションを提供する現在の情報技術ソリューションのあり方もトータル・ソリューションを提供できる方向に向かわざるをえない。

　また，ICTの活用と，垂直統合から水平協働への視点の変化を通して，現在では，相反する関係にあるトランザクションコストと機会損失コストの両方の低減が可能となるであろう。ICTが十分に普及したビジネス環境においては，迅速な最適化モデルの構築（業務プロセスと組織設計）と次なる最適化モデルへの迅速な移行が，国境を超えてできるようになる。

2．サービス指向アーキテクチャ

　ICT技術の発展により，ブロードバンドとIPネットワークを前提とした企業間のソフトウェアが協調を行うアーキテクチャが出現してきている。これらは，まだ普及しているとはいいがたいが，技術的な素地は十分育ってきているといえよう。

　その中の大きな流れの1つにSOA(Service-Oriented Architecture：サービス指向アーキテクチャ)がある。SOAとは，システムを「サービス」の集まりとして構築するという設計手法である。つまり，システムを構成する各機能をビジネ

ス・プロセスの構成要素＝サービスという名称で分割し，それぞれが共通のインターフェースを持つことで様々なサービスを組合せて，ビジネス・プロセスを構築するのである。このサービス間のインターフェースは，企業間での連携したシステムの構築を前提として，IPというオープンなプロトコルに従っており，相互接続が容易である。

　また，SOAの重要な観点として，様々なサービスを必要に応じて選択し，企業間でのコラボレーションの組み換えを容易にして，ビジネス・プロセスの柔軟な変更に対応できるということがあげられる。SOA以前には，企業をまたがった実際のビジネス上のオペレーションを変更するときには，システムの変更に非常な手間がかかった。なぜなら，既存のパッケージはパッケージ内部での業務プロセスを頻繁にカスタマイズすることを前提としていない。そのため，ある業務プロセスの社内・外の配置変更，あるいは外部パートナーの変更に対応するために，パッケージ内部でビジネス・プロセスの大幅な組み換えが必要となる。これでは，パートナーとの関係を迅速に変えるようなビジネスのやり方に対応するのは難しい。

　これに対し，SOAは個々のビジネス・プロセスを細分化し，それをサービスと定義し，その組合せを行うことで，ビジネス・プロセスに対応したシステムを構築することを可能としている。そのため，ビジネス・プロセスの変更に対して柔軟に対応できる。

　上記のSOAはあくまで1つの技術の方向性であり，十分に普及しているとはいえない。しかし，システム構築にあたって上記のようなアーキテクチャに対する考えを組み込んだ形での実装を行うことが増加しつつあることは間違いない。実際，パッケージ，特にERPにおいても，システム間の連携，特に社外バリューチェーンとの統合を志向したアーキテクチャが設計されてきている。このように，ICTの進化をもとに企業間でのシステムの動的な連携を志向した技術が出現し，既存のパッケージ・ソフトウェアに関してもその方向性が浸透しつつあるといえよう。

3．スマート・シンクロナイゼーションのためのビジネス・アーキテクチャ

　前節で述べたような新たなアーキテクチャをもとにベンダーはICT時代の新たなソリューション体系を提示してきている。そのソリューション体系は，各ベンダーが提唱する顧客企業のあるべき姿を実現するためのものであるとしている。

　ベンダー各社は顧客企業のあるべき姿に「ビジネス環境の変化への迅速な対応ができる組織」，「ネットワークによる仮想組織」，「柔軟なコラボレーションによる，動的で活力のあるビジネスの実現」等をあげており，こうした企業を実現するためにICTを基礎としたアーキテクチャを設計し，顧客に提示している。

　ここでは，米国IBMと日本電気が提唱するビジネス・アーキテクチャと，それぞれが実現する顧客企業のビジネス形態について解説し，ICTによってどのようにスマート・シンクロナイゼーションが実現できるかということを論じたい。

(1)　IBMのe-business on demand

　IBMは，企業のあるべき姿として，「オンデマンド・ビジネス」を提唱し，それを実現するICT環境として「e-business on demand」を掲げている。

　オンデマンド・ビジネスとは，「企業全体にわたる水平方向の統合によって，従来にないレベルの生産性を実現すること」であると定義している。これは，今まで統一されていなかった個々の縦割りの体系（給与システムなど）やプロセスを統合すれば，素早く新たな価値を創出することが可能となり，統合によるコスト削減を次の業務改善に再投資することで，企業は長期的にわたって強い競争力を維持できる好循環のサイクルを実現するソリューションであるとしている。

　オンデマンド・ビジネスによる効果としては，

　・企業はよりスピーディーに市場の変化を察知して，それに対応できる。
　・新しいチャンスを，より有効に利用できるように組織の柔軟性を高める。

・ビジネスの観点からみて，最も適切な最新テクノロジーの導入が可能となる。

ことをあげている。

IBMは，これらを実現するためのICT環境をe-business on demandと呼んでいる。e-business on demandとは，企業内はもちろん，組織の壁を越えて，人とプロセスと情報を統合することでビジネスの柔軟性を実現し，自動化と仮想化によるシンプリフィケーションを通して，ネットワーク全体にわたるリソースへの効果的・効率的アクセスを可能とし，そのリソースを論理的に捉えて，統合する技術環境である。

(2)　日本電気のDynamic Collaboration

日本電気では，次世代ビジネスのあるべき姿としてDynamic Collaborationを掲げている。

Dynamic Collaborationとは，企業の永続的な進化と発展を実現するために，経営の意思決定に基づき，自社のコア・コンピタンスを磨きながら，パートナーと柔軟かつ有機的に協調・協働することによって，環境の変化にダイナミックに対応することを意味している。Dynamic Collaborationにおけるビジネス形態では，企業のみではなく，一般生活者ともパートナーシップを結ぶことによって仮想的な組織を柔軟に構成し，理想的なビジネス・プロセスが実現可能であるとされている。そして市場環境の変化に対し，自社とパートナー双方のコア・コンピタンスを活かした知識創造，価値創造，利益創出が可能となるとしている。

このようなDynamic Collaborationを実現するためのICT環境は，

・オープン……ICT環境の構成がオープンでかつスタンダード
・シームレス……ネットワークを意識することなく，あたかも同一企業，同一場所にいるようにコラボレーション先との連携がストレスなく行えるネットワーク環境
・ビジネスコンティニュイティ

という要件を満たすものである。

第❸章　スマート・シンクロナイゼーションを支える情報通信技術

(3) ICTによるスマート・シンクロナイゼーションの実現

上記でみてきたように，新しいICTコンセプトのもとでは，以下のようなことが可能となる。

・企業間を越えたコラボレーションにおいて動的な変更が可能
・市場環境の変化に対しての迅速な対応
・上記の結果として，従来にないレベルの生産性を実現

スマート・シンクロナイゼーションにおいても上記の3点の実現が同様に必須であるといえよう。一方，スマート・シンクロナイゼーションにおいて独特なことは，システムに属するリソースの最適化計画を作ることである。これは，それぞれのリソースの状態がICTによりリアルタイムに把握することができれば，あとは最適化計画を作成するアルゴリズムにかかっている。

このように，スマート・シンクロナイゼーションの実現のための前提条件となるICTは技術の上ではその要件を満たしつつあるといえる。

第3節　スマート・シンクロナイゼーションを推進するセキュリティ対策：コンピュータ・ウィルスへの対応

1．情報セキュリティ対策の重要性

Global SCMやe-SCMの実施において，ICTの役割が重要であることはいうまでもない。前節までに述べてきたように，ICTの進展は企業にスマート・シンクロナイゼーションを実施させるに十分な技術環境を与えるに至っている。しかし，ICTの有益な側面のみを強調すべきではなく，これを利用する上でのリスク（負の側面）を考慮することを忘れてはならない。ICTの利用がもたらすリスクのうち，コンピュータ・ウィルス（ウィルス）による被害をここでは取り上げる。

PCがウィルスに感染するとその機能の低下を余儀なくされる。特にそれまでの常識を超えた新種ウィルスの出現時には多くのPCがウィルスに感染し，その被害が社会現象になる場合もある(Harley et al.[2001])。昨今，企業では，

ウィルス対策を含めた情報セキュリティ問題が重要な課題となっている。一般に情報セキュリティ分野では，その専門性が高くなればなるほど専門家や担当部署に任せっきりになるといわれている(内田[2002])。かつて，コンピュータが一部の専門家のための電子機器であった時代であれば，専門家に任せるという考え方でよかったかもしれないが，パソコンが一般化し，企業のICT化が進展している今日では，コンピュータを専門としない社員にとっても情報セキュリティ問題への対応は，避けて通れないものとなっている。高度なセキュリティ技術を導入しても，「人」がそれをどのように扱うかによって，企業全体のセキュリティレベルが左右される。逆に，技術的見識を度外視して，運用管理や教育という「人」の面の対策ばかりを強化しても，有効な対策とはなりえない。ウィルス対策を含めた情報セキュリティ問題を考える際には，技術的対策に加えて，管理・運用的側面，あるいは社会的側面からの対策の検討が重要である(中村[2003])。ここでは，後者を総括して人的対策と呼ぶことにする。

2．企業の技術的抵抗力と人的抵抗力

ウィルスに対する技術的対策と人的対策の主な内容は次の通りである。

【技術的対策】
① 検出／駆除能力の高いウィルス対策ソフトの導入
② ウィルス対策ソフトの更新に関して利便性の高い技術の導入
③ 社内ネットワークへのウィルス侵入防止技術の導入
④ PCのウィルスに対する脆弱性を監視する技術の導入
⑤ PCを社内ネットワークに接続させる際の検疫技術の導入　など

【人的対策】
① ウィルス対策技術の正しい運用の実施
② 最新のウィルス対策情報の共有化
③ 疑わしいファイルを開くことの防止
④ 定期的なデータバックアップの実施
⑤ セキュリティ教育・啓蒙活動の実施
⑥ 社内体制・社内制度の整備

⑦　ISMS適合性評価制度[2]の認証取得活動の推進　など

　ここでは，ウィルスという「病原体」になぞらえて，コンピュータ・ウィルスに対する「企業の抵抗力」という概念を提唱し，技術的対策の度合いを「技術的抵抗力」，人的対策の度合いを「人的抵抗力」と呼ぶことにする。技術的抵抗力には，社会全体の技術レベルの向上と企業の新技術導入に対する経営方針が関係することになる。また，人的抵抗力は，個別企業の対策度合いによって大きく異なり，企業努力により強化できる余地が大きい。

3．コンピュータ・ウィルス対策の概念モデル
（1）　コンピュータ・ウィルス被害に関する企業分類フレームワーク

　企業におけるウィルス被害の状況は，図表3-1に示されるように4つのパターンに分類される（川中・山下[2005a]）。これは，企業の「ICT活用」と，「ウィルス脅威」の大小の組み合わせにより分類を行うもので，用いる指標は次の通りである。

①　ウィルス脅威

　　企業のウィルスに対する脅威の度合い。ウィルスの流行度・感染力・破壊力，企業の対策度合いを考慮した，脅威を総合的に表す指標。一般的に古いウィルスほど対策が容易で脅威は小さくなり，手法が複雑な新種ウィルスが流行するほど対策が難しく，脅威は大きくなる。

②　ICT活用

　　ICTの利用範囲の大小を表す指標。

③　ICTの業務への貢献度

　　ICTが企業にもたらす効果の大小を表す指標。業務の効率性の意味合いを含む。

　図表3-1の中でICTを活用する企業として最も好ましいものは，パターン3である。このパターンは，ICT活用が大きくウィルス脅威が小さい「非感染・高効率型」であり，企業情報システムが健全な状態を保ちながら業務に大きく貢献することができる。パターン1は，ICT活用が小さくウィルス脅威が小さい「非感染・非効率型」である。企業情報システムは一応健全な状態を保ってい

図表3-1 コンピュータ・ウィルス被害に関する企業分類フレームワーク

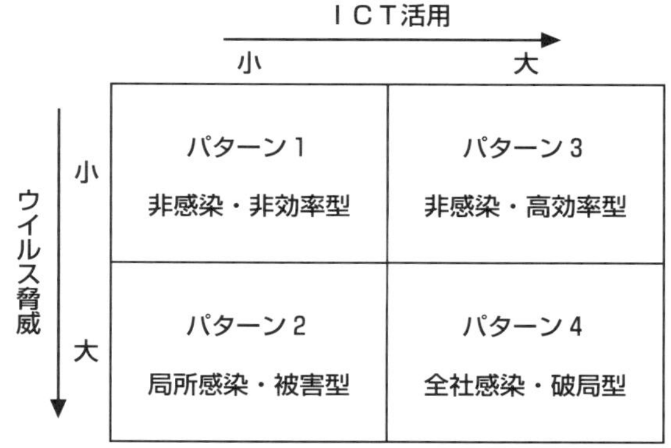

	ICT活用 小	ICT活用 大
ウィルス脅威 小	パターン1 非感染・非効率型	パターン3 非感染・高効率型
ウィルス脅威 大	パターン2 局所感染・被害型	パターン4 全社感染・破局型

出所：川中・山下［2005a］。

るものの，そもそもICTを活用できておらず，業務効率が悪いパターンである。パターン4は，ICT活用が大きくウィルス脅威が大きい「全社感染・破局型」である。ICTを駆使して業務を行っているがゆえに，一旦，社内のPCやサーバーがウィルスに感染すると，被害は情報ネットワークを通じて全社に拡大することになる。特にデータセンターのような，企業のICT基盤の中枢部にウィルス被害が及んだ場合，その影響は全社的な業務停止につながることになる。これがウィルス被害の恐ろしいところである。パターン2は，ICT活用が小さくウィルス脅威が大きい「局所感染・被害型」である。このような企業は，そもそもPCを業務にあまり活用できておらず，PCがウィルスに感染しても被害は局所的なものに留まり，全社的な業務停止に陥ることは少ないと考えられる。各パターンのICTの業務への貢献度を比較すると，パターン1とパターン2の落差よりも，パターン3とパターン4の落差の方が大きく，図表3-1には非対称性が存在することがわかる。

(2) コンピュータ・ウィルス被害に関するくさびのカタストロフィー・モデル

図表3-1の4つのパターンの「ICTの業務への貢献度」を相対的に比較すると，

最も貢献度が大きいものがパターン3であり，次いでパターン1，パターン2，パターン4の順となる。そこで，図表3-1のフレームワークの平面に対して直交するように「ICTの業務への貢献度」の軸を設定し，「ウィルス脅威」，「ICT活用」，「ICTの業務への貢献度」からなる3次元の空間上に，上記の4つのパターンを視覚的に表現することを考える。

その際，ICTの業務への貢献度はウィルス脅威に対して単調減少であるが，ICT活用に対しては増加する場合（ウィルス脅威が小さい場合）と減少する場合（ウィルス脅威が大きい場合）に分かれる。さらに，ICT活用が大きい場合，ウィルス脅威の大小によってICTの業務への貢献度に大きく差が生じるが，ICT活用が小さい場合は，ウィルス脅威の大小によるICTの業務への貢献度の差異が小さい。このような特性は，図表3-2のような「くさびのカタストロフィー・モデル」における平常要因uをウィルス脅威，分裂要因vをICT活用，状態変数yをICTの業務への貢献度とした場合に相当する（川中・山下［2005a］）。この「くさびのカタストロフィー・モデル」の曲面は，(1)式によって表される。ただし，ウィルス脅威は小さいほどICTの業務への貢献度が大きくなるため，(1)式における通常の平常要因uの符号が逆転する。

$$y^3 - vy - u = 0 \tag{1}$$

・状態変数y　　　　　：ICTの業務への貢献度
・コントロール要因
　①　平常要因u　　：ウィルス脅威
　②　分裂要因v　　：ICT活用

くさびのカタストロフィー・モデルは，社会における非連続現象を捉える際にしばしば用いられる（野口［1982］）。

図表3-2は，企業におけるウィルス被害に関していくつかの特徴を示唆している。

まず第1に，ICT活用（分裂要因v）が小さい場合には，ウィルス脅威（平常要因u）の増加とともにICTの業務への貢献度（状態変数y）は緩やかに連続的に減少する。すなわち，ICTを活用していない企業は，そもそも基幹業務にPCを

図表3-2 コンピュータ・ウィルス被害に関するくさびのカタストロフィー・モデル

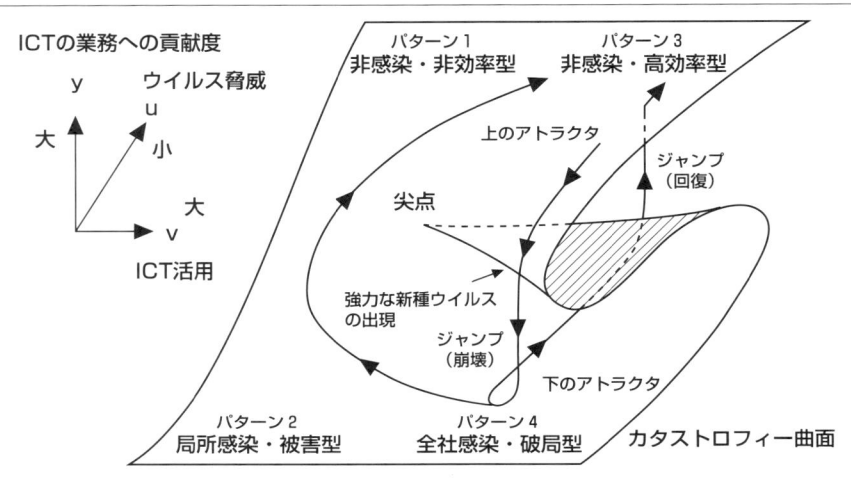

出所：川中・山下［2005a］。

利用していないため，ウィルスが流行しても業務に及ぼす影響は小さい。これに対して，ICT活用が大きい企業は，ウィルス脅威が小さい平常時のときは，ICTが業務に大きく貢献する最も好ましい状態となり，逆に，ウィルス脅威が大きくなると，基幹業務にPCを活用しているがゆえに，ウィルス感染によるダメージが大きくなる。このことは企業におけるウィルス被害の「非対称性」を表している。

第2に，ICT活用（分裂要因v）が大きい企業のウィルス脅威が，小さい状態（ICTが業務に大きく貢献している状態）から次第に大きい状態に移行していく場合を考えると，図表3-2の上のアトラクタ（非感染・高効率型）から下のアトラクタ（全社感染・破局型）へジャンプ（崩壊）するときに，ICTの業務への貢献度が非連続な動きをする。これにより，ウィルス被害が「非連続現象」であることが視覚的に表現される。

第3の特徴は，非感染・高効率型から全社感染・破局型への崩壊のジャンプが，ウィルス脅威がくさびの尖点の位置に達した時点よりも，少し遅れて発生するということである。逆に，回復のジャンプを起こすタイミングについても

同様のことがいえる。この現象は「遅れの規約」と呼ばれる。ICTを積極的に活用している企業が最新のウィルス対策技術を取り入れ，管理運用面においても対策をしっかりと行っている場合，過去の経験則の範囲内で防御できるウィルス被害は最小限に食い止めることができる。これは遅れの規約に従い，上のアトラクタ（非感染・高効率型）で持ちこたえている状態を表しており，現実に即した内容だと考えられる。また，下のアトラクタにいる企業が，ウィルス脅威が小さくなるに従い，上のアトラクタへジャンプ（回復）する過程は，例えば，企業のICT部門の管理者が企業内の全PCからウィルスを駆除するために，最後の1台の駆除完了まで多大な時間と労力を要している現実状況を，遅れの規約に沿って説明するものであると解釈できる。

　第4に，全社感染・破局型企業が，非感染・高効率型企業に回復するまでのアプローチの方法が複数あることを本モデルは示唆している。前述のように遅れは伴うものの，「全社感染・破局型」→「非感染・高効率型」へとダイレクトに回復をめざす方法や，尖点を迂回するように，「全社感染・破局型」→「局所感染・被害型」→「非感染・非効率型」→「非感染・高効率型」へと回復する方法などがある。前者は，ICT活用は変えずに，すなわち，業務のやり方を変えずに回復させることができるが，ウィルス撲滅までの間，業務が停止してしまうというデメリットがある。後者は，業務効率は悪くなるものの，一旦ICT活用を小さくし，手作業や電話対応でその場をしのぎながら，システムの回復を待つ方法である。いずれの手段を取るかを判断するためには，企業のICT部門が，ウィルス被害を受けた時点での自社の置かれた状況を明確に意識しておく必要があり，そのためには，自社のICT資産の被害状況を素早く把握し，また，ウィルス対策ソフトメーカーの対策状況やウィルス流行度などの情報を，常に収集しておく必要がある（三輪ら[2002]）。

（3）コンピュータ・ウィルス対策に関するバタフライのカタストロフィー・モデル

　これまで，ウィルス被害に関するモデルについて解説してきたが，これをさらにウィルス対策のモデルへと拡張することを考える。「コンピュータ・ウィ

ルス被害に関するくさびのカタストロフィー・モデル」(くさびのモデル)に，「技術的抵抗力」と「人的抵抗力」を組み込んだ，「コンピュータ・ウィルス対策に関するバタフライのカタストロフィー・モデル」(バタフライのモデル)について，次に解説する。

　くさびのカタストロフィーが平常要因と分裂要因という2つのコントロール要因を持つのに対して，バタフライのカタストロフィーはそれにバイアス要因とバタフライ要因を加えた4つのコントロール要因を持つ。バタフライのモデルでは，くさびのモデルのウィルス脅威，ICT活用に，さらに，技術的抵抗力と人的抵抗力を加えた4つのコントロール要因を考えることになる。くさびのモデルは，シンプルな枠組みの中でこの問題を論じるために，分裂要因であるICT活用の中に，技術的抵抗力と人的抵抗力を含まざるをえなかった。一方，バタフライのモデルでは，バイアス要因とバタフライ要因を加えることにより，これらのウィルス対策の2要因をICT活用から分離することができる。これにより，くさびのモデルでは表現しきれなかったウィルス対策の構造を，より詳細に表すことができる。「バタフライのカタストロフィー・モデル」の曲面は，(2)式によって表され，これを図示すると，図表3-3のようになる(川中・山下[2005b])。

$$y^5 - by^3 - ay^2 - vy - u = 0 \qquad (2)$$

・状態変数 y 　　　　　：ICTの業務への貢献度
・コントロール要因
　① 平常要因 u 　　　：ウィルス脅威
　② 分裂要因 v 　　　：ICT活用
　③ バイアス要因 a 　：技術的抵抗力
　④ バタフライ要因 b ：人的抵抗力
・ポケット　　　　　　　：軽度感染・抵抗型

　バタフライのカタストロフィーは，図表3-3に示すように，状態変数 y の値が大きくも小さくもない「ポケット」と呼ばれる中間的状態を示す領域が現れるところに特徴がある(ジーマン・野口[1974])。このポケットは，バタフライ要

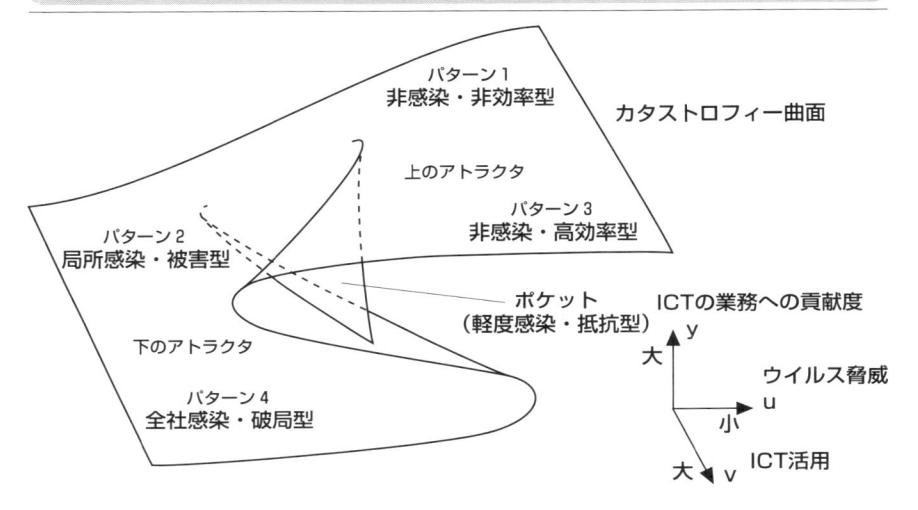

第❸章　スマート・シンクロナイゼーションを支える情報通信技術

図表3-3　コンピュータ・ウィルス対策に関するバタフライのカタストロフィー・モデル

```
                  パターン1
                非感染・非効率型
                                  カタストロフィー曲面
              上のアトラクタ
                            パターン3
                          非感染・高効率型
      パターン2
      局所感染・被害型
                                   ICTの業務への貢献度
                          ポケット    ↑y
                       (軽度感染・抵抗型)
                                       大
          下のアトラクタ                      ウイルス脅威
                                       小 → u
          パターン4
          全社感染・破局型                     ICT活用
                                     大 ↘v
```

出所：川中・山下[2005b]。

因bが大きいときに現れ，これが小さいときおよび中位のときは退化してくさびのカタストロフィー曲面とほぼ等しくなる。そして，バタフライ要因が大きくなればなるほど，ポケットも大きくなる。バイアス要因aについては，これが大きいときは曲面全体が左に移動し，小さいときは右に移動する。したがって，バイアス要因が大きいほど相対的に下のアトラクタに陥りにくくなり，これが小さいほど上のアトラクタに上昇しにくくなる。

次に，技術的抵抗力と人的抵抗力の影響について考えてみると，技術的抵抗力はカタストロフィー曲面を左右に移動させる働きを持つことがわかる。カタストロフィー曲面の移動は社会全体の技術動向を表しているともいえる。ウイルス検知技術，感染後の修復技術，企業情報ネットワークへの侵入防止技術，ソフトウェアのセキュリティホール検出技術等の技術レベルが向上することは，ウィルスに対する技術的抵抗力が高まることにつながる。技術的抵抗力の向上は，企業情報システムを健全な状態に保ち，ウィルス被害により破局状態に陥ることを防止するとともに，継続してICTを業務に貢献させることを可

能にする。すなわち，技術的抵抗力の値が大きいほど状態変数（ICTの業務への貢献度）が相対的に大きくなるように曲面が左に移動し，下のアトラクタへ陥りにくくなる。このことは，技術的抵抗力がバタフライのカタストロフィーのバイアス要因aとして位置づけられることを示している。

　一方，人的抵抗力が大きい場合は，ウィルス脅威が大きくても，ウィルス被害による破局状態に陥ることを回避できる可能性が高くなる。これは，「全社感染・破局型」，「局所感染・被害型」に陥りにくいことを意味する。すなわち，人的抵抗力を増大させれば，ウィルス脅威が大きくなっても，ウィルス被害による最悪の状態に陥ることは回避できると考えられる。このとき，最悪の状態の企業が中間的な状態に吸収されると考えると，バタフライのカタストロフィーの「ポケット」がこの役割を果たすことができる。なぜなら，ポケットの位置は状態変数（ICTの業務への貢献度）が特別に高くも低くもない中間的な状態を表しており，ウィルスが蔓延している環境下においても，人的抵抗力が大きな企業はこの領域に存在することができ，「全社感染・破局型」，「局所感染・被害型」に陥ることを回避できるからである。ポケットはウィルス被害において，あたかも防御ネットのような役割を果たすことになる。これに対して，人的抵抗力が小さい場合は，ウィルス脅威が大きいと，「全社感染・破局型」，「局所感染・被害型」に陥ってしまう。すなわち，この場合はポケットは存在せず，ウィルス脅威，ICT活用，技術的抵抗力の大小が直接的に貢献度の大小を左右する。以上のことは，人的抵抗力がバタフライのカタストロフィーのバタフライ要因bに相当することを示している。また，バタフライ要因が大きいときに生じるポケットの領域に位置する企業を，「軽度感染・抵抗型」と表すことにする。

　くさびのモデルの曲面は，企業間で共通の社会全体の特徴を表す曲面であるのに対して，バタフライのモデルの曲面は，企業ごとにポケットの大きさが変化するなど，企業による特徴が曲面の形に反映されるものとなっている。

注

1) 詳細は，The Bridge, Cisco Systemsを参照。
2) 情報システムのセキュリティ管理に対する第三者認証制度。財団法人日本情報処理開発協会(JIPDEC)が認定機関となり，国際規格(ISO／IEC17799)および英国規格(BS7799)に基づいて「ISMS認証基準(JIP-ISMS100-2.0)」が策定され，情報セキュリティマネジメントシステム(Information Security Management System：ISMS)の適合性評価制度が運用されている。

参考文献

Harley, D., Slade, R. and Gattiker U. E.[2001]*Viruses Revealed*, Osborne/McGraw-Hill (多賀谷ひろ子訳[2003]『ウイルス対策マニュアル』ソフトバンクパブリッシング).
川中孝章・山下洋史[2005a]「コンピュータウイルス被害に関するくさびのカタストロフィー・モデル」『日本経営システム学会誌』Vol.21，No.2，pp.73-79。
川中孝章・山下洋史[2005b]「バタフライのカタストロフィーによるコンピュータウイルス対策の概念モデル」『明大商学論叢』Vol.87，特別号，pp.111-123。
Means, G. and Schneider, D.[2000]*MetaCapitalism : The e-Business Revolution and the Design of 21st-Century Companies and Markets*, John Wiley & Sons.
三輪信雄監修，一瀬小夜・星澤裕二[2002]『ウイルスの原理と対策』ソフトバンクパブリッシング。
中村康弘[2003]「情報セキュリティの困難性について」『防衛調達と情報管理』Vol.4，No.3，pp.11-16。
野口広[1982]『経営のカタストロフィー理論』PHP研究所。
小笠原泰・小野寺清人[2002]『CNCネットワーク革命―ITの向うに何があるか』東洋経済新報社。
内田勝也[2002]「情報セキュリティ対策―急がれるウイルス予防システムの構築―」日本商工会議所編『石垣』Vol.21，No.12，pp.10-15。
ジーマン, E. C.・野口広[1974]『応用カタストロフィー理論』ブルーバックス講談社。

第 4 章
スマート・テクノロジーと企業の倫理

本章のねらい

① スマート・テクノロジーとしての情報通信技術(ICT)の特質と,それが社会を変容させる要因として機能しうることを理解する。ICTは論理的順応性を有する技術であり,そのため様々な企業活動において適用可能である。その一方でこの性質はICTを良くも悪くも利用することができることを意味する。この点で,ICTの利用には不可避的に倫理的判断の要素がつきまとう。

② 現代の企業が,倫理的に振る舞い,社会的責任を負うべきであるという社会的期待の中でビジネスを行うようになっていることを理解する。1970年台以降のアメリカにおける企業倫理への興味の高まりを発端として,日本においても近年,企業が明示的に倫理的判断を行い,社会的責任を果たすことが求められるようになってきている。

③ SCMにみられるような企業ならびにパートナーシップを形成する企業グループにおけるICTの利用が,どのような企業倫理問題をもたらしうるのか,そしてそれにどのように対処すべきなのかについてケーススタディを通じて理解する。ICTの利用がもたらす倫理問題を適切に解決することは,企業の競争力を維持する上でも重要である。

④ 現代の企業ならびに企業グループにおけるICT管理・情報管理のあるべき姿を理解する。今日の企業では,コンプライアンスへの取り組み,システム監査,内部統制,企業内情報教育,企業文化の醸成などの様々な手立てを通じて,ICT管理および情報管理の健全性が保持されなければならない。

第1節 スマート・テクノロジーとしてのICTと企業情報化

1．ICTと社会
（1） 論理的順応性と社会への浸透

　1940年代半ばに高速計算機として開発されたコンピュータは，この60年ほどの間に驚くべき進歩をとげ，社会への浸透の度合いを高めている。すでにコンピュータ技術と通信技術の融合化が実現し，両者を総称するICT（Information & Communication Technology）という用語がIT（Information Technology）に代わって一般的に使用されるようになってきている。

　現在，先進諸国における企業や政府機関の業務のあり方，またそれらが提供するサービスの多くはICTの活用を前提としたものになっている。個人の日常生活も，明確に意識されるか，されないかにかかわらず，ICTの利用からもたらされる多大な利便性を享受している。情報処理とコミュニケーションという人間活動の根幹ともいえる部分をサポートするICTは現代情報社会のドライバーであり，企業活動や個人生活の質（quality）がそれに関わるICTベースの情報システムの品質に大きく影響を受けるという点で，現代社会は「ICT依存社会」となっているのである。

　ICTの社会への浸透が発生している要因の1つとして，コンピュータの論理的順応性をあげることができる。Moor[1985]によれば，コンピュータの革命的特徴はその論理的順応性，すなわち論理処理を設定できるどのような活動にも適用できるという点にある[1]。論理処理が設定できる活動はいたるところに存在しており，したがって，コンピュータ技術の潜在的な適用可能性に制約はなく，コンピュータはユニバーサルツール（汎用性のある道具）として社会の様々な制度・活動に適用されうることになる。

第❹章 スマート・テクノロジーと企業の倫理

(2) 社会変容要因としてのICT

　ICTが適用された制度や活動は，ICTが可能にする情報処理が不可欠あるいは最重要な要素であるように変化し，制度や活動の概念もそこに適用されたICTの存在を前提としたものへと変化する。Moor[1998]はこの現象を情報エンリッチメントと呼んだ。

　情報エンリッチメントの存在は，ICTが社会変容要因として機能しうることを意味している。しかも，ICTの利用がもたらす社会の変容は，不可逆的なものである。すなわち，ICTの利用が進み，それが組織や社会に浸透してしまうと，その状態を元に戻すことは，非常に困難であるか，あるいは可能であってもそのためには多大な費用が発生することになる(村田[2004]pp.31-32)。例えば，銀行業務からICTを一掃することが可能かどうかを考えてみれば，このことはたやすく理解できるであろう。そこではすでに，主要な金の流れはネット上の情報の流れとして実現されている[2]。

　ICTの利用が社会の不可逆な変容をもたらす要因となることは，社会的にみれば，事前に，あるいはICT導入の初期段階で，そこに発生しうる問題の認識と対応が必要になることを意味している。このことは，ICTの開発と利用に関する積極的な情報開示の必要性を示唆するものである。

2．ICTの二面性
(1)　夢の技術？　悪魔の技術？

　コンピュータ以外の機械技術が人間の物理的機能を拡張するのに対し，コンピュータというデジタル数値処理マシンを中心とするICTは情報処理とコミュニケーションという人間の知的機能を拡張するという点で，まさにスマート・テクノロジーとしての特性を有している。コンピュータをスマートマシンと呼んだZuboff[1985；1988]は，コンピュータ技術が持つ機能には，自動化(automate)と情報化(informate)という2つの側面があることを指摘した。自動化とは，タスクを，連続性(continuity)と制御性(control)を向上させながら，より低コストで遂行するために，人間の労力とスキルを技術で置き換えることである。人間の情報処理活動のある部分をコンピュータの高速で正確な計算能

力によって適切に代替できれば，タスクの実行効率は確実に向上することになる。

　一方，情報化とは，コンピュータの導入によって利用可能となるデータを通じてタスクへの理解(comprehensibility)を実現することである。情報化機能は人々のタスクに対する学習の機会をもたらし，そこから改善，改革が生み出される可能性がある。

　タスクの実行効率の向上や，学習を通じた改善・改革は，ICTが企業のような組織にとって夢の技術として機能しうることを示している。しかし，これらの機能が必ずしもポジティブな結果のみをもたらすとは限らないことに注意が必要である。そこには，意図せざる副作用が生み出される危険性が存在している。職場における従業員の生産性向上を狙った作業の自動化が，従業員の人間性の抑圧や雇用不安定を招きうることや，個人情報利用に基づく業務効率改善と顧客満足向上の試みが，プライバシー侵害の問題を引き起こす可能性を持つことなど，その例をあげることはさほど難しいことではない。また，ICTの論理的順応性は，コンピュータ犯罪のような，たとえ悪意に基づく行為であっても，それを確実かつ効率的に実行するためにICTを利用することが可能であることをも指し示している。

　ICTは人間の知性を，良くも悪くも，ダイレクトに反映する。このことは，ICTの利用が，意図するとせざるとにかかわらず濫用の危険性と隣り合わせており，ICTがとりわけ社会的にみたときに悪魔の技術として機能しうることを意味している。この点でICTという技術には「脆弱なスマートさ」が内在しているのである。

(2)　利便性と安全性のジレンマ：ICT依存社会の脆弱性

　今日，ICTの活用は多くの人々にビジネスや日常生活において多大な利便性を提供している。しかしその一方で，ICTに依存する現代情報社会は，様々な脆弱性を抱えている。例えば，災害によって情報ネットワークが切断されたり，電力供給がストップしたりすれば，たちどころにICTに依存している機能は麻痺することになる。企業や政府機関が構築・運用する情報システムやデータ

ベースの品質は，組織活動の品質，そして個人の日常生活の質に直結しており，プログラムコードのバグや不正確なデータの存在が組織や個人に多大な不利益を与えることがある。プライバシーや財産権などの社会において尊重されるべき価値への侵害をICTの利用が促進する事例や，データベースへの不正アクセスやコンピュータ・ウィルスの散布といったコンピュータ犯罪の被害も発生してきている。

また，ICT利用の肥大化は電力供給の確保というエネルギー問題に直結している[3]。ICTの廃棄も環境問題を発生させる可能性があり[4]，情報社会のエコロジカルな基盤も脆弱であるといえる。

このように現代社会は，ICT依存社会ゆえの「利便性と安全性のジレンマ」を抱えている。すなわち，われわれは様々な局面でICTの利用を通じた利便性の向上を求めるのか，あるいは，ICTの利用を抑制することによって社会の安全性を確保するのかという選択に直面しているのである[5]。

3．企業の情報化と倫理
（1） 企業の社会的責任と情報化における課題

1954年にGEがUNIVAC Iを導入して以来，多くの企業がICTの導入と活用に努めてきた。企業におけるICT利用の焦点は，既存業務の自動化の推進による生産性向上とコスト削減から，マネジメント情報の適時・的確な提供，競争優位の源泉としての情報システム構築へと推移し，1990年代以降は，ICTをイネーブラーとするビジネスプロセスリフォームが企業情報化の中心的課題となっている。こうした中で現在では，顧客ニーズへの即応性を高めるための，情報共有をベースとするパートナーシップの構築と運用や，個人情報利用をベースとする顧客関係性管理を適切に実行することがめざされるようになっており，SCMはその有力な手法の1つとして注目を集めている。

他方，1970年代の一連の企業不祥事への批判をきっかけに，アメリカにおいてはその社会・文化的特質，とりわけパワー主体としての企業に対する不信感を背景に[6]，企業倫理ならびに企業の社会的責任（Corporate Social Responsibility：CSR）についての積極的な議論が展開された。すでに今日では

日本においてもこうした議論が活発に行われており，たとえ営利を求める企業であっても，社会を構成する「市民」としての役割を果たすべきであるという社会的期待が一般に成立しつつある。確かに，企業のビジネス活動は真空の中で行われているのではなく，それが存在している社会における価値と解釈の体系の中で行われている。このことは，倫理的に行動することや社会的責任を果たすことが企業にとってそもそも必須であることを意味している。もし企業がこれをできないのであれば，厳しい規制のもとに企業をおかなければならなくなり，経済活動の自由と自律性が失われ，自由主義経済におけるビジネス活動そのものが抑制されることにもなろう。また，多くの人々が関わる企業活動において不正が横行するのであれば，人心と社会の荒廃は避けられないものになるであろう。

こうした社会的期待を企業情報化の文脈で解釈すれば，現代社会においてICTの主要な開発者であり利用者である企業は，その社会的責任の一環として，企業におけるICTの利用が引き起こしうる利便性と安全性のディレンマに，社会的にみて「正しい」対応をすることを企業情報化における課題の中核に位置づける必要があるということになるであろう。今日の企業はICTの導入と利用にあたって，経済的にだけではなく，社会的にも容認される行動をとらなければならないのである。

(2) スマートな企業情報システムの構築と運用

現代の企業には，脆弱なスマート・テクノロジーであるICTを活用しながら，企業経営の観点からみても，また社会的にみても健全で脆弱性のない，スマートな情報システムの構築と運用を行うことが求められている。しかしながら，人間の認知限界とICTの進展の速さを考えれば，企業情報システムの構築と運用に関わる倫理問題，あるいは社会的責任を問われる問題の発生は予測することも避けることもできないかもしれず，ときには，発生した倫理問題にどのように対処すべきなのかに関わる指針が一切存在しない，ポリシーの真空状態(Moor[1985])におかれることを余儀なくされることもあろう。

ICTの利用を取りやめることが，もはやまったく現実的ではない現代企業に

とって，こうした倫理問題への適切な対応を行うための管理・責任体制を整備し，また社会的責任を果たすのに好適な企業文化を醸成することは喫緊の課題であるといえよう。この点で，企業情報システムの構築は，組織制度・文化の構築と一体化して行われるべきものとして理解されなければならないのである。

第2節　ICTの開発と利用がもたらす企業倫理課題

1．企業の直面する倫理課題
（1）　個人のレベル
　現代では企業活動ならびにその成果である生産物は，人々の生活のあらゆる活動分野に浸透して社会に大きな影響を与えている。企業活動の担い手を構成するのは，経営者や従業員などの個人である。また，株主，顧客や同業者などステークホルダー(利害関係者)といわれる個人も企業活動に関わっている。

　こうした個人が企業内外で活動するとき，様々な分野で倫理問題が発生する。例えば，個人的なレベルで考えてみると，職場で就業時間内に電話を私用で使ったり，職場の文房具や備品を私的に持ち帰ったり，仕事をさぼったり，セクシュアルハラスメントを行ったり，賄賂を受け取ったり，あるいは暴力を振るったりすることは倫理問題(正，不正や，善悪についての的確な判断が要求される問題)と考えられる。

（2）　個人と企業のレベル
　また，個人と企業とが関わる場合，個人が自分の活動に独自の価値観を持ち，その価値観が企業の価値観と異なるときに，倫理問題が発生する。例えば，自分の衣服や立ち居振る舞いなどのスタイルが企業の服務規程に違反したり，上司の指示が社会規範を破るものであると感じられ，自分自身として納得できなかったり，会社の施策が自分の信条と異なり会社を信頼できなかったり，会社の規則がコンピュータの私的利用を禁止しているのにもかかわらずHPやメールを仕事以外で活用したり，会社の理念や施策が自分の政治的・宗教的信条と

異なったりすることも個人と企業が交わる場合の倫理的な問題である。

（3） 企業と社会のレベル

さらに，企業と社会との関連を考えてみると，社会規範を無視したり，法令に違反した不法な行為を行ったり，個人の基本的人権を踏みにじったり，他社の知的財産や顧客のプライバシーなどの権利を侵害することは企業の陥りやすい問題状況である。例えば，食品を取り扱う会社の食肉偽装表示や建設業界の談合問題，企業内での情報を利用したインサイダー取引や，自動車業界におけるリコール隠し，さらに，総会屋対策，違法献金，多様なチャネルを通じて収集した顧客情報の流出・漏えいなどは企業の直面した倫理問題といえる。

このような多くの倫理問題に直面し，企業は個人と同じく，道徳的行動主体（モラル・エージェント）として行動することが期待される。企業は単なる利益追求のみを目的とするのではなく社会的責任を認識し，社会規範を遵守してフェアな活動を行わなければならない。企業活動で求められる企業倫理とは，「一般に認められた社会的価値観に基づき，企業活動の通常の進行過程における企業全体（個人および組織体）の制度・政策・行動の道徳的意義に関して行われる体系的内省」だからである（Epstein［1979b］邦訳 p.153）。

以上述べてきた倫理問題の中には，純粋に個人の意思決定レベルで検討されるべき内容であってICTの開発や利用に関わらない問題も多い。こうした倫理問題の中で，ICTの開発と利用にどのような問題が関わるのか，また，SCMの進展に伴ってクローズアップされる倫理課題にはどのようなものがあるかを，ケースなどを通して具体的に検討することが本節の目的である[7]。

２．ICTの開発と利用による倫理課題の増大
（1） ICTの特質

ICTそのものが，ツール（道具）やマシン（機械）以上に，その活用場面において倫理的判断を要する側面を持つことは，ICTのもつ不可視性や論理的順応性という性質からみて納得のいく点である。ICTを稼動させるためにはソフトウェアが必須であり，その一方で，ソフトウェアの内容は外部から簡単にはうか

第❹章　スマート・テクノロジーと企業の倫理

がえない。ソフトウェアがどのような機能を遂行しようとしているのか外部からは判断できないのである。また，ソフトウェアで実現される内容は，入力・処理・出力の論理で表現できるアイデアであり，これは人間の頭脳活動の広い分野をカバーできる。したがって，ICTはユニバーサルツールとしての特性を有している。まさにスマートマシーンといわれるにふさわしい。この機能によって，ICT活用は企業活動の効率性を劇的に向上させ，多くの企業において，その事業規模や販路の拡大，顧客管理，企業内外でのコミュニケーションなどにおいて多大な効果をもたらした。

(2)　ICT利用に関する倫理問題

　ICTが人間の頭脳活動を代替し汎用性を持つという性質は，企業の中で情報システムを構築する場合，あるいは情報システムを利用する場合，多くの倫理問題を発生させることにつながる。情報システム構築にあたって悪意をもって不正なプログラムを組み込むことや，個人情報を不適切に収集する仕組みを挿入すること，また，情報システムの利用にあたり不正にシステムに侵入すること，データベースの情報を盗むこと，個人情報を不注意で外部に漏えいすることなどは倫理問題の例であり，これらに関連した事件がマスコミなどで多々，報道されていることは周知の通りである。

　ICTの活用によって，コンピュータ犯罪や不法行為ではないけれども倫理的な観点からみて論議を引き起こす課題，どのように対応してよいのか不明な事態などが発生してくる。また，ICTの活用によって高度化・複雑化された企業の活動は，その影響力を企業外にまで及ぼし，さらなる倫理問題を生み出していく可能性を持つのである。

(3)　ICT専門家の直面する倫理問題（ケース１）

　以下では，ICT専門家としてある企業に勤務する菅野敏夫氏の活動をみながら，彼のまわりでどのような倫理問題が発生しているかを検討してみよう。

　　　菅野敏夫氏は，Ａ社で経営管理の基幹情報システム開発を担当している

プロジェクト管理者である。プロジェクトは約1年半の長期間であり，全社各部門から30名のプロジェクトメンバーが集められている。ソフトウェア開発は外部のシステム開発会社と共同開発を行っており，作成されたソフトウェアはパッケージとして外部に販売される予定でもある。ソフト開発には外注先も参加しており，プロジェクト事務の一部も他社に委託している。

したがって，このプロジェクトチームはA社の各部門，外注先，委託先，派遣要員，パートタイマーなど多様なメンバーで構成されている。菅野氏はシステムのカット・オーバーの時期とシステムの品質確保はもちろん，チーム内のまたチーム外との効果的なコミュニケーション，情報管理，きめ細かで公正な人事管理を実現することに注力している。

しかし，プロジェクトがスタートした時点で問題が発生した。メンバーの多くが自分のノートパソコンを職場に持ち込んで作業を行い，自分のノートパソコンを持たないメンバーは，忙しいときには，職場のノートパソコンを自宅に持ち帰り仕事をこなしていた。さらによくみられたケースはやり残した仕事の内容をメモリ・スティックに保存して自宅に持ち帰り，自宅のデスクトップコンピュータに必要なファイルをコピーして処理を行うというものであった。

また，一部のメンバーが，市販ソフトウェアを不正コピーして利用しているという情報や，インターネットのサイトから無断で画像やフォーマットをダウンロードして，プロジェクトの報告書などに活用したという話もあった。

プロジェクトが進行するにつれ，データ管理が問題となった。プロジェクト内の各グループのデータ管理責任者が明確でなかったため，アクセス制限の設定が不十分で，自分に必要のないデータへのアクセスが可能であることも判明した。

また，作成されたデータベースやプログラムが外部からの不正侵入によって読み取られない手立ても不十分であった。テストが進んでくるとテスト用に顧客データを使う必要があった。しかし，顧客情報が外部に流出す

第❹章　スマート・テクノロジーと企業の倫理

ることは是非とも避けねばならなかった。

　プロジェクトが進行する中で，プロジェクトメンバーが，ポルノグラフィーをメールに添付して誤って顧客の担当者に送付してしまうという事件が発生した。客先の部長から厳重な注意があった。事情を調べてみると，仕事中にeメールをプロジェクト活動目的以外に利用している，また，仕事に関係のないWebサイトを時間中に閲覧しているという状況が20％もあることが判明した。

　菅野敏夫氏は，メール内容をチェックしたり，ホームページへのアクセスを管理したりするソフトウェアを導入すべきだと考えた。監視システムの導入には抵抗感もあるが，プロジェクトを円滑に進めるために止むをえない措置であった。

　プロジェクトの後半に入ると，開発中の当パッケージを導入したいという会社への販売も支援した。この会社に対してソフトウェア製品のリリース時期を約束しなければならない。現在，パッケージは未完成であるが，見込み客であるこの会社へのソフトウェアデモは高い評価を得た。しかし，このソフトウェアを完成させて顧客企業が要望する時期に提供することは，コストやスケジュールの観点から非常に厳しいことを菅野氏はわかっていた。

　このケースでみられる倫理課題は，プロジェクトの成果やデータなど企業秘密である知的財産の安全性確保，著作権保護，情報セキュリティ，コンプライアンス，また，顧客情報をはじめとする人事情報のプライバシー侵害，ICT専門家としての職業倫理の問題などである。

3．SCMの推進による倫理課題の増大
(1)　SCMの特質

　ICT導入により出現する倫理課題に加え，企業活動が高度化，複雑化すれば新たな倫理課題が生み出される。単独企業でも，ICTは多くの倫理問題を引き起こすが，複数企業が協働して活動し，システム開発を行えば，より多くの倫

理問題が発生しうる。

　SCMは，顧客に商品やサービスを供給する諸活動の連鎖を管理して，サプライチェーン全体の効率や効果を向上させ全体最適化を達成することを目的とする。企業間の連鎖をシステムとして捉え，情報を共有することにより需給ギャップやボトルネックを解消し，在庫削減や納期短縮をめざす。SCMのように企業が協働して作り上げる情報システムは，単なる一企業内でのICT活用により引き起こされる倫理問題以上の問題が出現する。

（2）　SCMに関する倫理問題

　SCMは情報システムを活用して複数企業が協働する仕組みを構築するものであるため，各企業での異なる考え方，体制，文化などが互いに摩擦を生み出して倫理問題を引き起こす可能性を持っている。SCMの開発や活用によって発生する倫理問題の1つは，企業間の文化・価値の違いや，利用する言葉の定義の違い，情報の評価尺度の違いなどである。お互いが協働を約束しても，ある企業で問題なく正しいとされる業務処理の考え方，方法，手順が，他企業では妥当でないと考えられる場合もある。

　SCMに関連する分野として，VMI(Vendor Managed Inventory)を例にあげて問題を検討してみよう。

　VMIとは，原材料供給業者，メーカー，卸売り，小売，最終顧客へと続く供給連鎖の過程で発生する在庫を，ベンダーが一元管理し，在庫削減や欠品の防止を図って，経費を削減し売上を増大する仕組みである。サプライチェーンを構成する各企業が在庫を独自に確保しようとすればブルウィップ効果が発生する。VMIはブルウィップ効果を抑制することを目的とする。

　しかし，こうした協業関係は企業を超えて行われ，多様な意見を集約する過程で，力の強いものが弱いものに無理強いする傾向がないとはいえない。力関係や上下関係でSCMの運用において前提される企業間のオープンで公平であるべき関係がゆがめられる。

　また，SCMの下流にある消費者が，ICTの利用者として情報システムに関与してくると，各消費者の活動によって発生する倫理問題への対応を射程にお

さめた ICT の適用が重要になってくる。e ビジネスの主要要素である顧客の情報を SCM に組み込むことで e SCM が実現され，生産から消費のすべての流れを視野に入れることが可能になる一方で，顧客という要素が倫理課題を増大させる。

(3) SCM ユーザーの直面する倫理問題（ケース 2 ）

以下では企業間情報システムである SCM のユーザ，内田正一氏の活動をみながら，どのような倫理問題が発生するのか検討してみよう。

> 内田正一氏は，B 社の営業部門の社員であり，受注管理の仕事を担当している。B 社は顧客競争力を向上させるため，メーカーや卸売り会社などと企業グループを結成し，SCM のための情報システムを稼動させている。
>
> しかし，この情報システムの構築には様々な問題があった。例えば，VMI を実現するために，各社は情報共有のためのデータベースを構築している。しかし，データベースの標準化の過程で内田氏の会社の意見は取り入れられなかった。大手のメーカーなど相対的に力の強いグループに都合の良いデータベース仕様が採用されたのである。そのため，情報を有利に活用する企業はますます優位に立ち，そこでは，真のパートナーシップを確立することが困難であった。
>
> SCM を構成する企業間での対等な関係が標榜されながらも，力の強いメーカーの主張が採用されることは再三にわたった。例えば，ERP などの統合業務パッケージを導入するための人材や資金に懸念があったが敢えて投資に踏み切った。
>
> 確かに保有在庫は減少し，配送などの物流コストも低減し，デリバリーも迅速化してきた。しかし，情報共有の環境のもとで，企業秘密や自社の社員情報など受発注に関係のない情報が他社に漏えいしないかも心配されている。
>
> また，SCM のバリュー・チェーンからすれば顧客側に近い小売の意見に従わざるをえないことも多い。そのため，B 社はかなりの努力を払った。

もともと，B社は堅実さをモットーとし，自由闊達でオープンな社風を作り上げることには，違和感を持っていた。しかし，SCMの導入は，オープンな環境作りを推進するものでありB社も社員の価値観や態度を変えていかねばならない。

　自社の情報システムが直面するリスクの明確な評価ができないのも課題の1つである。営業の受注関連のデータはSCMのネットワークで処理され各社で透明性を保っているが，B社の社内システムとの接続やデータのインターフェースに関して明確なリスク評価ができていない。社内の情報システムにとっては不透明性が増大している。

　さらに，将来はメーカーからJIT型の調達の要望が拡大し，それに対応できない会社は，SCMの参加企業から排除される可能性もある。SCMでは協調の関係が重視されるが，実際には強者の論理が押しつけられ，それに追随できない企業は切り捨てられるのではないかという不安を感じる。

　このケースにおいて，企業間の境界を越えて構築される情報システムが，企業間の役割や責任のあり方，強い企業の無理強い，小企業の社風の侵食，機密データの漏えい，新たな系列化の発生といった倫理問題を見出すことができる。このような倫理課題の対応策としては，企業倫理を実践するための内部統制の仕組みや，ICT専門家の職業倫理や，ユーザーの職業倫理を充実し実践していくというアプローチが考えられる。

第3節　スマートなICT・情報管理のあり方

1．スマートな情報管理システム
（1）　情報管理におけるコンプライアンスとその限界

　前節でもみたように，企業組織におけるICTの活用やそれによって可能となる情報利用は，様々な倫理的課題を引き起こす危険性を有することが認められている。そのため，現在では，企業における情報管理に対する法的規制が整

備されつつあり[8]，企業が社会的責任を果たすためには，最低限，法令に対応した情報管理システムを構築する必要がある。しかしながら，法令の制定は，常に現実の事象に対してリアクティブであり，実際のICT利用によって新たに生じる倫理問題に迅速に対処できないという性質を有する。とりわけ，ICTの発達とその社会への浸透が急速である現在，法令の制定が実際の企業の情報利用において生じる倫理問題に対応できない場合も少なくない。

以上のことから，企業組織において，コンプライアンスのみに傾注した情報管理が行われるのであれば，それが既存の法規制では対応していない倫理課題を見過ごしたり，過小評価したりする事態を招き，これによって生じるリスクへの対応がなされないことが危惧される。したがって，コンプライアンスのみでは，法令というリアクティブな規範に対する最適化を図っているにすぎず，社会的観点からみて「正しい」情報管理を実現することができない危険性がある。そのため，企業における情報管理システムは，コンプライアンスをベースとしながらも，法令がカバーできない倫理問題に対してより柔軟に対応しうるようなものであることが望ましいであろう。

（2） 情報管理システムの設計

企業組織における情報管理システムは，情報セキュリティや内部統制（インターナル・コントロール），システム監査，さらには企業内における情報教育といった様々な構成要素を組み込むことによって，その健全性を維持することが必要とされる。

情報セキュリティは，「情報および関連資産の機密性，完全性および可用性を確保し，維持すること[9]」を目的とし（杉野[2005]p.75），企業の情報資産に対する脅威への対応を意図するものである。具体的には，組織全体のセキュリティポリシーや，それをベースとしたセキュリティ基準，その実施プロセスを定め，物理的・技術的・人的なセキュリティ対策を相互関連的に機能させることによって実現される。コンピュータ・ウィルスに代表されるような，企業外部からの攻撃や脅威が頻発する中で，企業の情報資産を保護するためには，情報セキュリティを組み込んだ情報管理が不可欠となる。

また，企業における情報管理が，企業全体のガバナンスの中に位置づけられ，その有効性を確保するために，企業内部において内部統制が行われる必要がある。COSOレポートによると，内部組織統制は「『業務の有効性と効率性』，『財務報告の信頼性』，『関連法規の遵守』に分けられる目的の達成に関して合理的な保証を提供することを意図した，事業体の取締役会，経営者およびその他の構成員によって遂行されるプロセス」と定義される（COSO［1994］邦訳p.4）。企業の情報管理において，組織内部における統制機能が働くことにより，コンプライアンスや情報セキュリティの徹底が図られるのである。

　しかしながら，いかなるセキュリティ対策がなされ，内部統制が意図されていようとも，組織を構成する従業員が適切な情報管理のあり方とその重要性を認識していなければ，情報セキュリティや内部統制は必ずしも完全には機能しない。そこで，企業組織の構成員が，ICTならびに情報の利用に関連する法令課題および倫理課題が発生する危険性について十分に認識することが重要となるため，情報教育の実施や，情報管理に付随する社会的責任を従業員が認識しうるような企業文化の醸成が意図されなければならない。

　さらに，以上のような要素によって構成される情報管理システムは，監査機関に評価されることによって，その実効性が保証される。情報セキュリティや情報システムに対する監査は，企業の内部監査部門による内部監査と監査対象から独立した外部監査機関による外部監査によって行われる。とりわけ，後者は，企業組織における情報セキュリティや情報システムの運用，実施状況について客観的評価を行い，その実施状況の妥当性や実効性を保証するものであるため，それらの有効性をより高める役割を果たしている。

2．サプライチェーンにおける情報管理
（1）　SCMにおける共有情報の管理

　SCMは，垂直的な堅い結合ではなく，緩やかな結合によって，個々の企業の自律性を維持し，サプライチェーンにおける全体最適化をめざすマネジメント・コンセプトである。SCMでは，その全体最適化を図ることを目的として，企業組織間での情報共有を図り，それぞれの組織や組織構成員の「個」の自律性

の発揮を促進することにより,環境変化への「アジルな対応」を可能とする(山下ら[2004]pp.21-35)。

しかしながら,以上のようなSCMの特性により,SCMでは,非ゴーイングコンサーンとして存在するパートナー企業群を前提とした情報管理を考慮しなければならない。そうでなければ,サプライチェーン全体の継続的競争優位の維持や,個として存在するそれぞれの企業組織の独自能力の発揮を妨げ,サプライチェーン全体の最適化を図るインセンティブを低下させてしまうことが考えられる。

そこで,サプライチェーンにおける情報共有では,緩やかに結合する企業組織の間で,いかなる情報をどの範囲まで共有するべきか,という情報の識別とそれに対するアクセス権の設定の問題を考慮することがより重要となる。SCMにおける情報共有とは,その活動の全体最適化において必要となる「共有されるべき情報」を対象とするものであり,各組織や各部門において「占有されるべき情報」あるいは「限定共有されるべき情報」を識別し,それらを適切な状態に維持することを前提としているものとして捉えられる。

SCMにおける情報共有を以上のように位置づけた場合,サプライチェーンにおいて「共有されるべき情報」をどのように評価し,そのコントロール主体をどのように決定するのか,また,共有されるべき情報をどのように管理するのかといった情報管理における諸問題は,SCMの目的や戦略,組織間の結合度を踏まえて,考慮される必要がある。

(2) e-SCMにおける消費者情報の管理

SCMからe-SCMへの拡張過程では,ICTの活用により,潜在的組織参加者として位置づけられる消費者との情報共有,あるいはインタラクティブコミュニケーションがなされることにより,消費者の動向がよりストレートに反映されたSCMの効率的,効果的運用を図ることが期待されている。質,量ともに十分な消費者に関する情報,すなわち「個人情報」をSCMの運用において利用することが可能となれば,消費者を含めた全体最適化をめざすことが可能となるかもしれない。

しかしながら,個人情報の利用や共有は,それが企業や消費者に多くの利便

性をもたらす反面,消費者のプライバシーを侵害するような事態を引き起こすリスクを伴う。このようなプライバシー侵害リスクに対応し,企業が個人情報の利用によって獲得しうる優位性や利便性を享受し続けるためには,サプライチェーン全体において適切な個人情報の保護や管理がなされなければならない。つまり,個人情報保護やプライバシー保護に関する法令をベースとしながら,社会的にみてディフェンシブルな個人情報管理を行うべきであろう。

したがって,サプライチェーンにおいて個人情報の利用や共有を行う際には,それによってもたらされる利便性とリスクとのバランスを考慮した上で,サプライチェーン全体における個人情報管理,利用の方針が決定される必要がある。しかしながら,前述のように,サプライチェーンという組織はゴーイングコンサーンとしての存在を想定することはできないために,個人情報利用や共有に伴うリスクは,単一の企業におけるそれよりも相対的に高まることが考えられる。個人情報は,基本的に,情報主体の許諾する範囲での限定的な利用や共有が法的に求められるにもかかわらず,SCMの実践においては,個人情報の共有範囲が必要以上に拡大される場合が考えられ,また,サプライチェーンへの戦略的な参入と退出が繰り返されることによって,共有された個人情報が流出する危険性が高まるのである。

例えば,サプライチェーンを構成する組織が改編される場合,そこで利用,共有されていた個人情報の保有範囲をどのように制御するのか,あるいはその所有権をどのように定めるのかといった問題が生じうることが考えられる。サプライチェーンにおいて,このような問題に対するルールやポリシーが不明確なまま,個人情報が利用,共有されるのであれば,それに伴うリスクは高まり,それは社会的な観点から正当な,あるいは健全な個人情報管理とみなされないであろう。したがって,SCMでは,そのバーチャルな組織形態をふまえた上で,個人情報利用の利用目的やポリシーが適切に定められなければならない。

戦略的な結合や退出が頻繁に想定されうるSCMでは,個人情報の利用・共有の権限が頻繁に付与されたり,取消されたりすることが考えられるために,そこでの個人情報の管理が適切になされているかどうかを保障することは容易でない。そのため,個人情報の共有範囲をある程度限定し,チェーンからの退

出時における個人情報管理を厳密に定める必要がある。言い換えれば，緩やかな結合を想定するSCMでは，タイトな情報管理がなされなければ，個人情報利用に伴うリスクに対応することは困難となるのである。他方，タイトに結合する系列取引的なサプライチェーンの運用を想定する場合，個人情報利用に伴うリスクは相対的に低くなることが考えられるために，それに適合した個人情報の共有範囲や情報管理システムを設定し，可能な限り個人情報利用および共有によるパフォーマンスの最大化を図ることが有効となる。

このように，サプライチェーンにおける個人情報の管理は，サプライチェーンの結合形態や戦略を踏まえることにより，その利便性とリスクのバランシングを図るべきである。また，以上のようなサプライチェーンにおける個人情報管理システムは，そこでの情報管理が情報主体である消費者の観点から望ましいものとなるよう，継続的に見直されることが不可欠であろう。それが情報主体にとって不適切な情報管理であるとみなされるのであれば，企業あるいはサプライチェーン構成する企業群が，個人情報という希少性の高い情報財（國領[2005]p.84）を獲得することが困難となるのである。

注

1) コンピュータの論理回路がブール代数を理論的基礎としていることからも，論理的順応性の存在は理解できるであろう。
2) 一般に銀行においては，その顧客数の多さゆえに，コボルやアセンブラで書かれた「旧式の」システムモジュールですら，それらを一掃することが，費用と時間の双方からみて非現実的であるという状況がある。
3) 省電力PCの開発などが進められてはいるものの，インターネットへの常時接続などといった現在のトレンドがこのまま続けば，化石燃料の枯渇のペースが速められることになるかもしれない。
4) 一部のコンピュータメーカーでは生分解性プラスティックをPCの筐体などに使用する試みを行っている。
5) すでに述べたように，この選択機会に対する判断はICTの導入初期または事前に行われる必要がある。
6) これについては，Epstein[1979a]を参照されたい。
7) 本節で示される2つのケースはフィクションであり，現実の個人や組織とは，一切関連がない。
8) 日本における代表的な法令としては，「不正アクセス禁止法（2002年施行）」，「電子署

名法(2001年施行)」,「個人情報保護法(2005年施行)」があげられる。
9) ここでいう機密性,完全性,可用性とは次のような意味を持つ。
　① 機密性(confidentiality):データが,正当とみとめられるときに,正当と認められる方法で,正当と認められる個人,組織およびプロセスにのみ開放されること。
　② 完全性(integrity):データにアクセスしたときに,データが常に正確で完全であること。
　③ 可用性(availability):データおよび情報システムが,要求された方法で随時にアクセス可能かつ利用可能であること。
　　また,以上の要素のみならず,現在の情報システム管理においては,説明責任(accountability)や真正性(authenticity),信頼性(reliability)の確保をすることが求められるとされる。

参考文献

COSO(The Committee of Sponsoring Organizations of Treadway Commission)[1994] *Internal Control : Integrated Framework*, New York(鳥羽至英・八田進二・高田隆文訳[1996]『内部統制の統合的枠組み:理論編』;『内部統制の統合的枠組み:ツール編』白桃書房).

Epstein, E. M.[1979a]Societal, Managerial and Legal Perspectives on Corporate Social Responsibility : Product and Process, *Hastings Law Journal*, Vol.30, No.5, pp.1287-1320(中村瑞穂・角野信夫・梅津光弘・風間信隆・出見世信之訳[1996]『企業倫理と経営社会政策過程』文眞堂,第3章,pp.83-121).

Epstein, E. M.[1979b]Corporate Good Citizenship and the Corporate Social Policy Process ; A View from the United States, *Journal of Business Ethics*, 8-8,August 1989, pp.583-595(中村瑞穂・角野信夫・梅津光弘・風間信隆・出見世信之訳[1996]『企業倫理と経営社会政策過程』文眞堂,第5章,pp.150-177).

花岡菖[2003]『組織の境界と情報倫理』白桃書房。

国領二郎[2004]『オープン・ソリューション社会の構築』日本経済新聞社。

Moor, J. H.[1985]What Is Computer Ethics?, *Metaphilosophy*, Vol.16, No.4, pp.266-275.

Moor, J. H.[1998]Reason, Reality, and Responsibility in Computer Ethics, *Computers and Society*, Vol.28, No.1, pp.14-21.

村田潔編[2004]『情報倫理:インターネット時代の人と組織』有斐閣。

坂村健[2002]『21世紀日本の情報戦略』岩波書店。

杉野隆[2005]『情報システムの運営』共立出版。

山下洋史・諸上茂登・村田潔編『グローバルSCM サプライチェーン・マネジメントの新しい潮流』有斐閣。

Zuboff, S.[1985]Automate/Informate : The Two Faces of Intelligent Technology, *Organizational Dynamics*, Autumn, pp.4-18.

Zuboff, S.[1988]*In the Age of the Smart Machine*, New York: Basic Books.

第5章 e-SCMによる二重の情報共有と知識共有

本章のねらい

① e-SCMは、これまでのSCMとeビジネスのそれぞれの領域において分離して行われてきた「情報共有」を一本化(情報共有を共有化:これを「二重の情報共有」と呼ぶ)することにより、市場の動向に対してよりアジルに対応するサプライチェーンの構築をめざすものであることを把握する。

② KCMは、これまでKMにおいて個別企業ごとに行われてきたメンバーの自働化による知識共有を、サプライチェーン全体での知識共有へと拡張した概念であり、ICTの積極的活用による人間の知的・創造的活動の支援を通して、エンパワーメントとコラボレーションの実現をめざすことを理解する。

③ 今後、企業のビジネスプロセスは、KCMとeラーニングとの有機的結合(e-KCM)によって、より知的・創造的な活動へと進化しうることを理解する。

④ サプライチェーンにおいてイノベーションを実現するためには、従来型のSCMではなく、内外のナレッジ・コミュニティに連結し、必要な知的経営資源を取り込みながらコラボレーションするという学習のプロセスを多次元的に連鎖させたe-KCMのコンセプトが求められることを理解する。

⑤ e-SCMにおける個客接点機能が、これまでの顧客の「囲い込み」アプローチから、個客の価値増大アプローチへと機能拡張を推進する役割を果たすことを把握する。

第1節　eビジネスとe-SCMにおける情報共有

　今日の厳しい企業環境の中で，多くの企業が発想の転換を迫られており，顧客との関係性を重視し顧客に焦点を当てた企業活動を積極的に展開している。そこでクローズ・アップされるのが，顧客満足(CS)の向上である。なぜならば，CSの向上は企業に好循環をもたらし，その結果として企業業績を高めることになるからである(第2章を参照)。

　一方，インターネットに代表される，オープンかつ自律分散型の情報ネットワークの普及は，eビジネスにおける顧客の能動性を高める役割を果たしている。顧客は，ICTを活用することにより，時間的・空間的なギャップを克服することができ，いつでもどこからでも企業と双方向の(インタラクティブな)コミュニケーションを図ることにより情報の共有化を可能としている。これにより，顧客はネットワーク上で企業と容易に接続することが可能になるだけでなく，そこから分離することも容易になる。このネットワーク上での分離の容易さが接続を促す原動力ともなっており，多くの顧客が接続と分離を繰り返しているのである。

　そこで，企業は，ICTを活用した顧客のニーズを的確に捉えて，既存の顧客のみならず，多くの新規顧客を獲得するために，eビジネスのノウハウを活用しているのである。eビジネスでは，顧客との関係を重視した経営(Customer Relationship Management：CRM)として，積極的に顧客との情報共有化を図っている。顧客との情報共有化には，Webサイトや電子メールの活用はもちろんであるが，CTI(Computer Telephony Integration)やコールセンターの活用も行われている。また，ICTを積極的に活用して，顧客1人1人(個客)に焦点を当てたビジネスを展開すべく，One to Oneマーケティングも注目されている。これらは，顧客を個客として捉え，その価値増大の創出を図るアプローチである(本章第6節を参照)。

　このように，顧客との情報共有化は，主に顧客と直接的に接する営業部門や

サービス部門において行われており，これらの部門は顧客情報を収集・蓄積して，その有効活用を図っている。しかしながら，顧客情報を企画部門や生産・設計・開発部門へ水平展開して活用することも重要である。このことは顧客情報をB to C領域での閉じた活用からB to B&C領域での活用への拡張として位置づけることができ，サプライチェーン全体での情報共有化を意味するものである。

さらに，顧客情報を企業「内」の活用のみに終わらせるのではなく，企業「外」に位置する顧客を組織内部に取り込んで，情報の共有化を図るような取組みも必要である。一部の企業では，顧客と企業が相互に内部化された「共創のパートナー」となり，価値創造や需要創造のパートナーとなっていることも指摘されている（村山ら［1999］）。

ICTが進展する中で，企業競争は企業群間競争へとシフトしつつあり，企業間同士のコラボレーションへの取組みが重要な課題となっている。ここに，個別企業の最適化のみならず，企業群全体の最適化をめざすSCMが注目されている要因が存在する。SCMでは，部門や企業の壁を越えた調整（水平的コーディネーション）や意思決定が必要となるため，サプライチェーン全体の最適化に関するマネジメントを行うことになる。サプライチェーン全体の最適化は，業務プロセスにおける各部門，各企業の自律的対応を要求するものであり，集権的コントロールに基づく全体最適の追求を意味するものではない（第2章参照）。SCMでは，個の自律性を尊重しているため，各部門，各企業の意思決定の基盤を揃えることが必要となるのである。そこで，サプライチェーン全体で情報を共有化し，コラボレーションを図ることになる。SCMにおいて，情報の共有化を進めるためには，部門間，企業間の空間的制約の克服が条件の1つとなる。さらに，稼働日あるいは稼動時間帯が異なる場合には，時間的制約の克服がこれに付加される。そこで，SCMではICT，特に情報ネットワークの活用が重視される（山下・金子［2001］）。従来のSCMにおける情報共有化は，B to Bを対象とした，企業間のサプライチェーンを舞台に行われてきた。

SCMにおいても，最大の関心事は顧客にある。そのため，顧客への迅速かつ的確な対応を行うために，顧客（個客）を対象としたB to Cを含むeビジネス

の視点が重要となってきている。そこで，eビジネスのノウハウを従来型のSCMに活かそうとする動きが活発化してきた。これが，e-SCMというマネジメント・コンセプトである(PWC SCMグループ[2000])。このe-SCMは「従来のB to Bを中心としたSCMの領域に，eビジネスのB to Cを取り込むことにより，B to B&Cへと対象領域を拡張するマネジメント・コンセプト」として位置づけられる。

e-SCMは，ICTの活用とそれによる顧客(個客)情報の共有化を通して，市場の動向をこれまで以上にストレートにサプライチェーン全体に反映させていくことをねらいとしている。さらに，eビジネスにおけるインターネットを中心としたICTの活用による顧客(個客)とのインタラクティブな関係の形成を基盤として，サプライチェーンの中に顧客を取り込むところに特徴がある。これにより，B to BのみならずB to CをえたB to B&Cに対象領域を拡張し，CSとサプライチェーン全体の同期化の同時達成を意図している(山下[2001])。

e-SCMの果たすべき役割は，顧客とのコラボレーションがサプライチェーン全体に反映されるように，SCMとeビジネスのそれぞれにおいて行われてきた，ICTの積極的な活用による情報共有を一本化し(二重の情報共有；次節を参照)，顧客(市場)の動向に対して迅速かつ的確に対応するサプライチェーンを実現することにある。

第2節　e-SCMによる二重の情報共有

これまではSCMとeビジネスのそれぞれにおいて行われてきた，ICTの積極的活用による情報共有の一本化(情報共有を共有化)を，「対象範囲の拡張」と「対象範囲の簡素化」という2つの側面から捉えることにより，「二重の情報共有」の概念(金子・山下[2001])を提示することができる。

(1)　対象範囲の拡張とエントロピーの増大

従来の情報共有化の方法は，SCMとeビジネスの各々で情報を共有してか

ら，両者の情報を共有（一本化）するものであった。つまり，SCMにおけるサプライチェーンへの参加対象数はB to Bの範囲内であるために各企業および各部門の合計となる。eビジネスにおける参加対象はB to Cの範囲内であるために顧客あるいは企業の各部門の合計となる。これに対して，e-SCMでの情報共有はB to B&Cを対象領域としており，SCMにおけるサプライチェーンへの参加対象数とeビジネスにおける参加対象数の両方の範囲にまで拡張した数となる。その結果，情報共有化の対象範囲はSCMとeビジネスが分離されていた状態と比較すると，大幅に拡張されることになる。

　ここで，情報共有化を支える組織構造自体は，垂直構造から水平構造（フラット化）にシフトしており，対象範囲の拡張による情報共有化はその参加対象数を増加させるため，ネットワークのエントロピー（情報量）を増大させることになる。つまり，ここでの情報共有化は，ネットワークの負荷を増大させることにつながると同時に情報量も増加することになるのである。これはネットワークの対象範囲の拡張のみを意味するのではなく，ネットワーク上で活用が可能なすべてのシステムを共有化することも意味している。とりわけ，従来は個別に管理・運用されていた基幹システムと情報系ネットワークの統合，およびイントラネットからエクストラネットへの拡張による企業間でのネットワークの共有化がこれに相当する（第2章を参照）。

　以上のことは，情報ネットワークに接続された様々なコンピュータが協調すると同時に，相互に情報を共有することにより，あたかも1つのシステムであるかのように振る舞う「ネットワーク・コンピューティング」に相当するものである。

（2） 対象範囲の簡素化とエントロピーの低下

　これまで，SCMはB to Bに関連したデータベースやシステムの構築・運用を行い，eビジネスはB to Cに関連したデータベースやシステムの構築・運用を中心的に行ってきた。その一方で，e-SCMに対応したサプライチェーン管理システムや業務系の総合パッケージソフトであるERP（Enterprise Resource Planning）の導入も進展しつつある。これは，企業内部の部門間や企業間のコ

ラボレーションを重視した流れであり，情報システム上でB to B&Cの領域をカバーすることを意図したものである。

しかしながら，実際には企業ごとに，それぞれ独自の業務システムを構築している場合が多く，B to B&Cのすべての領域をカバーした新しいシステムを導入するためには，企業間の業務オペレーションのみならず，情報システムの統一的な運用ルールなどを明確にしなければならないといった問題点が指摘されている。例えば，企業合併に伴うシステム統合の際には，ハードウェアやソフトウェアを中心とした多くの問題が生じている。このようなICTまわりの問題がクローズ・アップされる中で，B to B&Cのすべての領域をカバーしたシステムを構築するためには，データベースやシステムの構築・運用時におけるコード体系や用語の認識概念などの統一化，または標準化することが重要な課題となる。

これらの課題への適切な対応は，複雑に関連する各システムの関連性の理解を容易にし，複数の不統一用語の定義を統一化・標準化することにつながる。そのため，情報共有化はB to B&Cに介在するエントロピーを低下させることになる。つまり，SCMとeビジネスで別々に行われていた業務オペレーションや情報システムの運用ルールを統一化し，データベースを統合していくことが，e-SCMにおける業務プロセスの簡素化・効率化という効果をもたらすのである。

第3節 ナレッジ・マネジメントからナレッジチェーン・マネジメント(KCM)へ

現在，わが国の多くの企業は，グローバリゼーションの進展により，大競争時代と呼ばれる厳しい状況に直面している。さらにICTの急速な進歩は次々と新たな重要成功要因(CSF)を生み出し，環境対応できない企業は市場から淘汰されつつある。

企業間の競争は，製品やサービスからビジネス・モデルやビジネス・プロセ

第❺章　e-SCMによる二重の情報共有と知識共有

スへと比重が移ってきた。しかし，画期的なビジネス・モデルやビジネス・プロセスも，数年で新たに生まれたものに追い抜かれてしまう状況となっており，21世紀に入ってからは，容易に追い抜くことができないような，知識と人材の開発による競争優位性の獲得競争へと急速にシフトしている。

こうした中で，ナレッジ・マネジメント（Knowledge Management；以下「KM」）が企業の競争優位を実現する手段として大きな期待を集めている。大競争時代に，企業が生き残っていくことができるか否かは，自社のビジネス・プロセスだけでなく，マーケット，顧客，製品やサービスなどに関する多様な「知識」をいかに創造し，マネジメントするかにかかっている。

このKMのコンセプトは，しだいに拡張されつつある。KMの拡張については，対象領域と知識活用レベルの2つの側面から考えることができる。KMが企業に浸透し始めたころの対象領域についていえば，個別企業内の知識共有化がその中心であった。しかし，最近では企業間での知識共有の取り組みが加速している。

以上みてきたような，近年のKMへの関心の高まりを背景にして，SCMにおいても供給連鎖のみならず，知識の連鎖（ナレッジチェーン）の必要性が認識され始めている。本書では，このような「知識の連鎖」に焦点を当てたマネジメント・コンセプトを「ナレッジチェーン・マネジメント」(Knowledge Chain Management；以下「KCM」)と呼ぶことにする（林ら［2001］）。

KCMは，これまでKMにおいて個別企業ごとに行われてきた，メンバーの自働化による知識共有を，サプライチェーンあるいはデマンドチェーン全体での知識共有へと拡張した概念である。KCMでは，ICTの積極的活用による人間の知的・創造的活動の支援を通して，エンパワーメントとコラボレーションの実現をめざしている。

第4節　e-KCMと知識共有・知識創造のプロセス

林ら［2001］は，近年のSCM研究やKM研究の流れをふまえて，「e-ナレッジ

チェーン・マネジメント」(e-Knowledge Chain Management；以下「e-KCM」)のマネジメント・コンセプトを提示している。e-KCMは，これまでKMにおいて個別企業ごとに行われてきた「知識共有」を，サプライチェーンあるいはデマンドチェーン全体での知識共有へと拡張するというKCMの方法論の中核にeラーニングを位置づけようとするものである。これを単純化して表現すれば，e-KCMはKCMにeラーニングのノウハウを取り込むものであるということになる。

　ここでeラーニングをe-KCMの中核に位置づけるのは，KMからKCMへの知識共有の拡張過程で，ICTの活用とメンバーの学習が重要な役割を果たすためである。すなわち，eラーニングの方法論をKCMに活かすにより，KCMにおける知識共有とeラーニングにおける知識共有を統合するのである。これを本書では「二重の知識共有」と呼ぶことにする。e-KCMでは，この二重の知識共有により，メンバーの自働化と環境の変化へのアジルな対応の両立をめざすのである。

　さらに，e-KCMはe-SCMを展開していく上での重要な要素として位置づけることができる。それは，e-SCMにおいて，CSを実現するための源泉となるような，人間の知的・創造的活動が生み出す有用な「知識」を共有することが，e-KCMにおける「知識共有」を意味するからである。こういった考え方に基づけば，e-SCMの中核をなすサブシステムとして，e-KCMを位置づけることができる。

　一方，最近の多くの経営手法において学習プロセスが重要な位置を占めてきている。KMが注目されてから，MB賞や日本経営品質賞のアセスメント基準では，企業の経営活動を知識創造として，ビジネス・プロセスを学習プロセスとして捉えるようになった。キャプラン＆ノートン［1997］によって提唱されたバランストスコアカードの4つの視点においても，「学習と成長の視点」が示されている。またコリンズ［2001］はビジョナリーカンパニーの条件の1つとして，「理念を追求していく過程で，市場や状況の変化に適応し，Plan-Do-Seeおよび，Learn-Commit-Do(学習し，決意し，実行する)のサイクルにより，学習する組織の醸成が自然になされ，上向きの螺旋状の変化と成長を実現している。

すなわち，理念を追求していく過程の中で，組織としてのビジョン具現化能力が精錬されていく」ことを指摘している。

このように，企業経営において大きくクローズ・アップされている学習プロセスの背景には，KMが対象領域を拡大し，また質的にも進化しているといった要因がある。まずKMの対象領域の拡大であるが，インターネットのブロードバンド化によって，マルチメディア情報を含む知識の共有が容易になり，またWeb技術を活用することにより，分散されている知識もリンクさせて活用できるようになった。そのため，従来は企業内でクローズされていたKMが，B to BさらにはB to B&Cへと拡大しているのである。

次に，KMが質的にも大きな変化を遂げている点を指摘することができる。これまでのKMシステムはドキュメント管理システムをベースに構築されることが多かったため，知識共有とスタティックな知識活用レベルにとどまっていた。しかし，KMの拡張により，ネット上で必要な知識を必要とするときにメンバー同士でやりとりすることが可能となっている。こうしたことから，知識の蓄積と活用というデータベース型のKMから，知識の取引を中心とするコミュニティ型のKMへと発展してきているのである。

さらに，経営環境が大きく変化し，従来の企業間競争が，企業対企業からサプライチェーン対サプライチェーンへとシフトしつつある。こうしたコミュニティ型のKMの普及とともに，顧客と企業，企業と企業の関係は，複雑化・多次元構造化しており，企業は知識を連鎖させ戦略提携を強化する方向に進みつつある。これを実現するためには，KCMにeラーニングを活用し，メンバーの学習支援に加えて知識共有と知識取引のスピードを上げる必要がある。

eラーニングは一般的に，インターネットやイントラネットを利用し，WebサーバのコンテンツによってWBT（Web Based Training）を中心としたTBT（Technology Based Training）のように狭義の領域を意味することが多いが，ここでは，EPSS（Electronic Performance Support Systems）やCFEL（Customer Forces E-Learning），さらに情報ネットワークを活用した知識の取引が行われるナレッジ・コミュニティやKM構築を支援するKMシステムを含む広義のeラーニングの領域を対象として位置づけることに

する。

　今後，企業のビジネス・プロセスは，eラーニングとコラボレーションによって，さらに知的・創造的な活動へと進化することが予想される。eラーニングの領域も企業内から企業間へと発展している。eラーニングは顧客と企業の相互学習を促し，それらのコラボレーションにより，製品と市場の創造を支援する方向に向かっており，バリュー・チェーンを深化させているのである。

　以上の議論をふまえると，e-SCMがインタラクティブなコミュニケーションを中心とするのに対して，e-KCMはインタラクティブな学習が中心となることがわかる。このようにe-KCMはSCM→e-SCMの流れにより発展してきた側面と，KMの拡張概念により発展してきた側面がある。

　e-KCMの領域を示すと，図表5-1となる。

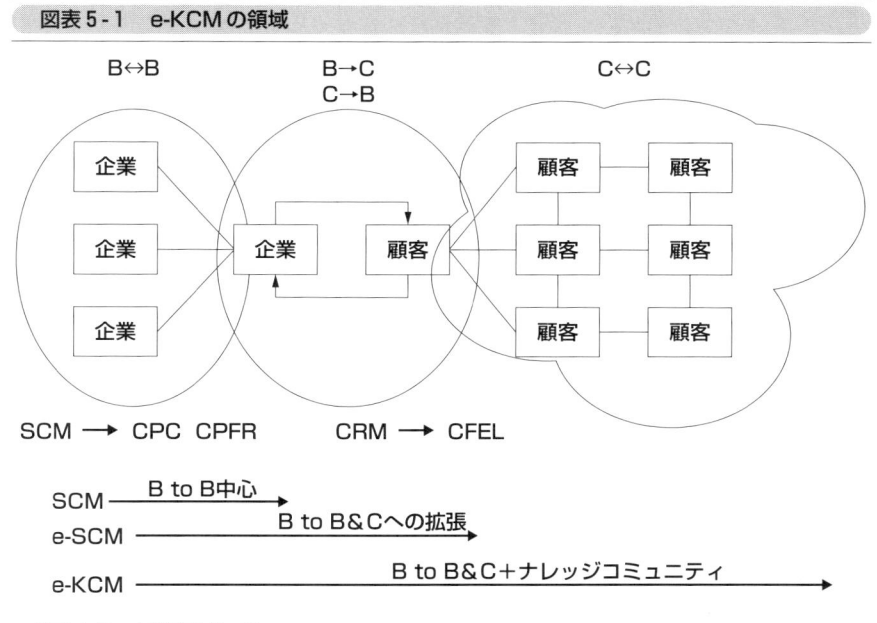

図表5-1　e-KCMの領域

B↔B　　　　　B→C　　　　　C↔C
　　　　　　　C→B

企業　企業　企業　　企業　顧客　　顧客　顧客　顧客　顧客　顧客　顧客

SCM → CPC　CPFR　　　CRM → CFEL

SCM ──── B to B中心
e-SCM ──────── B to B&Cへの拡張
e-KCM ──────────── B to B&C＋ナレッジコミュニティ ───→

出所：林・山下[2004]p.58。

第5節 ナレッジ・コミュニティにおける学習の場

　e-KCMの発展とともに企業内および企業対企業，企業対消費者の学習プロセスは大きく変化している。KMの拡張という視点から，本書では特にインターネット上で行われている対企業，対消費者との学習の場(林・山下[2004])に注目していくことにする。

　インターネット上で知識を交換し合う世界は「ナレッジ・コミュニティ」と呼ばれている。こうしたナレッジ・コミュニティを企業戦略やマーケティング戦略上，重視する企業が増えている(林[2003])。この背景にはKMの普及によって，知識を重要な経営資源として認識する企業が増えているという流れがある。競争優位を実現するために多くの企業では，知識をベースに，イノベーションや創発を起こさせるダイナミックな知識活用が求められているからである。

　本書では，ナレッジ・コミュニティに存在する学習の場を，企業と消費者の関係から次の4つのパターンに分類する(図表5-2)。

図表5-2　学習の場の分類

B↔B 企業間の学習の場	B→C 消費者が企業から学習する場
C→B 企業が消費者から学習する場	C↔C 消費者間の学習の場

出所：林・山下[2004] p.59。

①　B↔B：企業間の学習の場
②　B→C：消費者が企業から学習する場
③　C→B：企業が消費者から学習する場
④　C↔C：消費者間の学習の場

　B↔B（企業間の学習）は，ICTによる商取引のみから，それらが協働するレベルへの発展として注目されている，コラボレィティブ・コマース（Collaborative Commerce），CPFR（Collaborative, Planning, Forecasting and Replenishment），CPC（Collaborative Product Commerce）など，企業の戦略提携を支援するモデルの中で行われている。これまで企業間では受発注情報のやりとりが主であったが，技術やノウハウの情報を交換し合うようになってきている。

　e-KCMでは，相互に学習し合い，知識創造を進めることにより，市場競争力の基盤を強化することをねらいとしている。ビジネス・プロセスの形態でみると，従来型SCMが既存のビジネス・プロセスに沿った水平的な逐次情報フローであったのに対し，e-KCMは知識をベースに企業間のビジネス・プロセスを組替え，同時並行的な活動を行うという特徴がある。

　B→C（消費者が企業から学習する場）は，eラーニングの手法が最も進んでいる領域である。e-KCMに取り込むeラーニングの方法論として，CFEL（Customer Forces e-Learning）を指摘したい。CFELは，eラーニングをベースとした教育を通して，潜在的な顧客を発掘し，既存顧客の製品や企業へのロイヤリティを向上させるための活動である。eラーニングをマーケティングの手段として活用することにより，企業のCRM構築戦略をさらに強化していくのである。

　オンライン・ディスカウント・ブローカーのチャールズシュワブや，書籍販売のバーンズ＆ノーブルなどのeビジネスのサイトでは，顧客に対して自社の製品やサービスに関する無料の教育を提供しており，この教育を受けた顧客は自社製品やサービスを購入する確率が高いことが報告されている。それは，潜在的顧客が製品やサービスの購入前に疑似体験や試用をすることが可能となるため，購入意思決定の不安を取り除く効果を発揮するからである。

C→B（企業が消費者から学習する場）としては，花王のエコーシステムの事例が有名である。しかし，これまでの事例は，顧客の意見やクレームを聞き，製品企画などに反映させるという受動的なものであった。またインターネットを活用してワン・ツー・ワンマーケティングを展開し，個別受注生産を行うパターンもあった。

　その一方で，企業が消費者から学習する場はより高度化しつつある。インターネットの普及によって，Webサイトを活用し，一般消費者に対してアイデア募集や製品企画への参加を積極的に呼びかけ促す事例も数多く出てきているのである。無印良品，中居木工などの事例がこれに相当する。こうした動きは特に中小企業で増えてきているという特徴がある。一般消費者を潜在的組織参加者として位置づける企業が増えているのである。

　C↔C（消費者同士が学習する場）については，従来はあまり焦点が当てられていなかった領域である。顧客企業の領域では，これまでにユーザー会のような顧客企業の組織化やコラボレーションを支援する場があった。さらにサイバースペースで顧客企業の組織化を支援する丹青社などの事例があった（林[2000]）。それに対して消費者同士のC↔Cの領域は企業の組織や情報システムからは遠い世界であり，組織化やネットワーク化が困難な領域であると認識されていた。しかし，e-KCMでは，こうした消費者間のナレッジ・コミュニティの取り込みを始めているのである。

　食の総合サイトであるフーズフーからのアイデアを買い取って製品化した東洋水産，ジーンズマニアのサイトと連携して製品化したアークアパレルなどの事例は，消費者間のナレッジ・コミュニティに，企業の側から参加したり，自社のサプライチェーンに連結させたりしたものである。

　C→Bの学習の場を持つ企業が，さらにC↔Cのナレッジ・コミュニティを組み込んで発展させている事例もある。それは，前述の無印良品のMUJI.netである。同社のサイトでは，「MUJI.netは，ネットコミュニティを通して生活空間を提案し，新しいモノやコトの開発・販売を行っています。皆さまとパートナー企業とともに，信じられる・実感できるネットコミュニティを目指します」と宣言している。MUJI.netではインターネットを通してサプライチェーン

の中に一般消費者が組み込まれており，ナレッジ・コミュニティが重要な位置を占めているのである。

　長引く不況の中で，多くの企業がイノベーションの実現を求められている。イノベーションの多くは論理必然的なものではなく，流動的な参加者と問題・解が偶然的に結びついたときに参加者に認識され，「予期せぬ成功」が生まれるといわれる。予期せぬ市場での成功をもたらすためには，当初考えてもいなかった市場で考えてもいなかった商品，サービスが結びついたことをメンバー(参加者)が認識する必要がある。さらに，このことを認識したときに，当初の問題に固執せず，新たな問題に柔軟に対応すること，つまり「業務プロセスの柔らかい結合」が重要である。このことは，ドラッカー[1997]の指摘する「予期せぬことを当然とする」ことに相当する。そして，この予期せぬことを当然とするためにも，問題と解の柔らかい結合により，予期せぬ市場を侮辱でなく機会として認識すると同時に，業務プロセスの柔らかい結合により予期せぬ市場を獲得することができるよう，自らを組織しておかなければならない。

　したがってイノベーションには，組織における「問題と解の柔らかい結合」と「業務プロセスの柔らかい結合」という「柔らかい結合の両立」が必要であり，これが柔らかい組織(loosely coupled system)に相当するのである。

　この「業務プロセスの柔らかい結合」を実現させるためには，従来のKMではなく，内外のナレッジ・コミュニティに連結し，必要な知的経営資源を取り込みながらコラボレーションを図るという学習のプロセスを多次元的に連鎖させたe-KCMのコンセプトが求められるようになるであろう。

第6節　個客接点とは何か

　サプライチェーン・マネジメント(SCM)の最終的目標である，顧客満足(CS)の向上・顧客価値の増大は，サプライチェーンそのものへ顧客を組み入れることにより実現しうるものである。特に，2000年前後から急速に進んだICTの普及・浸透により，サプライチェーンと最終顧客との双方向コミュニケーショ

ンが可能になり，B to BからB to B&Cへの拡張が現実のものとなった。この「B to B&C ≒ e-SCM」においては，拡張サプライチェーン全体として，情報共有・知識共有を行うことにより，顧客満足と顧客活性化をめざした最適化が進められている。

ICTの急速な普及により可能となったこのサプライチェーンと顧客個人個人（個客）との接点においては，従来の対面（フェース・トゥ・フェース）による商品・サービスを提供するための情報提供・顧客ニーズ収集機能を拡張するとともに，個客個人ごとの商品・サービスに対する具体的ニーズ，要求仕様，商品・サービスの利用場面など詳細な対応が可能となる。同時に，マス・マーケティングによる商品・サービス情報・購入方法などカタログ情報の提供も，より個客ごとに詳細化・個別化した内容・形態での対応が可能となる。

さらに，ニーズや嗜好の近い個客をグループ化することにより，サプライチェーンに対する個客の帰属意識や一体感を高める効果を期待することができる。e-SCMにおける個客接点機能は，これまでの顧客の「囲い込み」アプローチから，個客の価値増大アプローチへとの拡張を図らなければならない。

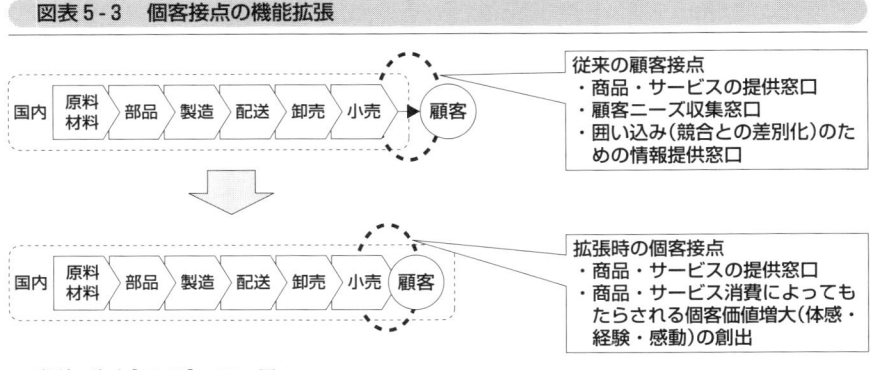

図表5-3　個客接点の機能拡張

従来の顧客接点
・商品・サービスの提供窓口
・顧客ニーズ収集窓口
・囲い込み（競合との差別化）のための情報提供窓口

拡張時の個客接点
・商品・サービスの提供窓口
・商品・サービス消費によってもたらされる個客価値増大（体感・経験・感動）の創出

出所：為本［2003b］p.109，図1。

以下では，個客接点において求められる機能を，個客の商品・サービス購入のプロセスに沿って考えていくこととする。

第7節　個客接点機能プロセスの4つのカテゴリー

　ブランドと顧客の関係を構築するための接触(個客接点)を識別する分類として，デービス＆ダン[2004]は，4つのカテゴリーを提示している。以下の4つのカテゴリーは，それぞれ独立して機能するのではなく，「タッチ・ポイントの輪」として相互連携する形で顧客との関係性が形成される。

①　購買前タッチ・ポイント

　見込み客が購買に向けて，そのブランドを最終的に絞られた購買候補に含めるか否かを決める際に大きな影響力を持つ一連の顧客接点

②　購買時タッチ・ポイント

　顧客をブランドの考慮から実際の購買に至らせるすべての顧客接点

③　購買後タッチ・ポイント

図表5-4　個客接点機能プロセスの4つのカテゴリー

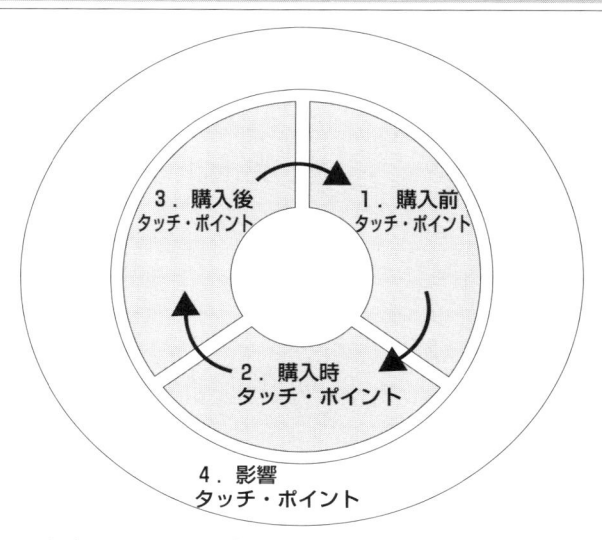

出所：デービス＆ダン[2004]を一部改変。

販売のあとで利用され，購買決定を補強するすべての顧客接点

④　影響タッチ・ポイント

顧客，その他ステークホルダーに間接的にブランドを印象づける働きを持つすべての顧客接点

この「タッチ・ポイントの輪」モデルは，大手製造業メーカーのサプライチェーンにおける顧客との関係性構築モデルとして類似のものが多く用いられており，タッチ・ポイントの輪を回すサイクルを繰り返すことにより，顧客の再購入意向（Customer Retention）を強化するステップとして活用されている。

第8節　個客個人に向けた情報提供機能

これまでの商品・サービスは，顧客をマス・ボリュームとして捉え，マーケティングにより，購入意欲をかき立て，実際の販売拠点・店舗に誘導・誘致することで初めて提供されるものがほとんどであった。

e-SCMにより，個客をサプライチェーンに内包化することが可能となり，個客個人ごとのニーズ・利用場面に適合する商品・サービス情報を提供することができる。例えば，従来，高級品にのみ行われてきた注文品（オーダー・メイド）が，コストや個客との距離を克服した形で一般品・普及品においても可能となってきている。さらに，オンライン・ショップにおいては，流通在庫を個客に開示することで，個客の望む納期に配達・配送可能であるかどうかの情報を，発注前や見積前段階であっても，個客が直接入手できるようになりつつある。

この個客個人に向けた，商品・サービスの在庫情報（提供可能性情報）の提供は，実際の店舗の在庫やサービス空き状況の情報にまで拡大されており，個客ニーズのより明確な航空券購入やホテル・旅館の宿泊サービスにおいては，ネット上での空席状況・空室情報の提示が，多くの事業者で実現されている。

さらに，個客の属性・購入特性に応じた情報提供は，従来の商品・サービスのパンフレットという媒体の価値を相対的に低下させ，個客に対するeメール

による情報提供は，スーパー・量販店等の生鮮食品・日雑品にまで広く活用されている。この特定個客に対するオプトイン・メールは，通常のインターネットによるメールだけでなく，携帯電話へのメール配信，さらには，携帯電話をデバイスとした割引券・クーポン等の配布と連動され，より多くの個客を誘致するツールとして今後も広く普及が予想される。

ただし，オプトイン・メールのスパム・メール化の問題，個人メールアドレスの個人情報保護問題など，社会的ルール・規範が未整備であるために，トラブルも多く発生している。今後は，徐々にeメールによる個人向け情報提供手段の活用に関する社会的規範が整備・普及し，その活用形態が定着していくと考えられる。

第9節　個客間での情報交換・情報共有

　顧客との長期的な信頼関係の構築は，「関係性マーケティング」の領域においても重要課題として位置づけられている。木村［2002］は，CSが最高に高まっている状態である「顧客歓喜(customer delight)」を導くメカニズムとして，「顧客参画(customer participation)」の必要性を示し，そこでの顧客参画パターンとして，「サポーター」(顧客の積極参加・活動)，「プレイヤー」(顧客自身による価値創造)，「スポンサー」(顧客の資産提供・メリット享受)の3つを提示している。

　この参画機能は，個客としてのサプライチェーンへの参画だけでは醸成することが難しく，個客の商品・サービス選択基準のポジション(自己の持つ価値観の客観的位置，社会的地位・ステイタス，大衆と比較した際の相対位置など)を認識しなければならない。個客が自身のポジションを認識するためには，個客間での情報共有や情報交換が必要となる。

　例えば，カタログ・雑誌などに掲載されている商品・サービスに対する評価・批評記事をもとに商品選択を行う情報共有や，ネット上に掲示されているブログ(BLog：ネット上のWebページのURLとともに覚え書きや論評などを加え記録(Log)しているWebサイト)による商品・サービス評価などを選択基準とする

情報交換がこれに相当する。特に，パソコン商品・部品の流通価格を集め，さらに商品特性やユーザーからの評価を合わせてサイト化した「価格.com」や書籍の読者からの書評を表示する「Amazon.co.jp」などは，個客間での情報共有や情報交換を実現した代表的サイトである。

第10節　個客のサプライチェーン参画機能

　個客のサプライチェーン参画機能を試行しているサイト例として，次のソニー・ドライブやAmazon.co.jpがあげられる。

① Sony Style

　ソニーの国内市場における個客関係構築プログラムとして「Sony Style」が広く知られている。このプログラムは，ソニー製品のうち，パソコン，PDAなど，その利用形態による価値創造が可能な製品群ごとにユーザーサイトを構築し，既存ユーザーとの双方向コミュニケーションにより，さらに高付加価値化された製品の使い方を提案・創造するものである。例えば，パソコンのユーザー・グループとしてVAIO styleサイトを構築している。ここでは，ユーザーへの使い方の提案と同時に，付属品(バッグ，アクセサリーなど)をユーザーの声，投票により製作するといった個客参画型商品開発が行われている。主力製品であるノートパソコンをどのように携帯するか，関連するアクセサリー機器や携帯電話などを入れるバッグはどうあるべきか，などのデザインをユーザー参画によって決めるのである。実際にパソコンを保有するユーザー自身が，その使い方を協創することで，ソニー社との一体感を醸成し，ロイヤルティを向上させる役割を果たしている。さらに最近では，パソコンそのもののBTO(Build To Order)を実現する機能も付加され，サプライチェーンへの個客の参画機能はより拡大されつつある。

② Amazon.co.jp レビュープログラム

　書籍のネットワーク販売大手であるAmazon社では，その書籍の読者からの評価をレビュー・プログラムとして収集・蓄積・公開している。これは新聞

や雑誌等でみられる書評欄を，一般読者を対象として展開し，一種の口コミ効果をもたらすとともに，レビューが掲載されることによるメリット（割引商品券等の配布）を個客に返すものである。

さらに，Web上に掲載されたレビュー・コメントに対して，Web閲覧者からの評価を加えることにより，レビュー・コメントそのものの品質・レベルアップを図り，レビュー投稿者とWeb閲覧者との間のインタラクティブ性を持たせたものである。このレビュー・プログラムにより，通常の書店と比べた場合のネットワークのデメリットをカバーする効果をもたらし，投稿者自身の参画意識や一体化意識を高める結果につながっている。

第11節　個客接点における触覚機能

サプライチェーンと個客との接点は，従来のニーズ収集，商品・サービス提供の窓口機能から，個客がサプライチェーンに自ら参画しているという意識を持たせ，さらに参画自体がロイヤリティを高める機能へとシフトさせていく必要がある。これまでのカタログや仕様書などの情報提供，「お客様」の声としてのニーズやクレーム情報収集だけでは不十分であり，個客がサプライチェーンの中に参画し，常に触れ合い，触発し合う関係性が不可欠である。この機能拡張された個客接点は，従来の情報授受の「視覚」と「聴覚」だけでなく，参画・共感を含めた「触覚」型接点でなければならない。

この「触覚」型接点では，双方向コミュニケーションを通して，「通じ合っている＝双方が理解し合っている」という認知（Acknowledgement）が重要であり，個客側に常に大切にされているという感情を抱かせるプロセスが重要である。この認知プロセスを中心としたアクティビティ単位の機能モデルとして，次のプロセス・モデルを提示することができる。

① 聴取（Listen）

サプライチェーンは個客のニーズを収集・理解する。そのためには，個客の置かれている環境を把握・理解した上で，個客の真のニーズを把握する必要が

ある。

② 認知・共感(Acknowledge)

個客の環境およびニーズをサプライチェーン側が共感・理解していることを伝える。

③ 検討・展開(Evolve)

サプライチェーン側は個客ニーズを実現するための検討・展開を行い，実現方法・手段を準備する。

④ 結果伝達(Respond)

サプライチェーン側の結果を個客に伝える。個客ニーズのうち，実現できないものに関しては，さらに別の解決策提案を行う。

図表5-5 「触覚」プロセス・モデル

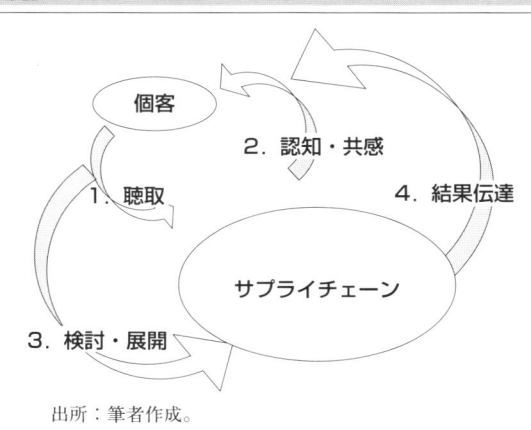

出所：筆者作成。

第12節　個客接点における一体化度形成モデル

上述の個客接点における「触覚」モデルは，個客接点の4つのカテゴリーごとに繰り返されるサブプロセス・モデルであり，4つのカテゴリーごとにそれぞれの接点で，サプライチェーンと個客との一体化を形成・醸成させる必要があ

る。各カテゴリーで個客との一体化形成を多段階に繰り返すことによって，はじめて個客ロイヤルティが向上すると考えられるからである。ここでは，個客接点(タッチ・ポイント)の4カテゴリーごとのロイヤリティ向上策の機能連鎖に関して「一体化度形成モデル」を提示する。

① 購買前一体化機能

見込み客についていうと，購買前段階においては，その商品・サービスの情報を集め，最終候補に残った商品・サービスが自分のニーズを満たすものである，という確信を持つことが目標となる。そこでの一体化度形成は，見込み客が商品・サービスを購入・保有することにより拡張サプライチェーン(個客コミュニティを含む)に参加したい，という想いを確信し，熱望することにより実現される。

② 購買時一体化機能

購買時においては，個客が商品・サービスを提供してくれるサプライチェーンを信用し，自分のニーズを満たしてくれるとともに，自分の判断が最善のものである，という確信を持つことが目標となる。これは，そこでの一体化形成は，サプライチェーンに参加する意思決定が最善である，という確信を持つことで実現される。

③ 購買後一体化機能

購買後においては，個客が購買時までに期待したレベルの商品・サービスの提供を受け，使用・利用体験を通じて高いレベルの満足感を持ち，さらに，再購入や周囲の人たちに勧めるだけの確信を持つことが目標となる。そこでの一体化形成は，サプライチェーンに属し，その一員となったことが自己実現や満足感につながっている，という確信を持つことで実現される。

④ 外部環境一体化機能

影響カテゴリーにおいては，そのサプライチェーンが置かれている社会的評価，信頼性，ステイタスといったものが対象となり，商品・サービス以外の社会的環境下でそのサプライチェーンに属することが望ましい，という確信を持つことにより実現される。

これら各カテゴリーごとの個客とサプライチェーンとの一体化度形成は，社

図表5-6 個客接点における一体化度形成モデル

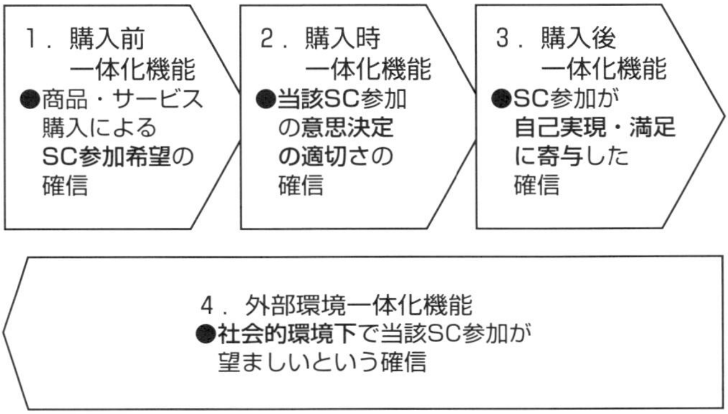

```
1．購入前              2．購入時              3．購入後
  一体化機能             一体化機能             一体化機能
●商品・サービス        ●当該SC参加           ●SC参加が
  購入による             の意思決定             自己実現・満足
  SC参加希望の           の適切さの             に寄与した
  確信                   確信                   確信

             4．外部環境一体化機能
            ●社会的環境下で当該SC参加が
              望ましいという確信
```

出所：筆者作成。

会的な参加の妥当性をベースに，参加希望から，参加判断の適切性〜期待値を超える満足受領といった，一連の個客の確信を軸に構成される。実際のサプライチェーンへの適用に際しては，個客の一体化度を測定するための評価指標・測定手法の構築が必要であり，各カテゴリーごとの評価指標(Key Performance Indicators：KPI)の設定・構築が不可欠となる。

参考文献

コリンズ，J. C.(山岡洋一訳)[2001]『ビジョナリーカンパニー2 飛躍の法則』日経BP社。

デービス，S. M.・ダン，M.(電通ブランド・クリエーション・センター訳)[2004]『ブランド価値を高めるコンタクト・ポイント戦略』ダイヤモンド社。

ドラッカー，P. F.(上田惇生訳)[1997]『新訳イノベーションと企業家精神(下)』ダイヤモンド社。

林誠[2000]「丹青社─共生─共創のネットワークとナレッジマネジメント」，花岡菖・遠山暁・島田達巳編『情報資源戦略』日科技連，第12章。

林誠[2001]『知っておきたいIT革命－マーケティング編－』産業能率大学。

林誠・金子勝一・山下洋史[2001]「e-ナレッジチェーン・マネジメント(e-KCM)に関する研究」『日本経営システム学会第28回全国研究発表大会講演論文集』pp.83-86。

林誠[2003]「ホワイトカラーからナレッジワーカーへ」，中央職業能力開発協会編『能力開発最前線3』中央職業能力開発協会能力開発,第3部，pp.165-194。

林誠・山下洋史［2004］「e-KCMとナレッジコミュニティに関する研究」『明大商学論叢第86巻特別号』pp.53-61。

金子勝一・山下洋史［2001］「e-SCMにおける「二重の情報共有」」『第27回日本経営システム学会全国大会講演論文集』pp.47-50。

キャプラン, R. S.・ノートン, D. P.(吉川武男訳)［1997］『バランス・スコアカード』生産性出版。

木村剛［2002］「顧客参画型マーケティングの戦略原理」，原田保・三浦俊彦編『e-マーケティングの戦略原理』有斐閣，第2部。

村山徹・三谷宏治・アクセンチュアCRMグループ・戦略グループ［1999］『CRM(Customer Relationship Management)』東洋経済新報社。

プライスウォーターハウスクーパースコンサルタントSCMグループ［2000］『eSCM』東洋経済新報社。

為本吉彦・山下洋史・金子勝一［2003a］「個客接点における認知・満足・一体感形成プロセス」『第30回日本経営システム学会全国大会講演論文集』pp.155-158。

為本吉彦・山下洋史・金子勝一［2003b］「個客接点における一体化度形成プロセス」『第31回日本経営システム学会全国大会講演論文集』pp.109-112。

山下洋史・諸上茂登・村田潔編［2003］『グローバルSCM』有斐閣。

山下洋史［2001］「e-SCMにおける顧客満足(CS)フレームワーク」『日本経営システム学会第27回全国研究発表大会講演論文集』pp.43-46。

山下洋史・金子勝一［2001］『情報化時代の経営システム』東京経済情報出版。

第6章
e-SCMにおける組合せ制約理論（TOCC）

本章のねらい

① 長年，生産計画担当者の頭を悩ませてきた「スケジューリング問題」に対して，MRPシステムの資材所要量展開やSCMにおけるTOCは，シンプルな計画作成を可能にする，すなわち「低エントロピー源」としての役割を果たすことを理解する。

② SCMにおいてTOCによる「同期化」とICTの積極的活用による「情報共有化」は，その中核に位置づけられるアプローチであり，これらを通してサプライチェーン全体の最適化をめざすことを把握する。

③ スケジューリング問題を簡素化するはずのTOCにおけるボトルネックの把握自体が，SCMの「制約条件」となってしまうというジレンマが存在することを知る。

④ TOCのボトルネックに合わせ込む同期化から生じる余力を活用して，他のサプライチェーンにおけるボトルネック工程の品目を生産し，かつ両サプライチェーンのすべての工程を新たなボトルネック工程に合わせ込むという，TOCCの中核となる考え方を把握する。

⑤ 「スマート・シンクロナイゼーション」を達成するためのTOCCのゴールが，「企業の社会的責任を遵守したもとでのスループット増大」にあることを理解する。

第1節　スケジューリング問題とMRPシステム

　現在，世界の企業で最も広く用いられている生産管理システムは，MRPシステムであろう。MRPシステムの「MRP」とは，Materials Requirements Planning(資材所要量計画)を意味し，このためのシステム，すなわち「資材所要量計画システム」が狭義のMRPシステムに相当する。しかしながら，生産管理システムとしてのMRPシステムは，工程間の同期化を実現するための資材所要量計画を核としながらも，在庫管理，資材・購買管理，原価管理，技術情報等を含んだ総合的なシステムである。MRPシステムもJITシステムやSCMと同様に同期化，言い換えれば「ジャスト・イン・タイム」の思想に基づく仕掛り在庫の削減をねらいとしている。

　MRPシステムの最大の特徴は，独立需要品目(多くの場合，製品)の計画(基準生産計画：Master Production Schedule；以下「MPS」)のみをコンピュータに与えれば自動的に所要量展開が行われ，従属需要品目(部品・原材料)はコンピュータの計算する資材所要量計画(狭義のMRP)に従うことである。これにより，必要なもの以外は作らせない，また必要なものであっても必要なときにしか作らせないという「管理」を徹底し，むだな仕掛り在庫を持たないように「させる」のである。

　したがってMRPシステムは，最終工程(独立需要品目)の計画(MPS)にすべての前工程(従属需要品目)の計画を合わせ込む同期化ロジックを持つところに特徴がある。MRPシステムの独立需要品目は，サプライチェーンの中で最も市場に近いところに位置する。すなわち，すべての工程が同期化を図るべき独立需要品目は，市場の動向を最も良く反映するところに位置するのである。言い方を変えれば，MRPシステムはMPSを通して，市場の動向をサプライチェーン全体にストレートに反映させる構造になっているということになる。

　そこで，MRPシステムでは，いかにして「優れたMPS」を作成するかが重要な課題となる。これは，基本的にスケジューリングの領域に位置する問題であ

る。スケジューリング問題は，多目的で複雑で問題設定が多岐にわたり，最適化が困難であることから，これまで「非常に厄介な問題」とされてきた。この厄介な問題に対して，シンプルかつ統一的な計画方法を提示する役割を果たした生産管理システムこそが，ここで述べているMRPシステムである。そのため，MRPシステムは世界中の多くの企業に採用され，最も広く企業に普及した生産管理システムとしての地位を築いたのである。

しかしながら，MRPシステムでは，非常にシンプルなスケジューリングを行うがゆえに，生産リードタイムを「固定値」として扱い，生産工程の負荷を考慮しない「無限負荷山積み」手法を用いてきたという大きな問題点がある（加藤ら[1999]）。ここに，MRPシステムにおいて計画と現実のギャップを生じさせる主たる要因が存在する（山下[2002a]）。このような問題点に対応するため，多くのMRPシステムに負荷オーバーを知らせる機能が導入されるようになったのであるが，負荷をならして実行可能な計画にするのは人手に頼ってきたのが実状であった。

そこで，多くの「有限負荷山積」スケジューリング手法が開発され，対象範囲や前提条件を限定した個別の問題に対しては，ある程度の効果を発揮するようになってきた。しかし，これらのスケジューリング手法は問題設定が多岐にわたっており，MRPシステムのように対象範囲の広い，生産管理全般をカバーするまでには至っていない。その結果，MRPシステムを導入した多くの企業では，生産を熟知したベテラン生産計画担当者が経験と勘でスケジューリングを行ってきたのである（加藤ら[1999]）。筆者らの開発したMAPS-TOC（第7章を参照）は，このような問題点に目を向け，MRPシステムの枠組みの中でTOCの考え方に従いながらMPSの作成を自動的に行うための方法を提示しようとするものである。

一方，MRPシステムでは，市場の動向（受注または需要予測）に従って，計画部門がMPSさえ作成すれば，従属需要品目の計画は，コンピュータがMPSをもとに所要量展開することにより，自動的に作成される。ここで注意しなければならないのは，従属需要品目の計画作成を「自動化」することがMRPシステムの目的ではなく，自動的に作成することにより「独立需要品目が必要とする

従属需要品目だけを必要な分だけ必要な納期通りに生産するようにさせる管理」を目的としているという点である。言い換えれば，不必要な従属需要品目の計画は作成させないということになる。これにより，シンクロナイゼーションの思想に基づいた生産計画が作成されるのである。そこで，MRPシステムの運用としては，最終製品のみが独立需要品目で，それに使用される部品・原材料はすべて従属需要品目であることが望ましい。なぜなら，ある一部の従属需要品目（部品）を独立需要品目にすると，その部品は製品に使用される計画（需要）がなくても，MPSを設定すれば生産されることになり，むだな在庫を作る要因となるからである。

以上のようなMRPシステムのアプローチとは異なる角度から，生産計画担当者の頭を長年悩ませてきた「スケジューリング問題」に対する，シンプルで汎用的なスケジューリング・ソフトウェアがゴールドラットにより開発された。これは，OPT（Optimized Production Technology）と呼ばれ，TOCの出発点となったスケジューリング・ソフトウェアである。しかし，彼はOPTの詳しいロジックを一切公表せず，この基本原理をわかりやすく説明した小説を出版した。これが，ベストセラーとなった「ザ・ゴール」である。このようなタイプの小説がベストセラーになることは画期的なことであろう。

その一方で，OPTを導入した企業の多くが，そのソフトウェア導入にばかりエネルギーを集中させてしまい，経営者や管理者の意識を変革させる「マインドウェア」の面がおろそかになるという問題が生じたため，ゴールドラットはOPTの改善を考え，その背後にある原理をTOCへと発展させた（加藤ら[1999]）。これにより，OPTのスケジューリング・ソフトウェアは，制約条件に改善活動を集中させるTOCの理論へと進展していったのである。

第2節　SCMにおける情報の共有化とTOCによる同期化

SCMにおいて，その中核に位置づけられる理論がTOC（制約理論）であるこ

第❻章　e-SCMにおける組合せ制約理論（TOCC）

とは，第1部で述べた通りである。TOCは，サプライチェーンをシステムとして捉えた上で「システムの目的（ゴール）達成を阻害する制約条件（多くの場合サプライチェーンの「ボトルネック」を意味する；図表6-4を参照）をみつけ，それを活用・強化するための経営手法」（圓川［1998］）である。これにより，工程間の同期化（シンクロナイゼーション）を基礎としたサプライチェーンの全体最適化を図り，CSを通じて市場での競争力を高めるのである。

　ただし，SCMが工程間の同期化による全体最適化をめざすために集権的なコントロールを強化して，各工程・各部門や各企業の主体的・自律的な活動を否定しようとするものではないという点に注意を要する（山下［2001］）。第2章でも述べたように，SCMにおいて，全体最適化のための改善の源泉は1人1人のメンバーの知的・創造的活動である。そのため，「個の自律性の尊重」を基本的なスタンスとしており，このことが第7章で提示する「分散化された低エントロピー源」の概念につながっていくのである。個の自律性を尊重しながら部分最適化（局所最適化：山下・尾関［1994］）を防止し，全体最適化をめざすためには，サプライチェーン全体に共有された目的・価値に基づく的確な水平的コーディネーションが要求される（第2章を参照）。

　このように，SCMでは，部門もしくは企業の壁を越えた調整（水平的コーディネーション）や意思決定が必要となるため，多くの場合，サプライチェーン全体の最適化に関するマネジメントを行う「SCMチーム」が編成される。これは，SCMチームによるプロジェクト型の対応が行われることを意味する。このプロジェクト型のチームがSCMの企画を行うのであるが，その際に各部門や各企業をコントロールする立場にあるわけではないところが重要である。業務プロセスの最適化のための各部門や各企業の自律的対応はSCMの基本であり（個の自律性の尊重），SCMチームが行うのは全体最適化のための仕組み（システム）作りである。

　そのためには，SCMチーム内およびサプライチェーン全体の両面での「情報共有化」が大切である。なぜなら，集権的コントロールに基づく全体最適化であれば，各部門あるいは各企業はセンターが作成した計画通りに実行さえすればそれで良いのであるが，個の自律性を尊重したSCMにおける全体最適化で

は，情報の共有化により意思決定の基盤をそろえることが必要となるからである（第2章を参照）。

　SCMチームにおいても，サプライチェーン全体においても，情報共有化を進めるためには，部門間や企業間の空間的制約の克服が必須条件となる。さらに，稼働日あるいは稼動時間帯が異なる場合には，時間的制約の克服がこれに付加される。そこで，SCMではICT，とりわけ情報ネットワークの活用が重視される。BPRと同様に，情報ネットワーク上でサプライチェーン全体に共有された情報をもとに意思決定を行うわけである。これにより，エンパワーメントを基礎とした各メンバーや各部門，あるいは各企業の自律的対応をサポートすると同時に，その際の部分最適（局所最適）化を防止して全体最適化へと導くのである。SCMにおけるこのようなICTの積極的活用によるメンバーの自律的・能動的問題解決は，筆者ら（山下ら［1998］，金子・山下［1998］）の提示しているOJC（On the Job Computing：職場内コンピューティング）の考え方と整合的である。

　山下［2001］は，この「情報共有化」の果たす役割に注目し，BPRを媒介としてSCMと日本の組織特性を対応づけるための「拡張代替的双対モデル」を提案している。これは，個別企業を対象としてきた，山下［1996］の「代替的双対モデル」を，サプライチェーン全体へと「拡張」したモデルであり，全体最適化における「全体」の範囲の違いを表現している。また，業務プロセスの分権性に伴う局所最適化の追求をICTの活用による情報共有化が防止するという意味で，日本の人事管理の集権性とBPRにおけるICT活用との代替性に類似した関係として，日本の系列親企業を中心とした企業グループにおける帰属意識とSCMにおけるICT活用との関係を位置づけている。

　これにより，日本において系列企業グループ（とりわけ，系列親企業）への高い一体感・忠誠心が分権的な業務プロセスによる局所最適化を防止するという役割を，SCMではICTの積極的活用による「情報共有化」が果たすことを示唆している。さらに，JITシステムでは最終工程のスピードにすべての前工程が「かんばん」を介して連鎖的に合わせ込むのに対し，SCMではボトルネックとなる工程のスピードに他のすべての工程が合わせ込むという相違点を持つ一方

で，両者とも個の自律性の尊重に伴う分権的な業務プロセスと，それによる局所最適化を防止する方策を有するという類似点を持つことを指摘している。

このように，SCMにおいてTOCによる「同期化」とICTの積極的活用による「情報共有化」は，その中核に位置づけられるものであり，これらを通してサプライチェーン全体の最適化をめざすのである。

第3節　TOCに関する低エントロピー源フレームワーク

これまで，スケジューリング問題は多目的かつ複雑で，最適化が困難であるため，「非常に厄介な問題」とされてきたことは前述の通りである。この厄介な問題に対して，JITシステムやMRPシステム，さらにはSCMにおけるTOCが，シンプルかつ統一的な計画方法を提示する役割を果たしてきた。これらは，ある1つの工程にすべての工程を合わせ込むという，極めて簡素化されたスケジューリングを可能にするものである。

一般にスケジューリング問題が，多目的かつ複雑であるということは，スケジューリングのための情報が高エントロピーの状態にあることを意味する。なぜなら，エントロピーは「あいまいさ，あるいは無秩序さ」を表す概念であり，多目的かつ複雑なスケジューリングのための情報はあいまいさが大きい状態にあるものと考えられるからである。このエントロピーは，自然や社会がそれを放っておくと，不可逆的に増大し続けると考えられている（エントロピー増大の法則）。そこで，われわれは何らかの「低エントロピー源」を投入することにより，エントロピー増大に対抗しなければならないのである。

SCMのスケジューリング問題において，TOCは典型的な低エントロピー源であろう。なぜなら，多目的かつ複雑な（高エントロピーの）スケジューリングのための情報からTOCがエントロピーを奪い取ることにより，シンプルな（低エントロピーの）スケジューリングを可能にするからである。すなわち，SCMのスケジューリングにおいて，TOCは意思決定のあいまいさ，言い換えれば

情報処理過程の行動エントロピー(西川ら[1992]、山下・松丸[1996])を減少させる役割を果たすのである。このような考え方に基づき、山下[2002b]は図表6-1のような「TOCに関する低エントロピー源フレームワーク」を提案している。

図表6-1は、相対的に高いエントロピーを持つ入力情報からTOC(低エントロピー源)が高エントロピーの雑音を奪い取り、その分だけ出力情報(生産計画)の価値が高まることを表している。言い換えれば、TOCに基づくスケジューリングが行動エントロピーを低下させる分だけ情報の価値を高めるのである。

これは、槌田[1976]の指摘する「物理価値＋エントロピー＝一定」という枠組みに沿った視点であり、その物理価値を情報の価値に置き換えたものとなる。さらに、低エントロピー源(TOC)がエントロピーを奪い取ることによって高まった情報の価値が、シャノンの情報理論における「情報量」に相当するのである。

図表6-1　TOCに関する低エントロピー源フレームワーク

```
                    TOC：低エントロピー源
                           ↓
高エントロピー                              低エントロピー
入力情報（代替案）────→ SCM ────→ 出力情報（生産計画）
受注情報・販売情報・        ↓            同期化された生産計画
生産情報等              廃案：高エントロピー
                       非同期化計画
                    （在庫を増大させる計画）
```

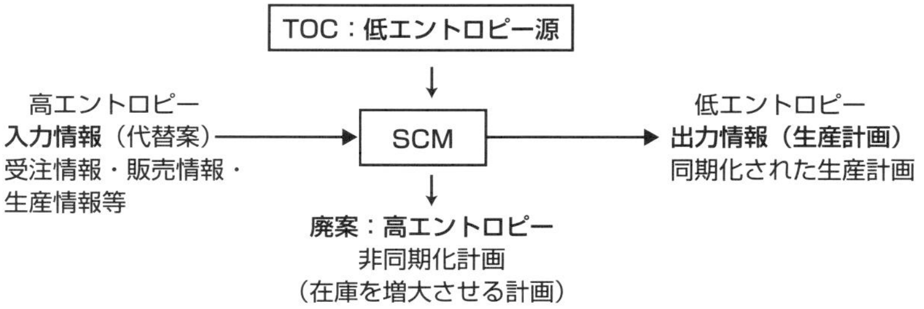

出所：山下[2002b]。

第4節　TOCのジレンマ・モデル

大量消費を前提とした大量生産が困難な状況となっている今日、同一品目を連続して生産する「少種多量生産」、「連続生産」を維持することは、多くの企業にとって困難な状況になってきている。一方で、完全な「個別生産」は生産効率を著しく低下させてしまう。そこで、多くの企業が、多様なニーズへの対応と量産効果の両面を併せ持つ「ロット生産方式」を採用している。ロット生産方式

において，仕掛り在庫を削減・極小化するためには，すべての工程の生産を「同期化」させる必要がある。これは，「ある工程」にすべての工程を合わせ込むことを意味する。MRPシステムでは，その「ある工程」が最終工程（独立需要品目）なのである。

一方，TOCも，ボトルネック（制約条件）にすべての工程を合わせ込むというシンプルな同期化ロジックを持つことは前述の通りである。これにより比較的ムリなく（例えば，下請け企業にムリを強いることなく），上記のような同期化を達成することができるのである。したがって，SCMではボトルネックさえ明らかになれば，その工程の生産スピードにすべての工程を合わせ込めば良いことになるため，同期化計画の作成は容易である。さらに，TOCにおいてボトルネックは一般に最も生産能力の低い工程であり，これを明らかにすることも一見，容易であるかのように思われる。

しかし，それは同一の品目を直列的に流し続ける「連続生産方式」の場合であって，段取替えを繰り返しながら多くの品目を生産するロット生産方式では，ボトルネック工程を明らかにすることはそれほど容易なことではない（山下[2002a]）。なぜなら，サプライチェーンが直面する状況によってボトルネックとなる工程がどこかについて変動するからである。言い換えれば，単純に「最も生産能力の低い工程」がボトルネック工程であるとは限らないのである。それでは，なぜボトルネックが変動するのであろうか？

山下[2002a]は，その要因について整理し，図表6-2の要因A～要因Dを指摘している。ここで，ボトルネックの主たる決定要因は，前述の「最も生産能力の低い工程が制約条件となる」ということからもわかるように，各工程の「生産能力の大小」（要因A）である。

これに対して，「ボトルネックとなる工程がどこか」を変動させる要因として，品目間での「生産数の偏り」（要因B）を指摘することができる。もし，同一品目のみを生産する連続生産方式であれば，これはボトルネックを変動させる要因とはならない。ところが，多くの品目を生産するロット生産方式の工程では，全体の生産数は一定であっても，品目間の生産数の偏りによって，その品目を担当する工程の負荷が集中して増大するため，ボトルネックとなる工程が変動

図表6-2　ロット生産方式におけるTOCのジレンマ・モデル

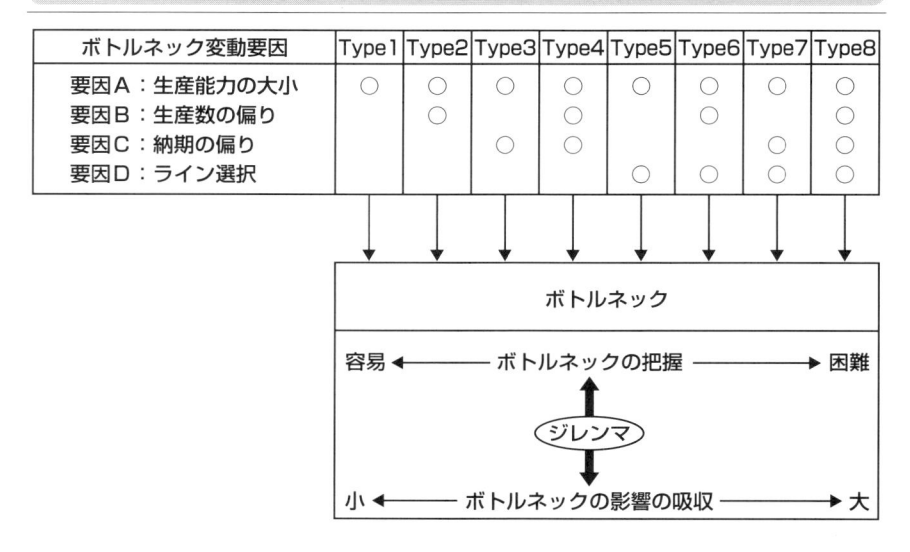

ボトルネック変動要因	Type1	Type2	Type3	Type4	Type5	Type6	Type7	Type8
要因A：生産能力の大小	○	○	○	○	○	○	○	○
要因B：生産数の偏り		○		○		○		○
要因C：納期の偏り			○	○			○	○
要因D：ライン選択					○	○	○	○

ボトルネック

容易 ←──── ボトルネックの把握 ────→ 困難

ジレンマ

小 ←──── ボトルネックの影響の吸収 ────→ 大

出所：山下［2002a］。

するのである。

　また，ある期間の各品目の生産数が一定であっても，それらの「納期の偏り」（要因C）によってボトルネックとなる工程が変動する。なぜなら，納期の偏りの大きい品目を多く生産する工程では，その工程の生産数が一定であっても，一時的に負荷が増大してボトルネックとなりうるからである。

　さらに，これらの変動要因に対応するために「ライン選択」（要因D）を行うことが可能な場合は，ライン選択の仕方によってボトルネックとなる工程が変動する。なぜなら，ある工程に大きく負荷が偏ってボトルネックとなった場合，そこで生産すべき品目を他のラインに移すこと（ライン選択）によってその工程の負荷を軽減し，ボトルネックが他の工程へと移動するからである。

　このように，ボトルネックの決定要因は単純ではなく，しかも複数の要因が組み合わさってボトルネックとなる工程を変動させるのである。とりわけ，多くの品目を断続的に生産するロット生産方式ではそれが顕著である。そのため，TOCは「ボトルネックにすべての工程を合わせ込む」というシンプルなスケジ

ューリングを可能にするが，そのボトルネックがどこであるかの把握はシンプルであるとはいいきれない。ボトルネックとなる工程は逐次変動しており，「ボトルネックがどの工程か？」の把握は，一般に考えられているよりもずっと複雑である。MRPシステムではすべての工程が合わせ込むべき最終工程（独立需要品目）の把握は容易であるが，TOCにおいて「ボトルネックとなるのはどの工程か？」の把握は，一般に考えられているほど容易であるとは限らないのである。

以上のことをふまえて，山下［2002a］は，ロット生産方式における「ボトルネックの把握の困難さ」と「ボトルネックの与える影響を吸収する大きさ」との関係に注目し，図表6-2のような「TOCのジレンマ・モデル」を提示している。図表6-2において，要因Aのみによってボトルネックが決まる最もシンプルな場合がType1であり，番号が大きくなるに従って基本的に問題が複雑になる。Type8が最も複雑な場合であり，要因A～要因Dのすべての要因が影響する。したがって，Type1に近いほどボトルネックの把握が容易であり，Type8に近いほどこれが困難である。

ボトルネックの把握が相対的に困難なType5～Type8は，要因Dの「ライン選択」を伴っているため，生産能力と負荷との間のギャップをある範囲で吸収することが可能である。普通であればボトルネックとなるはずの工程から負荷の一部を他のラインに放出すること（ライン選択）により，その工程の負荷が軽減するのである（本章で後述するTOCCの出発点は，ここにある）。こうしてボトルネックとなるはずの工程の負荷が軽減された場合，他の工程にボトルネックが移動する可能性がある。

このようにライン選択は，生産能力と負荷の間のギャップを小さくする一方で，どの工程がボトルネックとなるかについての把握を難しくする。要因A～要因Cによる変動を何とか吸収しようとするライン選択（要因D）は，生産能力と負荷との間のギャップ（ボトルネックの影響）を最小限に抑える上で好ましいことであるが，それがかえってボトルネックの把握を難しくするという，ジレンマを生じさせるのである。すなわち，ボトルネックの影響の抑制とボトルネックの把握との間にはトレード・オフの関係が存在し，ロット生産方式あ

いは多種少量生産におけるTOCの運用を難しくしてしまうのである。

　さらに，TOCの運用が困難であることは，SCMにおいて多種少量生産を展開する際の制約となることを意味する。スケジューリング問題を簡素化するはずの制約理論(TOC)におけるボトルネックの把握自体が，SCMの「制約条件」となってしまうというジレンマが存在するのである。このジレンマが，SCMの運用の難しさ，とりわけロット生産方式・多種少量生産におけるTOCの難しさを表している(山下[2002b])。

第5節　TOC戦略におけるスループットの定式化

　サプライチェーンは，一般にサプライヤー，メーカー，キャリヤー，ディストリビューター，小売業者等，多段階の要素で構成されるシステムである。これを図表6-3のような1つのシステムとして捉えることにより，SCMにおけるスループットを以下のように定式化することができる(山下[2005])。

図表6-3　サプライチェーンのシステム表現

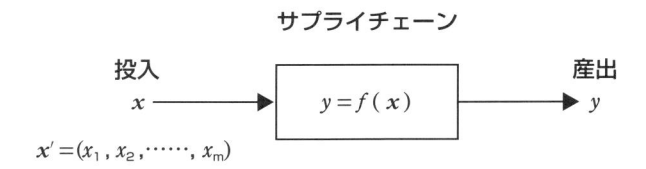

サプライチェーン

投入　x　→　$y = f(x)$　→　産出　y

$x' = (x_1, x_2, \ldots, x_m)$

出所：山下[2005]。

　そこで，まずこれらの要素を「工程i」と呼ぶことにし，「m個の工程」から構成されるサプライチェーンを考えることにする。このサプライチェーンにおいて，各工程i ($i = 1, 2, \ldots, m$)はサプライチェーンの外部から財x_iを投入し，それらの価値を高める活動を行う。このとき，スループットpは，産出と投入の差として(1)式のように表される。

第❻章　e-SCMにおける組合せ制約理論（TOCC）

$$p = y - \boldsymbol{x}' \cdot \boldsymbol{1} \tag{1}$$

　　ただし，$\boldsymbol{x}' = (\boldsymbol{x}'i)$，$\boldsymbol{1}' = (1, 1, \ldots\ldots, 1)$

ここで，戦略 j（$j = 1, 2, \ldots\ldots, n$）を考えると，これらの戦略 j は，サプライチェーン全体の経営資源をいかに配分するかを示すものであり，その配分の仕方によって投入と産出の関係（スループット）が異なってくる。そこで，投入・産出とスループットにそれぞれ添字 j を導入することにより，(1)式は次のように書き換えられる。

$$p_j = y_j - \boldsymbol{x}'_j \cdot \boldsymbol{1} \tag{2}$$

TOCは，スループット p_j をなるべく大きくするための，ボトルネックに注目した戦略であり，サプライチェーンの制約条件となるボトルネック工程を $i = 0$ で表せば，すべての工程をボトルネックの生産速度 v_0 に合わせ込むことになる。これは，SCMにおける「同期化」（シンクロナイゼーション）を意味する。このとき，すべての工程（$i = 0, 1, 2, \ldots\ldots, m$）において仕掛り在庫は基本的に発生しないため，サプライチェーン外部からの投入量と内部の経営資源がムダなく産出に結びつくことになる。

このようなボトルネックに合わせ込む戦略を $j = 0$ で表せば，$\boldsymbol{x}_0 = (\boldsymbol{x}_{i0})$ は生産速度 v_0 に必要な外部からの投入量となる。TOCの基本的な考え方は，他の多くの戦略 j（$j = 1, 2, \ldots\ldots$）に対して次式が成立することである。

$$p_0 = y_0 - \boldsymbol{x}'_0 \cdot \boldsymbol{1} > p_j = y_j - \boldsymbol{x}'_j \cdot \boldsymbol{1} \tag{3}$$

(3)式は，TOCに従った戦略 $j = 0$ を選択した場合の産出と外部からの投入との差，すなわちスループット p_0 が，他の戦略 $j = 1, 2, \cdots$ を取った場合のスループット p_j よりも大きいことを示している。さらにTOCでは，一度ボトルネックの生産速度 v_0 に合わせ込んだ後，すべての工程を同期化させながら生産速度を向上（改善）させていくことになる。したがって，改善を開始してから t 時点後の改善率を $a(t)$ とすれば，すべての工程の生産速度は常に等しく，$a(t) \cdot v_0$ となる。また，t 時点後の産出も同様に，$a(t) \cdot y_0$ となる。

ここで、もし生産速度の向上に伴い、各工程iにおける、サプライチェーン外部からの投入量も$a(t)$倍になるとすれば、t時点後の投入量ベクトル$\boldsymbol{x}_0(t)$は、

$$\boldsymbol{x}_0(t) = (a(t) \cdot \boldsymbol{x}_{i0}) = a(t) \cdot (\boldsymbol{x}_{i0}) \tag{4}$$

となる。このとき、t時点後のスループット$p_0(t)$は、

$$p_0(t) = y_0(t) - \boldsymbol{x}'_0(t) \cdot \boldsymbol{1} = a(t) \cdot (y_0 - \boldsymbol{x}_0 \cdot \boldsymbol{1}) = \alpha(t) \cdot p_0 \tag{5}$$

となる。すなわち、すべての工程の生産を同期化させながら$a(t)$倍に改善することにより、スループット$p_0(t)$も$a(t)$倍に向上させることができるのである。ここで注意すべきことは、すべての工程を同期化させながら改善を進めていくために、生産速度が上昇しても仕掛り在庫が基本的に発生しないことである。このことが、(3)式におけるTOCの優位性をさらに拡大させるのである。

第6節　TOCからTOCC(組合せ制約理論)へ

前節では、サプライチェーン全体の同期化(シンクロナイゼーション)のための戦略として、そしてスループット増大のための戦略として、TOCの優位性を述べたが、TOC以上の戦略を考えることはできないのであろうか？　もちろん、生産管理の目標は多面的であり、目的関数の設定の仕方により、好ましい戦略は異なる。

その典型的な例が、MRPシステムの「最終工程に合わせ込む」戦略と、TOC(SCM)の「ボトルネックに合わせ込む」戦略との比較であろう。前者は市場の動向をサプライチェーン全体に対してストレートに反映させる意味で好ましいが、そのために従属需要品目の生産能力を∞として取り扱うことは非現実的である。それと同時に、下請企業に対してどうしてもムリを強いることになる。一方、後者の「ボトルネックに合わせ込む」シンクロナイゼーションは現実的であるが、それによって生じる、非ボトルネック工程の余力がムダになる。そう

いった面で，一長一短を持っている。

ここでは，TOC(SCM)の現実的対応を重視した戦略を考えることにしよう。もし，長所の現実的「シンクロナイゼーション」を維持したもとで，短所の「非ボトルネック工程の余力」を有効に活用することができれば，TOC以上の戦略を生み出すことにつながる。そこで，内作であれば複数ラインでの同一品目の並行生産，外作であれば同一品目の並行購買が可能であるとき，ボトルネック工程で対応することができない分(負荷オーバー分)の生産を，他のサプライチェーンにおける非ボトルネック工程の余力を活用して行う戦略を考えることにする。

これを，図表6-4のような道路のアナロジーで考えてみよう。

図表の2本の道路は，2本のサプライチェーンを意味し，製品αのサプライ

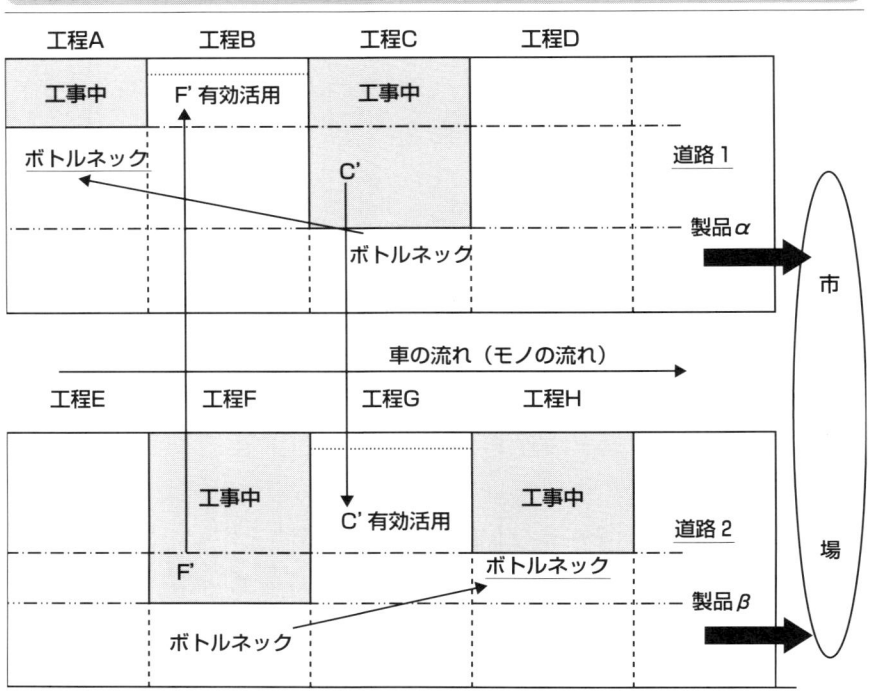

図表6-4　TOCとTOCCの概念図

出所：筆者作成。

チェーンを道路1に，製品βのサプライチェーンを道路2に，それぞれたとえている。また，2本の道路は部分的に工事中であり，道幅が狭くなっている。この道幅が生産能力を表すものとすれば，それぞれの工程によって生産能力が異なるということになる。道路1では工程Cの道幅が，また道路2では工程Fの道幅が最も狭くなっており，これは工程Cと工程Fがボトルネックとなっていることを示している。

もし，このままの道幅(生産能力)で自動車が走れば，工程Bと工程Eに渋滞が生じるであろう。この渋滞が「仕掛り在庫」である。従来，それぞれの工程，あるいはそれぞれの企業が自身の生産能力を高めよう(道幅を広げよう)と努力してきた(例えばBPR)。しかしながら，ボトルネック工程をそのままにして他の工程の生産能力を高めても，仕掛り在庫(渋滞)が増大するだけで全体の生産性向上に結びつかないことは，図表6-4より明らかである。

そこでTOCは，ボトルネック工程にすべての工程を合わせ込むことにより，サプライチェーン全体の同期化を図り(道幅を一定にして)，スムーズな生産(車の流れ)を達成しようとするのである。これにより，生産速度(車のスピード)は大きくないが，渋滞が解消され，ムリのない(スマートな)同期化(シンクロナイゼーション)が可能となる。その際の道幅(生産能力)は二点破線のレベルに設定されるため，工事中でない部分(非ボトルネック工程)の道幅(生産能力)はムダになってしまう。

もし，ボトルネックの道幅を補うべく，バイパスを通すことが可能であれば，全体の道幅を広げることができるはずである。そこで，ボトルネック工程の品目を，他のサプライチェーンの工程で生産することを考えるのである。例えば，図表6-4において道路1の工程Cの品目を道路2の工程Gで，また道路2の工程Fの品目を道路1の工程Bで，それぞれ生産することが可能であれば，道路1と道路2の道幅(生産能力)は一点破線のレベルに引き上げられる。すなわち，TOCの同期化によって生じる，非ボトルネック工程の余力を有効に活用するのである。

そこで，このような，非ボトルネック工程の余力を有効に活用する同期化を「スマート・シンクロナイゼーション」と考え，そのためにTOCを，複数のサ

プライチェーンにおける制約条件（ボトルネック）の組合せ問題へと拡張する。本書では，これを「組合せ制約理論」(Theory Of Combined Constraints：TOCC)と呼ぶことにする。

図表6-4は，TOC→TOCCの拡張により，TOCのボトルネックに合わせ込む同期化から生じる余力（工程Bと工程G）を活用して他のサプライチェーン（道路）におけるボトルネック工程（工程Fと工程C）の品目を生産し，かつ両方のサプライチェーンとも新たなボトルネック工程（工程Aと工程H）に合わせ込まれていることを示している。すなわち，制約条件（ボトルネック）を組み合わせる(combine)ことにより，生産能力の有効活用を図ると同時にボトルネックの水準を一点破線へと上昇させるのである。

ここで，TOCCに従った戦略をTで表し，それにより上昇するボトルネック水準のもとでの投入と産出を，それぞれx_Tとy_Tとすれば，スループットp_Tに関して明らかに(6)式が成立する。

$$P_T = y_T - x'_T \cdot \boldsymbol{1} \geq p_0 = y_0 - x'_0 \cdot \boldsymbol{1} \tag{6}$$

しかしながら，上記のようなTOCCによるスループットの増大（$p_T - p_0$）は，生産能力と負荷の間のギャップ（ボトルネックの影響）を最小限に抑える上で好ましいことであるが，それがかえって前述の「TOCのジレンマ」を拡大させる。TOCにおける，ボトルネックの影響の抑制とボトルネックの把握との間のトレード・オフの関係（TOCのジレンマ・モデル；図表6-2を参照）をさらに強化してしまうのである。このことが，TOCはもとよりTOCCの運用をいっそう難しくしてしまうことになる。

さらに，TOCおよびTOCCの運用が困難であることは，SCMを展開する際の制約となることを意味する。スケジューリング問題を簡素化するはずの制約理論（TOC）と組合せ制約理論（TOCC）におけるボトルネックの把握自体が，SCMの「制約条件」となってしまうという，さらなるジレンマが存在するのである。そして，このジレンマは，TOCよりもTOCCにおいて，より深刻なものとなる。

そこで筆者がリーダーを務める「Global e-SCM 研究プロジェクト」（文部科学

省　学術フロンティア推進事業)では，このようなジレンマの克服に挑戦すべく，ボトルネックとなる可能性のある工程の生産能力と負荷の関係を，基準生産計画(MPS)に反映させることを考え，MAPS-TOC(MAster Production Schedule system based on Theory Of Constraints；TOCに基づく基準生産計画自動作成システム)を開発した(詳しくは，第7章を参照)。これにより，ボトルネックとなりうる従属需要品目の負荷を考慮したMPSをコンピュータが自動的に作成することを可能にした。すなわち，MAPS-TOCは制約条件の組合せによるスケジューリングの複雑化(高エントロピー化)に対抗し，TOCCの実践を強力に支援する生産計画システムなのである。

第7節　TOCCの拡張によるスマート・シンクロナイゼーション

　TOCCは，上記のように，1本のサプライチェーンの制約条件(ボトルネック工程)だけでなく，複数のサプライチェーンにおける制約条件の組合せを考えることにより，TOCの長所を維持しながら，短所を克服するものである。ボトルネック工程で対応することができない分の負荷を，他のサプライチェーンにおける非ボトルネック工程の余力を活用することにより吸収するのである。

　このようにTOCCは，1つの制約条件のみでは余力となってしまう非ボトルネック工程の余力を，複数の制約条件を組み合わせることにより，有効に活用しようとするのであるが，SCM，そしてe-SCMを多面的に論じる本書では，この⓪「ボトルネックの組合せ」のみならず，いくつかの考慮すべき重要な制約条件があるものと思われる。それらは，サプライチェーンのスループット増大という観点からいえば，①「顧客(消費者)の動向」であり(とりわけSCM→e-SCMの拡張において)，②「経営環境の変化」(経営環境とのシンクロナイゼーション)である。さらには，サプライチェーンの「スマート・シンクロナイゼーション」による全体最適化の観点からの重要な構成要素として，③企業倫理・経営倫理に基づく「企業の社会的責任」を，指摘することができる。

第❻章　e-SCMにおける組合せ制約理論（TOCC）

　ここでは，以上のような考え方に基づき，前節で提示したTOCCを拡張することを考える。すなわち，「スマート・シンクロナイゼーション」を達成するためのTOCCの構成要素として上の①～③の制約条件を加えることにより，TOCCの範囲を拡張するのである。こうした拡張の過程で，サプライチェーンの全体最適化をめざしたTOCCのゴールも，③企業の社会的責任を遵守したもとでのスループット増大（⓪と①と②）へと進化させることになる。その際，「ボトルネックの組合せ」において，⓪の「生産能力の組合せ」のみならず，⓪'として「技術力や管理力の組合せ」を含めて考えることにする。それは，「スマート・シンクロナイゼーション」を達成するための制約条件として，生産能力のボトルネックのみならず，技術力や管理力のボトルネックを考慮すべきと考え

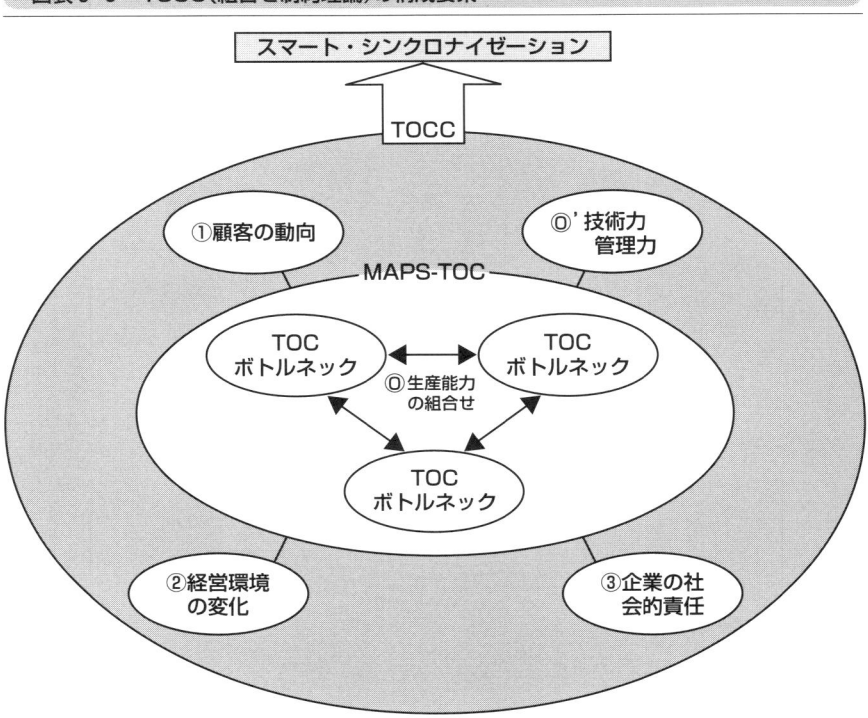

図表6-5　TOCC（組合せ制約理論）の構成要素

出所：筆者作成。

るからである。これらを図示すると，図表6-5のようになる。

図表6-5において，中核となる制約条件はTOCと同様にボトルネックであり，TOCCが⓪の複数のサプライチェーンにおける「生産能力のボトルネックの組合せ」から出発すること，そしてそのための情報システムがMAPS-TOCであることを示している。この中核となる制約条件に，まず⓪'の「技術力や管理力のボトルネックの組合せ」が，次にスループット増大のための①「顧客（消費者）の動向」と②「経営環境の変化」が加わり，さらにスループット増大に偏りすぎたこれまでのSCMの意識に対する反省を込めて③企業倫理・経営倫理に基づく「企業の社会的責任」が加わる。

本書では，「スマート・シンクロナイゼーション」をめざしたアプローチとして，⓪に対して第7章の「オートマティックTOCCプラニング」を，⓪'に対しては第8章の「モジュラリゼーション」のアプローチを提示している。また，①に対して第9章の「カスタマー・オリエンティドSCM」を，②に対して第10章の「柔らかいSCMとタッキング・マネジメント」を提案している。さらに③の課題については，第11章の「e-SCMにおける社会的責任」において解説している。

本章の最後に，「TOC→TOCCの拡張」の議論に基づき，前節(6)式のスループットp_Tを，社会的責任を考慮した評価式へと拡張することを考えよう。そこで，本節の（拡張された）TOCCに従った戦略（$j = s$）に基づく社会的責任の非履行度をR_Sとし，社会的責任の重要性を表す正の定数cとすれば，スループットと社会的責任の非履行度の両面を考慮したサプライチェーンの評価（スマート・シンクロナイゼーション度E_S)は，(7)式のように表される。

$$E_S = p_S - c \cdot R_S \tag{7}$$

ここでのTOCCの基本的な考え方は，TOCや拡張前のTOCCを含む他の多くの戦略j ($j = 0, 1, 2, \ldots, T, \ldots$)に対して(8)式が成立する定数$c$が存在するということである。

$$E_S = p_S - c \cdot R_S > E_j = p_j - c \cdot R_j \tag{8}$$

p_jとR_jは有限で，かつ$R_S < R_j$であると考えても差し支えないため，(8)式を

満足する定数cの存在は保証される。(8)式は，TOCに従った戦略$j = 0$や拡張前のTOCC戦略$j = T$は，拡張後のTOCC戦略$j = S$にとってサプライチェーンの「全体最適化」とはならず，部分最適(局所最適)化となることを示している。

そこで，スマート・シンクロナイゼーション度E_jをできる限り大きくするような戦略($j = S$)を探索し論じることが，本書の第2部(第6章～第11章)の「TOCCによるスマート・シンクロナイゼーション」における中心的課題である。

参考文献

圓川隆夫[1998]「制約条件の理論が可能にするサプライチェーンの全体最適」，ダイヤモンド・ハーバード・ビジネス編集部編『サプライチェーン 理論と戦略』ダイヤモンド社。
加藤治彦・竹之内隆・村上悟[1999]『TOC戦略マネジメント』日本能率協会マネジメントセンター。
金子勝一・山下洋史[1998]「組織と情報の活性化のための職場内コンピューティング」『日本経営システム学会誌』Vol.14, No.2, pp.91-96。
西川智登・清水静江・宮本日出雄[1992]「意志決定過程における入力情報に対する判断力の構造」『日本経営システム学会誌』Vol.9, No.1, pp.35-41。
槌田敦[1976]「核融合発電の限界と資源物理学ノート」『日本物理学会第31回年会提出論文』。
山下洋史・尾関守[1994]「組織における学習の二面性に関する研究」『日本経営工学会誌』Vol.45, No.3, pp.53-56。
山下洋史[1996]『人的資源管理の理論と実際』東京経済出版。
山下洋史・松丸正延[1996]「ファジィ事象の確率を用いた行動エントロピーの分析モデル」『日本経営システム学会誌』Vol.13, No.1, pp.33-38。
山下洋史・金子勝一・田島悟[1998]『OJC(On the Job Computing)』経林書房。
山下洋史[2001]「サプライチェーン・マネジメントと拡張代替的双対モデル」『明大商学論叢』Vol.83, No.2, pp.213-232。
山下洋史・金子勝一[2001]『情報化時代の経営システム』東京経済情報出版。
山下洋史[2002a]「ロット生産方式におけるTOCのジレンマ・モデル」『第29回日本経営システム学会全国研究発表大会講演論文集』pp.171-174。
山下洋史[2002b]「TOCに関する低エントロピー源フレームワーク」『第29回日本経営システム学会全国研究発表大会講演論文集』pp.51-54。
山下洋史[2005]「生産管理における「業務プロセスと低エントロピー源のC-Dフレームワーク」」『明大社研紀要』Vol.43, No.2, pp.257-278。

第7章

スマート・シンクロナイゼーションのためのオートマティックTOCCプラニング

本章のねらい

① 本章は「スマートなシンクロナイゼーション」という視座に立脚しつつ，MAPS-TOCの開発ならびに運用の過程で特徴的に明示される「同期化」に焦点を当て，このシステムの特徴を踏まえながら生産スケジューリング・システムにおける「同期化」について敷衍する。

② TOCとは，サプライ・チェーンをシステムとして捉えた上で，システムの目的（ゴール）達成を阻害する制約条件をみつけ，それを活用・強化するための経営手法として注目されている理論である。MRPシステムでは最終製品の生産のスピードにすべての工程を合わせ込むのに対して，TOCでは制約条件となる工程に他のすべての工程を合わせ込むという違いがある。

③ 本章では，MAPS-TOCの構成の概略を通じて，常に変動するボトルネックの負荷を考慮したMPSを作成するだけではなく，「何がボトルネックになるかを把握すること」ならびに「常に変動するボトルネック自体を把握すること」が極めて困難であるというサプライ・チェーンを運用する上で発生する課題に対しても，MAPS-TOCが有用であることを確認することができる。

④ 生産計画における「ある工程に合わせ込む」という同期化ロジックが，スケジューリングにおいて発生するエントロピーを低下させる「低エントロピー源」の役割を果たすことを理解する。そして，この「低エントロピー源」の性格が，JITシステム，MRPシステム，SCMにおいて，それぞれ異なることを把握する。

⑤ オートマティックTOCCプラニング・システム（MAPS-TOC）が，TOCならびにTOCCの運用を可能にし，「スマート・シンクロナイゼーション」の達成を目指すものであることを理解する。

第1節　スマート・シンクロナイゼーションと生産管理システムにおける「同期化」

　本書の冒頭ですでに述べたように,学術フロンティア研究プロジェクトでは,環境変化への柔軟な対応を可能ならしめるサプライチェーンの枠組み構築を,目的の1つとして位置づけている。この目的の達成に向け,近年の企業環境の激しい変化の中で常に変動するボトルネックに,サプライチェーンが柔軟に対応するためのスケジューリングを可能にすべく,本プロジェクトでは,TOC（制約理論）に基づく基準計画自動生産システムを開発した。このシステムがMAPS-TOC(MAster Production Schedule system based on Theory of Constraints)である。このシステムは,生産管理システムにおいて,「ある工程に全体を合わせ込む」というシンプルな工程計画のロジックをもとにして,常に変動するボトルネックの負荷を考慮しながらMRP（資材所要量計画）システムの中核となるMPS（基準生産計画）を作成することを可能にする。

　本章は「スマートなシンクロナイゼーション」という視座に立脚しつつ,上記の特徴を持つこのMAPS-TOCの開発ならびに運用の過程で特徴的に明示される「同期化」に焦点を当て,このシステムの特徴を踏まえながら生産スケジューリング・システムにおける「同期化」について敷衍するものである。

　一方,TOCとは,サプライチェーンをシステムとして捉えた上で,システムの目的（ゴール）達成を阻害する制約条件をみつけ,それを活用・強化するための経営手法として注目されている理論であり（圓川[1998]）,市場の変化への迅速な対応や同期化した対応を可能にすべく,近年のSCMに対する関心の高まりとともに注目されている。MRPシステムでは最終製品の生産のスピードにすべての工程を合わせ込むのに対して,TOCでは制約条件となる工程に他の工程を合わせ込むのである。その上で,制約条件の改善と同じペースですべての工程の生産性を高めることにより,サプライチェーン全体としてのスループットの拡大を志向するものである。

MAPS-TOCは，MRPシステムの核となるMPSの中に，SCMを成立せしめる基幹ロジックである。すなわちTOCの概念を組み入れることにより，MPSの自動作成を可能ならしめている。すなわち，TOCの「ボトルネックに合わせ込む」というロジックをMPSの作成に適用することを通じて，常に変動するボトルネックの負荷を考慮したMPSを作成するだけではなく，サプライチェーンを運用する上で発生する不可避的問題，つまり，「何がボトルネックになるかを把握すること」ならびに「常に変動するボトルネック自体を把握すること」が極めて困難であるという課題に対しても，一定の解決方法を提示しうるシステムであると位置づけられる。

第2節　MRPシステムの持つ問題点

　周知のとおり，MRPシステムは，生産管理システムとして現在多くの企業に普及している。後段にて詳述するが，MRPシステムの最大の特徴は，極めてシンプルなロジックに従った「同期化」の達成を，とりわけスケジューリングの側面で可能ならしめている点にある。すなわち，このシステムにおける「同期化」とは，最終製品のMPSにすべての部品・原材料の調達ならびに生産を合わせ込むということを意味している。したがって，最終製品を生産する工程を除くすべての工程における生産負荷は基本的に無視されてしまう（システムの構成上，この能力は無限大であるかのように取り扱われる）（山下[1999]）。その結果，かかる工程の生産能力はあたかも無限大であるかのように取り扱われるという事態が表出するのである。

　こうした点から，MRPシステムが持つ最大の問題点が容易に理解されよう。すなわち，MRPシステムは生産管理システムとして極めて有用なスケジューリングを可能にする一方で同システムのスケジューリングに従った生産計画がシステムにロードされたとしても，生産工程における生産能力が無限大ということは現実にはありえないため，とりわけ低い生産能力の工程に負荷が集中した場合，この工程が納期遅延を発生させる原因，つまりMPSに従った生産活

動を阻害する制約条件となってしまうのである。

　かかるMRPシステムの長所ならびに短所を根底に置きつつ開発されたMAPS-TOCは，常に変動するボトルネックの負荷を考慮したMPSを作成することを可能とするが，MPSの作成過程では，「同期化」という視点をどのように捉えるかの問題に検討を加える必要がある。すなわち，MRPシステム，JITシステムならびにTOCをもとにしたSCMにおける「同期化」には，それぞれのシステムの特徴に依拠した相違点があることから，それぞれの「同期化」をどのように位置づけるかという点に対する考察を必要とするのである。以下ではそれぞれの「同期化」の位置づけを整理し，その違いを考察することにする。

第3節　MRPシステムとJITシステムにおける「同期化」

　MRPシステムでは，すべての部品，原材料の生産を，「最終製品の基準生産計画に合わせ込む」というシンプルなロジックによって「同期化」したスケジューリングを可能とする。広義の生産管理システムとしてのMRPシステムは，一方で在庫，資材，購買あるいは原価の管理を包括的にコントロールすることを可能とするシステムであるが，基本的には，「必要なものを必要なときに必要な分だけ生産する」ことを目的とした資材所要量計画を中核とし，MPSをコンピュータにより自動作成することに主眼を置く。このとき，MPSは独立需要品目の生産計画であり，従属需要品目の生産計画はその部品構成（Bill of Materials：B/M）をもとにした所要量展開により行われる。

　すなわち，独立需要品目を構成する部品を必要なときに必要なだけ生産することを可能とするために，従属需要品目の生産計画は，独立需要品目の生産計画（MPS）に従って自動的に作成されるのである。つまり，MPSの任意の時点において不必要な従属需要品目の部品は，一切生産されないのである。したがって，MRPシステムにおける「同期化」を一言で表わせば，すべてをMPSに合わせ込むこと（「同期化」）として理解することができ，この点においてはジャス

ト・イン・タイムと同様の思想であると理解される（山下[1996]）。

　以上の点から，MRPシステムとは，「最終製品の基準生産計画に合わせ込む」というシンプルなロジックによって「同期化」したスケジューリングを可能ならしめることが理解される。しかし，MPSは需要と独立需要品目の生産能力のみに依拠して作成されることから，従属需要品目の生産能力は考慮されていない（山下[1999]）。こうした点から，MRPシステムにおける「同期化」とは，製品の構成部品がヒエラルキー・コントロールされる中で，<u>最終工程（多くの場合は製品）の計画，つまりMPSにすべての前工程の計画を合わせ込むという意味における「同期化」</u>であると位置づけられるが，一方で，従属需要品目の生産工程の「生産能力」そのものに対する配慮はほとんどなされていないことから，生産工程全体に対する考慮を通じた生産能力を把握した上での「同期化」とはいえないと理解できよう。

　一方，トヨタ自動車の生産方式として生み出された「かんばん方式」つまりJITシステムにおける「同期化」を理解する際の中心的概念は，仕掛り品の発生を極力抑制することを目的に，「前工程と後工程の生産のタイミングを合わせること」として理解される。本章においては，このシステムを支えている「かんばん」，「あんどん」といった個々の重要なシステム構成要素についての詳細な言及は紙幅の関係もあることから割愛するが，これら個々の要素はJITシステムを支え，「同期化」を達成する極めて重要な要件であることは周知の通りである。

　JITシステムにおいては，最終製品であれば，後工程は「市場」として位置づけることが可能となることから，前工程と後工程のタイミングを合わせて必要なものを必要なときに必要なだけ生産することにより極限までの在庫削減を可能とするだけでなく，需要の変動に柔軟に対応することも可能となる。こうした点から，JITシステムにおける「同期化」の対象は市場もその範疇に入れて考えることができる。市場（における販売）と製品（の生産現場における組立過程）との「同期化」は，製品需要に合わせた製造により確立されることから，JITシステムでは任意の期間における需要分を見込んで生産するのではなく，需要の進展度にリンクして「平準化」生産を行うことにより達成される。したがって，

JITシステムにおける「同期化」は，多段階の「同期化」として位置づけられる。

　さらに，JITシステムにおけるこうした「同期化」は，生産システムのうち，「後工程引取り方式」に代表される工程間の結合に焦点を当てた工程中心主義の思想に基づくことから，システムの健全性を保持するために，部品納入業者に同システムの運用に対する極めて高いロイヤリティを求めることが必要となる。

第4節　TOCにおける同期化

　TOCをもとにした，SCMにおける「同期化」を理解する上では，第1にTOCそのものに対する理解が必要である。従来の生産管理システムにおいては，各工程が別個に生産性を向上させるための改善を行う傾向にあった。ボトルネックをそのままにして他の工程をいくら改善したとしても，仕掛り在庫を増加させてしまうだけの状態が続き，したがって交通渋滞と同様にかえって仕掛り在庫がスムーズな生産の達成を妨害してしまうことも多かった。そこで，SCM（TOC）ではサプライチェーン全体の目標達成を阻害する制約条件（ボトルネック）をみつけ，その部分に全体を合わせると同時に，その部分を改善していくことにより，すべての部分を同期化させながらスループットを向上させ，全体最適の達成をめざすのである。

　このTOCの考え方において，サプライチェーン全体のパフォーマンスを決定づける要素は，最も条件の良い工程（例えば，最も生産能力の高い工程）やサプライチェーン全体の平均ではなく，ボトルネック（最も条件の悪い工程；例えば，最も生産能力の低い工程）である。このことから，TOCにおいて，全工程の同期化を達成するには，ボトルネックを把握する必要がある。同一の品目を直列的に流し続ける「連続生産方式」においては，このボトルネックを把握することは容易である。しかし，顧客のニーズが多様化し，多種少量生産が求められる中で，同一品目を連続して生産する「少種多量生産」，「連続生産」は困難な状況にある。そこで多くの企業は，多様な顧客ニーズへの対応と量産効果を併せ持つ

「ロット生産方式」を取り入れている。

「ロット生産方式」においては，段取替えを繰り返しながら，多くの品目を生産するため，「ボトルネック」となる工程の決定要因は単純ではなく，複数の要因が組み合わさってボトルネックとなる工程を変動させる。そのため，TOCにおいて，ボトルネックとなる工程の把握は一般に考えられているよりも容易であるとは限らないのである。第6章の「TOCのジレンマ・モデル」において指摘した通り，ボトルネックの把握とボトルネックの影響の抑制との間にはトレード・オフの関係が存在し，このことがTOCの運用を難しくしてしまう。言い換えるならば，ロット生産方式が主流を占めている現在，スケジューリングに対してそのままTOCを適応するのには困難が伴うのである。

第5節　生産計画における低エントロピー源フレームワーク

JITシステムとMRPシステム，あるいは，SCMにおけるTOCは，多目的かつ複雑で，最適化が困難であるスケジューリング問題に対して，「ある工程に生産計画を合わせ込む」という「同期化ロジック」により，シンプルかつ統一的な計画方法を提示する役割を果たしている。

第6章では，「TOCに関する低エントロピー源フレームワーク」に基づき，SCMにおいて，TOCがスケジューリングの際の行動エントロピーを減少させる「低エントロピー源」の役割を果たすことを指摘した。その基本的な考え方は，TOCの「ボトルネックにすべての工程を合わせ込む」という「同期化ロジック」が，スケジューリングにおいて発生するエントロピーを低下させることである。TOCに基づくスケジューリングは，「ボトルネック工程」を基準にしてサプライチェーン全体を同期化・最適化する，シンプルかつ明確な計画作成を可能にするのである。

このことは，JITシステムやMRPシステムの「最終工程にすべての工程を合わせ込む」という「同期化ロジック」に関しても適用されるのではないかと思わ

れる。JITシステムやMRPシステムのもつ「最終工程にすべての工程を合わせ込む」という「同期化ロジック」が，スケジューリングの際のあいまいさ(エントロピー)を奪い取り，すべての工程を同期化の方向へと導くことにより，価値の高い低エントロピーの情報(生産計画)が作成されるのである。このように考えていくと，SCMにしても，JITシステム，MRPシステムにしても，「ある工程にすべての工程を合わせ込む」という同期化ロジックが低エントロピー源となり，スケジューリングの際のあいまいさ(エントロピー)を奪い取ることにより，すべての工程が同期化された生産計画，言い換えればジャスト・イン・タイムの生産計画が作成されることがわかる。そのことから，「TOCに関する低エントロピー源フレームワーク」(山下［2002］)をより一般化して同期化ロジックへと拡張することにより，図表7-1のような「生産計画の低エントロピー源フレームワーク」(西ら［2004］)を提示することができる(「TOCに関する低エントロピー源フレームワーク」については，図表6-1を参照せよ)。

この「生産計画の低エントロピー源フレームワーク」は，生産計画を作成しようとする際，相対的に高いエントロピーを持つ入力情報から同期化ロジック(低エントロピー源)がエントロピーを奪い取り，その分だけ出力情報(生産計画)のエントロピーを減少させることを示している。同期化ロジックがエントロピーを奪い取ることによって，仕掛り在庫を増大させるような非同期化された計画は，高エントロピーの雑音として廃案となり，出力された情報は，仕掛り在庫を極小化する同期化された生産計画となる。

図表7-1　生産計画における低エントロピー源フレームワーク

出所：西ら［2004］p.120。

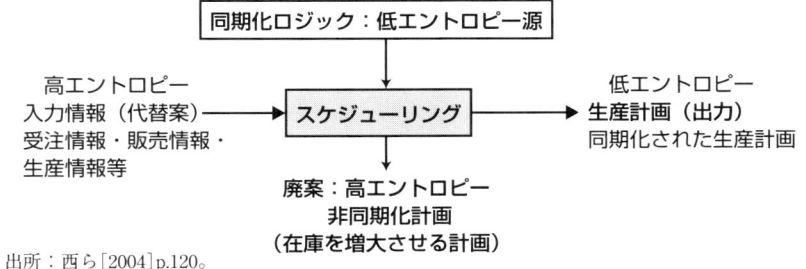

こうしたJITシステム・MRPシステムやSCMにおけるTOCにおけるエントロピーの減少は，出力情報(生産計画)の価値を高めることを意味する。すなわち，同期化ロジックに基づくスケジューリングが，生産管理において情報の価値を高めることになるのである。

第6節 TOCにおける「分散化された低エントロピー源」の概念

前節において述べたように，JITシステムとMRPシステム，ならびにSCM(TOC)における「すべての工程をある工程に合わせ込む」というシンプルな同期化ロジックは，スケジューリング問題に介在するエントロピーを奪い取り，価値の高い情報(生産計画)を生み出す源泉(低エントロピー源)となる。次に，「どの工程を基準に合わせ込むか」という「同期化ロジック」，「どの工程が低エントロピー源」となるかというJITシステム，MRPシステム，TOCにおける「低エントロピー源」の特性が，それぞれの生産管理システムにおいて意味するものを示していく。

JITシステムやMRPシステムでは，すべての工程が「同期化」すべき対象(最終工程)は明確である。最終工程に合わせ込むことで，非常にシンプルなスケジューリングが可能となると同時に，最終工程中心のマネジメントが展開される。そういった意味において，JITシステムやMRPシステムの低エントロピー源は最終工程に集中化されており，「集中化された低エントロピー源」と位置づけることができる(西ら[2004])。

一方，SCM(TOC)においては，「ボトルネックにすべての工程を合わせ込む」というTOCのロジックが，複雑なスケジューリング問題を簡素化するのであるが，JITシステムやMRPシステムとは異なり，一般にボトルネックは1つの工程に固定されない。複数の工程が，ボトルネックとなる可能性を持つだけでなく，それが時間とともに変動することは，「TOCのジレンマ・モデル」(山下[2002])の示唆するところである。すなわち，SCMの生産計画における低エ

ントロピー源は分散化しており，SCMにおけるTOCは，「分散化された低エントロピー源」(山下[2002])として捉えることができる。さらに，この「分散化された低エントロピー源」がボトルネックの把握を困難にし，TOCのジレンマを生じさせることになる。

SCMの「分散化された低エントロピー源」と，JITシステムやMRPシステムの「集中化された低エントロピー源」の概念は，生産管理システムの特性に関して下記のような示唆を与えるものである。

① SCM，JITシステム，MRPシステムは，いずれも低エントロピー源としての同期化ロジックを持ち，この低エントロピー源がシンプルなスケジューリングを可能にしている。

② 上記のように，低エントロピー源がすべて同期化ロジックとなっているため，これらはいずれも仕掛り在庫の極小化をねらいとしている。

③ SCMに比較して，JITシステムやMRPシステムは，低エントロピー源が最終工程に集中している分，よりシンプルなスケジューリングが可能である。

④ SCMでは，低エントロピー源が分散化しているため，行動の基盤をそろえるべく，受注・販売・生産等の情報共有がより重要な課題となる。

⑤ SCMでは，「分散化された低エントロピー源」が時間とともに変動するため，JITシステムやMRPシステム以上に柔軟な対応が求められる。

⑥ 多くの場合，JITシステムやMRPシステムが強者(最終工程を持つ中核企業・系列親企業)に軸足を置いたシステムであるのに対して，SCMは弱者(ボトルネック)に焦点を当てたシステムである。

第7節　TOCとオートマティクTOCCプランニング

MRPシステムとJITシステムは「最終工程に合わせ込む」ことで市場の動向をサプライチェーン全体にストレートに反映させることが可能であるが，従属需要品目の負荷を考慮しないで「無限負荷山積み」手法により非現実的な生産計

画を行うところに問題がある。他方，TOCでは「ボトルネックに合わせ込む」ことにより現実的なスケジューリングが可能であるが，それにより非ボトルネック工程に「空き」が生じてしまう。

第6章では，この「非ボトルネック工程の空き」の問題を解決し，TOCをより洗練すべく，TOCの概念を拡張しTOCC(Theory of Combined Constraints)を提示した。TOCでは，ボトルネック工程にすべての工程を合わせ込むことにより，サプライチェーン全体でスマートな同期化が達成される。しかし，そのチェーン内における生産能力はボトルネック工程の能力レベルに設定されるため，それを上回る非ボトルネック工程の能力は無駄になってしまう。

そこで，TOCCでは，ボトルネック工程の品目の生産を他の複数のサプライチェーンで行うことにより，(サプライチェーン間の)非ボトルネック工程の有効活用を目指すのである。TOCのボトルネックに合わせ込む同期化で生じる余力を活用して，他のサプライチェーンにおけるボトルネック工程の品目を生産するのである。このことは，複数のサプライチェーン間でボトルネック工程が組み合わさることにより，生産能力の有効活用を図ることができ，ボトルネック工程の(能力)水準を向上させることを示している。言い換えるならば，TOCCは，サプライチェーンにおいて産出されるスループットを高める役割を果たすのである。

しかし，このTOCCに基づいてスケジューリングを行う場合，ボトルネック工程が複数のサプライチェーン間で変動してしまうため，TOCの場合よりも，ボトルネックの把握がより難しくなってくる。TOCにおけるボトルネックの把握とボトルネックの影響の抑制には，トレードオフの関係(TOCのジレンマ)(山下［2002a］)が存在しているが，TOCCは，この関係をさらに強化してしまうのである。すなわち，TOCよりもTOCCに基づいてスケジューリングを行う方が，スケジューリングにおいて発生するエントロピーが大きくなる。そのため，TOCCを運用することは困難であり，工程間のシンクロナイゼーションを展開する際の制約条件となる。

ここで，TOCならびにTOCCの運用を可能にするため，両者に対して（発生するエントロピーを吸収する）「低エントロピー源」を投入する必要性が生じて

くる。そのことから，本章では，TOCCにおける制約条件の組合せによるスケジューリングの複雑化に対抗すべく，オートマティックTOCCプランニングを提案したい。これは，サプライチェーン全体をスマートにシンクロナイズすることを可能にする生産計画システムであることを示している。筆者らは，その一環として基準生産計画自動作成システムMAPS-TOCを開発した。MAPS-TOCは，ボトルネックとなりうる工程の生産の能力と負荷の関係をMPSに反映させることにより，ボトルネックとなりうる従属需要品目の負荷を考慮したMPSをコンピュータが自動的に作成することを可能にしたのである。次にこのMAPS-TOCの概要について述べていく。

第8節 MAPS-TOCの概要

　MRPシステムはMPSにすべての生産工程の計画を合わせ込むが，従属需要品目の生産工程の能力を考慮しないため，生産工程で「無限負荷山積み」問題が生じる。他方，TOCでは，「無限負荷山積み」問題の原因となり，ボトルネックとなっている従属需要品目の生産工程を中心に，生産計画を作成するが，今度は「どのラインがボトルネックの原因となるか？」というボトルネックの把握が難しいという問題を抱えている。しかし，MRPシステムとTOCによる生産計画作成は，「ある工程に全体を合わせ込む」といったロジックを共通して持っている。つまり「無限負荷山積み問題」と，TOCのボトルネック把握の難しさのジレンマを克服するために，MRPシステムにおいてMPSをボトルネックとなる生産工程に合わせ込むことにより，生産計画を最終工程とボトルネックとなる工程の両方に合わせ込むことができるようになるのである。つまり，すべての品目はMPSを介して，独立需要品目とボトルネックの両方に従う生産工程の同期化が可能となる。

　こうした理解に基づき，筆者らはボトルネックとなりうる工程の生産の能力と負荷の関係をMPSに反映させることを考え，TOCに基づく基準生産計画作成システムを開発した。これは，MRPシステムとボトルネックとなりうる従

属需要品目の負荷を考慮したMPSを自動的に作成するスケジューリング・システムである。つまり、ボトルネック工程の品目の生産を他の複数のサプライチェーン間で行うことを可能にし、(サプライチェーン間の)非ボトルネック工程を有効に活用するのである。

このMAPS-TOCは、TOCの「分散化された低エントロピー源」(西ら[2004])を基調としつつも、MRPシステムの「集中化された低エントロピー源」の性質も兼ね備えているといえよう。MAPS-TOCは分散化された低エントロピー源をもつために、MAPS-TOCで発生するエントロピーは、複数の工程間調整、統合の複雑性・困難性をMRPシステムよりも大きく反映したものとなる。このことから、MAPS-TOCが果たす低エントロピー源としての役割は、MRPシステムの場合よりも大きくなる。そして、TOCCを運用する際に発生するエントロピーが大きく、より困難な問題に対して、MAPS-TOCはその解決に向けた一定の有用性をもつのである。MAPS-TOCは、運用が困難とされるTOCならびにTOCCの実践を強力に推し進めるシステムであるといえよう(MAPS-TOCのシステム構成や仕様の詳細に関しては、付録Bを参照せよ)。

第9節 生産管理における「業務プロセスと低エントロピー源のC-Dフレームワーク」

前節までは、SCMにおけるTOCの「分散化された低エントロピー源」と、JITシステムとMRPシステムの「集中化された低エントロピー源」(西ら[2004])の概念を検討し、運用の難しいTOCCを実現し、「二重の低エントロピー源」(西ら[2005])の性質を持つオートマティックTOCCプランニング・システム：MAPS-TOCについて考察してきた。ここでは、低エントロピー源の集中化・分散化と業務プロセスの集権化・分権化とを組み合わせることを考えることにより、JITシステムとMRPシステムならびにSCMとMAPS-TOCの生産管理システムの位置づけを整理していきたい。

まず、各システムにおける業務プロセスの集権性・分権性について考えてみ

る。JITシステムでは，生産現場に一体感・忠誠心が醸成され，そのことが各工程の局所最適化を防止している。つまり，生産工程間で醸成された一体感・忠誠心を背景として「かんばん」により，各工程が環境の変化やトラブルに対して自律的にかつ柔軟に対応し，最終工程に対して間接的な同期化を図るため，業務プロセスは，分権化していると位置づけることができる。

SCM (TOC) では，ITを積極的に活用することにより，実務担当者の主体的問題解決や水平的コーディネーション，さらに個の自律性を尊重する分権化された業務プロセスが形成されている。サプライチェーン全体に共有された目的・価値に基づく的確な水平的コーディネーションが行われるために，個の自律性を尊重しながら全体最適を目指すことが可能となるのである。つまり，JITシステムとSCMはともに個の自律性を尊重し，サプライチェーン内の構成組織・メンバーの能動的な問題解決や水平的コーディネーションを基本としている。そのため，両システムは，分権的な業務プロセスとして位置づけることができる。

また，MRPシステムについては，独立需要品目についてのみ人間がMPSを作成し，従属需要品目の生産計画はコンピュータによって自動的に作成される。言い換えれば，最終工程を持つ中核企業のセンターが全体最適の観点からMPSの作成を行う。このことから，MRPシステムではヒエラルキーの頂点に位置する生産統括部門が，現場の実行部門をコントロールする「垂直的ヒエラルキー・コントロール」に従った集権的な業務プロセスが構築されていることがわかる。さらに，MAPS-TOCも，MRPシステムにおけるMPSを作成するシステムであり，実際の手配・管理はMRPシステムが行うため，業務プロセスは集権的となる。

次に，低エントロピー源の集中化・分散化について考えてみると，JITシステムとMRPシステムはいずれも最終工程にすべての工程を合わせ込むため，「集中化された低エントロピー源」として位置づけることができる。これに対して，SCMはTOCを低エントロピー源としており，その意味から低エントロピー源は分散化している。なぜなら，TOCのロジックはボトルネックにすべての工程を合わせ込むというものであり，そのときの状況によって，異なる工程

がボトルネックとなるため,多くの工程が低エントロピー源となる可能性を秘めているからである。

MAPS-TOCは,「ボトルネック工程」と「最終工程」の両者に合わせ込むため,「二重の低エントロピー源」であるといえよう。しかし,その根底には,「TOCのジレンマ」の克服をめざす目的があり,「TOCのジレンマ」から発生するエントロピーを奪い取るという意義が存在する。したがって,ここでは,MAPS-TOCを,「分散化された低エントロピー源」として位置づけることにする。

以上のような観点から,本章では,図表7-2に示される「業務プロセスと低エントロピー源のC-Dフレームワーク」(山下[2005])について検討していくことにする。ただし,ここでいう「C-D」とは,Cが集中・集権(Centralization),Dが分散・分権(Decentralization)を意味する。すなわち,業務プロセスと低エントロピー源のそれぞれについて,集中・集権(C)と分散・分権(D)の組合せにより,上記の4システムを図示しようとするのである。

図表7-2により,JITシステム,MRPシステム,SCMといった,すべて「同期化」をめざす生産管理システムの類似点・相違点を,簡潔な形式で比較することができる。JITシステムとMRPシステムの類似点は「集中化された低エントロピー源」にあり,相違点は業務プロセスの分権性(JITシステム)と集権性(MRPシステム)にあることがわかる。また,SCMとJITシステム・MRPシステムとの間の相違点が,低エントロピー源の分散化(SCM)と集中化(JITシステ

図表7-2 生産計画における「業務プロセスと低エントロピー源のC-Dフレームワーク」

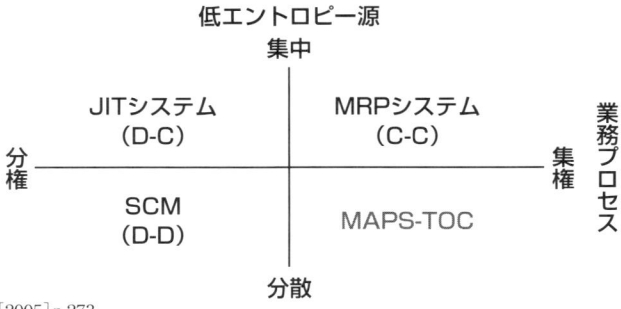

```
                        低エントロピー源
                            集中
                             │
              JITシステム    │    MRPシステム
                (D-C)       │      (C-C)          業
                            │                     務
       分権 ───────────────┼─────────────── 集権 プ
                            │                     ロ
                 SCM        │    MAPS-TOC         セ
                (D-D)       │                     ス
                             │
                            分散
```

出所:山下[2005]p.273。

ム・MRPシステム)にあり，SCMとJITシステムの類似点が個の自律性を前提とした「分権的な業務プロセス」にあることも理解される。

それと同時に，このフレームワークにより，TOCCの運用を実現したオートマティック・プランニング・システム(MAPS-TOC)の生産管理における特性についての把握を容易なものとしている。すなわち，JITシステム，MRPシステム，SCMといった現在の生産管理をリードするシステムがカバーしていない，集権的な業務プロセス(C)と分散化された低エントロピー源(D)の組合せ(C-D)に位置づけられるのである。

第10節 スマート・シンクロナイゼーションにおけるオートマティックTOCCプランニング

TOCCは，1つのサプライチェーンの制約条件ではなく，複数のサプライチェーンにおける制約条件を組合せることにより，TOCの持つ非ボトルネック工程の余力の問題を解決することを可能にしている。すなわち，複数のサプライチェーンにおいて，ボトルネックとなる品目を生産することにより，非ボトルネックとなる工程の余力を有効に活用することをめざし，サプライチェーンにおいて産出されるスループットを高める役割を果たしている。しかし，このTOCCに基づいて，スケジューリングを行う場合，ボトルネック工程が複数のサプライチェーン間で変動してしまうため，TOCの場合よりも，ボトルネックの把握とその影響の抑制がより難しくなってくる。つまり，TOCCのスケジューリングは，MRPシステムやTOCに比べて，スケジューリングに介在する複雑さ(エントロピー)が大きくなることを示している。

こうした問題に対して，筆者らは，オートマティクTOCCプランニング・システムMAPS-TOCを開発している。MAPS-TOCは，ボトルネックとなりうる従属需要品目の負荷を考慮したMPSをコンピュータがオートマティックに作成することを可能にする。すなわち，MAPS-TOCは，すべての工程をボトルネック工程と最終工程に同時に合わせ込むことにより，スケジューリング

第❼章　スマート・シンクロナイゼーションのためのオートマティックTOCCプラニング

に介在する複雑さをスマートに奪い取り，サプライチェーン全体のシンクロナイゼーションを達成したのである。このことから，MAPS-TOCは，「自動制御」，「コンピュータが組み込まれる」の点から，運用が困難なTOCCに対して，「スマート」な同期化を行っているといえよう。つまり，e-SCMの基本的なコンセプトである「スマート・シンクロナイゼーション」の概念と整合性のとれたシステムなのである。

参考文献

圓川隆夫［1998］「制約条件の理論が可能にするサプライチェーンの全体最適」，ダイヤモンド・ハーバード・ビジネス編集部編『サプライチェーン　理論と戦略』ダイヤモンド社。

西剛広・山下洋史・金子勝一・松田健［2004］「「分散化された低エントロピー源」としてのTOC」『第32回日本経営システム学会全国大会公演論文集』pp.51-54。

西剛広・佐藤正弘・折戸洋子・佐藤佑樹［2005］「MRPシステムとMAPS-TOC（TOCに基づく基準生産計画）の比較」『第33回日本経営システム学会全国研究発表大会講演論文集』pp.118-121。

山下洋史［1996］『人的資源管理の理論と実際』東京経済情報出版。

山下洋史［1999］『情報管理と経営工学』経林書房，pp.167-169。

山下洋史［2002a］「TOCに関する低エントロピー源フレームワーク」『第29回日本経営システム学会全国研究発表大会講演論文集』pp.51-54。

山下洋史［2002b］「ロット生産方式におけるTOCのジレンマ・モデル」『第29回日本経営システム学会全国研究発表大会講演論文集』pp.171-174。

山下洋史［2005］「生産管理における「業務プロセスと低エントロピー源のC-Dフレームワーク」」『明治大学社会科学研究所紀要』第43巻，第2号, pp.257-278。

第Ⅱ部：応用編

組合せ制約理論（TOCC）による スマート・シンクロナイゼーション

第8章

モジュラリゼーションとスマート・シンクロナイゼーション：自動車産業における動向

本章のねらい

① 本章は，モジュラー化戦略が顧客ニーズの多様化・変動に対応した大量生産体制を構築しつつ，システムの複雑性を削減することによってリードタイムを短縮し，コスト削減をめざす戦略であることを確認するものである。同時に顧客の需要変動に連動した製・販・購一体の体制が，チェーン全体の最適化・同期化をめざすサプライチェーン・マネジメントの構築をめざしている点で，「スマート・シンクロナイゼーション」の思想に従っていることを確認できる。

② 「製品アーキテクチャ」を，「製品システムの技術特性を分類するための1つの概念であり，製品全体の機能を各構成要素にどのように1対1ないしそれに近いシンプルな形で配分するのか，構成要素間のインターフェースをどのようにデザインするのか」に関する設計思想と捉え，その類型を「モジュラー型かインテグラル型か」，また「オープン型かクローズ型か」として理解する。

③ ドイツ自動車産業を例としてモジュール組立て生産方式の展開を理解し，同時にその展開過程におけるサプライヤー構造の階層化とモジュール・サプライヤーとの関係を生産管理の視点から剔抉する。

第1節　自動車産業におけるSCM戦略の展開

1．サプライヤー・システム

　1980年代後半以降，日本の自動車産業においてはサプライヤー・システムの変化がみられた。そこでは情報化の進展に伴い，メーカー・サプライヤー間の関係がメーカー側の情報化戦略の変化，すなわち「囲い込み型戦略」(groove-in strategy)から「協調型戦略」(collaborative strategy)へと徐々に移行することによって，より緩やかな企業間関係が生まれている。同産業ではVANなどを戦略的に駆使する「囲い込み型戦略」の駆使段階から，V-CALS(Vehicle-Commerce At Light Speed)，エクストラネットなどを戦略的に利用する協調型戦略の段階へと移行している。言い換えれば，80年代後半まで，グループ別または系列別に強化されてきた囲い込み型戦略が，経済のグローバル化・規制緩和・経済成長の停滞などの経営環境の変化への対応として情報システムの新たな変革が問われる中で，情報ネットワークを積極的に活用した「協調型戦略」へと移行してきたことを意味する。これらの動向は，SCMからe-SCMへの移行を端的に表すものである(文[2000])。

　このような動きの中で，トヨタの「トヨタ世界最適調達(TOYOTA Global Optimum Purchasing)」制度は最近の日本の自動車産業における企業間関係の変化を検討するための最適の対象となる。すなわち，トヨタ自動車が80年代まで，または90年代初頭まで形成してきた企業間関係の生成原理とは非常に異なる形態を実現するものとして位置づけられる[1]。90年代以降，経済のグローバル化，規制緩和，経済成長の停滞などという経営環境の急激な変化が生じ，これが従来まで形成されてきた企業間関係に衝撃を与え，各企業の環境への対応と方向選択に関する戦略的な変化が起こるようになった。これらの変化に加え，情報化の進展という技術環境の変化が，日本の自動車産業における企業間関係を堅い連結から，緩やかな連結へとシフトさせる役割を果たしてきた。

　トヨタ自動車は，「世界最適調達」を推進するため，世界中の購入部品のコス

ト競争力を比較分析できる「国際価格比較システム(Global Cost Comparison System)」，競争力ある新規サプライヤーや新規技術を発掘するための「新規サプライヤー・新技術発掘プログラム(New Supplier and New Technology Recruitment Program)」，世界で最高クラスの現行サプライヤーの競争力向上を支援する「現行サプライヤーへの改善支援プログラム(Reinforcement Program for Current Suppliers)」という三本柱の仕組みを構築した。このような世界からの最適部品調達の動きは，最近ではトヨタ以外に日本の主要自動車メーカーである日産・三菱・ホンダ・マツダにもみられる。この仕組みは，「複社発注政策」によって継続的な品質向上やコスト削減を日本の系列企業のみに要求した既存の部品調達システムの枠を維持した上で，進展した情報技術を利用して世界レベルでの広範な資源を活用する形態になっている(文[2000])。

このような動向はSCMからグローバルSCMへの移行の1つの具体的な事例として考えられる。

他方，韓国自動車産業では，90年代初頭，メーカーにおける情報システムの整備を契機として，メーカーとその1次サプライヤーとの間の情報ネットワークの構築が進んだ。こうした情報ネットワークの戦略的利用がJIT納入を大きく促進させており，ALC，LAN，VAN等の構築がシステム全体を統合する効果を持ち，その結果，部品在庫の削減などの面において短期のうちに相当大きな効果を上げてきた。しかし，情報ネットワークを利用したメーカーとサプライヤーとの間の関係がとりわけ「取引依存的」な水準にとどまっており，メーカーによるVAN形式の情報システム構築を通した「囲い込み型」戦略を強化する動きも見られる。

2．生産・販売ネットワーク

前述したように，SCMの発展の方向性はB to Bを中心に展開されたSCMから，最終消費者である顧客を含んだe-SCMへ進んでいる。このような動向は，自動車産業においてはメーカーとサプライヤー間の企業間ネットワークに加え，ディーラーも生産システムの1つの軸に取り組む生産・販売ネットワークという形で進行している。

生産・販売ネットワークに関する既存の概念として「生・販統合」[2]・「製販同盟」[3]・「製販統合」の3つの概念がしばしば取り上げられている。それらを考察することによって，より包括的かつ体系的な概念の必要性を認識することができる。これらの概念は，①生産活動領域においてメーカー・サプライヤー間の製造活動に必要な様々な取引関係以外に研究開発（R＆D）までをも含むこと，②製販同盟の現状にみられるような，より対称的な関係への新しい進行を包摂しうること，さらに③生産活動領域と販売活動領域を全体的に視野に入れた情報・意思決定の統合を評価しうることなどを意図している。すなわち，第1の「生・販統合」の概念は生産活動領域からのアプローチにおいては，より高度なフレキシビリティの達成という観点に重点をおいている。具体的には，自動車・鉄鋼・半導体産業を研究対象とし，産業間の差異を明らかにした岡本［1995］のものと，日本の自動車産業における企業間関係を普遍的なものとして考え，他の国への適用可能性を打診しながら，メーカーとディーラーとの間のコーディネーションについて取り扱った浅沼［1995］のものがある[4]。

　岡本［1995］は日本企業の生産システムのフレキシビリティがすぐれて競争力を有しているものと認識し，そのフレキシビリティが生産活動領域と販売活動領域との間のネットワーク・システムによってもたらされているという観点から議論を展開している。すなわち，生産における高度なフレキシビリティを達成するためには，①現代の巨大企業は大量生産システムを「多品種・多仕様」という条件を前提に組み込んでいかなければならないということと，②生産計画が生産過程での効率性を追求すると同時に需要動向を密接に反映しなければならないということの2つの経営上の矛盾が生じる。この2つの矛盾を克服するためには，見込み生産であっても在庫をゼロ（完全な見込み生産）にするか，受注生産であっても納期をゼロ（完全な受注生産）にするかの方法がある。しかし，現実にはこの2つの理念的な方法が常に実現するケースは稀であるため，「できるかぎり精度の高い予測に基づく生産計画を立てることによって実際の需要動向との乖離を小幅に押さえながら，計画時間と生産のリードタイムを図って需要動向に迅速な生産対応を可能にする」仕組みを求めなければならないという。このコンセプトは，実際に自動車産業においてOES（Order Entry

System)によって実現されているが，最近，その一層の発展に伴ってその効率性がより向上するようになった。このOESは生産活動領域と販売活動領域との間のネットワーク・システムを実現している典型的な例である。

第2節　自動車産業におけるアーキテクチャ

　一方，上述した自動車産業におけるSCMの展開とは別としてモジュール化によって効率化を追求する動きがみられる。しかし，このモジュール化という用語は製品や産業の特性によってその適用が非常に異なるため，自動車産業におけるモジュール化の展開について本格的に触れる前にその本来の意味について検討しておくことにしよう。モジュールを理解する上でコアとなる概念はアーキテクチャであるが，これは，本来，建築物，建築様式，建築学，構造，構成などの意味での建築分野において，またコンピュータ・システムの論理的構造全般のことやある立場の利用者からみたコンピュータの属性という意味としてのコンピュータ分野において最もよく使われている。しかし，近年では，このアーキテクチャの概念を用いた，既存の産業分類とは異なる，設計プロセスとそれが産業構造にいかなる影響を及ぼすのかに注目したアプローチが大きな関心を集めている(Baldwin and Clark[2000]，藤本ら[2001])。この製品・工程アーキテクチャの相異によって，産業ごとに問題やその解決策が異なりうるという考え方が「アーキテクチャ・ベースの産業論」である。これについては藤本らが1990年代末から21世紀初頭にかけて日本企業・産業悲観論が業種を問わずに画一的に支配していることに対して問題を提起し，産業別・製品別の個別の評価が必要であることからアーキテクチャ・ベースの産業論の必要性について強調している。

　アーキテクチャは基本的な産業の設計構想が「モジュラー型かインテグラル型か」，また「オープン型かクローズ型か」によって図表8-1のように4つの区分ができる。本章で取り上げる自動車産業は基本的な設計構想がクローズ・インテグラル型アーキテクチャを有するものであると考えられる。換言すれば，自

動車産業は機能と部品との関係が「機能群対部品群」という関係にあり，しかもモジュール間のインターフェース設計が基本的に1社内で閉鎖的に行われる傾向の強い産業であるといえる。

図表8-1　アーキテクチャの区分

	インテグラル	モジュラー
クローズ	自動車 オートバイ 小型家電	汎用コンピュータ 工作機械 レゴ（おもちゃ）
オープン		パソコン パッケージソフト 自転車

出所：藤本ら[2001]p.6。

　しかし，90年代以降自動車産業においてはその特性が上述した「クローズ・インテグラル型」であるという規定とは矛盾する動向，すなわち「機能と部品との関係が1対1に近い形態になっているため，各部品が自己完結的な機能を有する」モジュール（機能統合モジュール）化が進められているという興味深い動きがみられる。このモジュール化については製品アーキテクチャと製品開発プロセスとの適合関係に特に注目する傾向がある（Ulrich and Eppinger[1995]，藤本・安本[2000]）。ここでいう製品アーキテクチャとは「製品システムの技術特性を分類するための概念のうちの1つであり，製品全体の機能を各構成要素にどのように1対1ないしそれに近いシンプルな形で配分するのか，構成要素間のインターフェースをどのようにデザインするのか」に関する設計思想のことを意味する。次節では，このモジュール化の動向についてドイツの自動車産業を中心に考察する。

第3節　自動車産業のモジュラー化戦略とマス・カスタマイゼーション

　自動車メーカーは，近年，顧客のニーズの目まぐるしい変動と多様化という乗用車販売市場の構造的変化により，ますます多くの個性的な乗用車モデルと（エンジン・カラー・装備等の）多仕様・高品質の乗用車を迅速に市場に投入することが求められる一方，グローバルな規模での競争圧力により一層のコスト削減を実現する，という二律背反的な目標を同時に追求することが自社の競争力を向上させる上で不可欠となっている。特に多仕様な個性的なモデルの投入はこれまでにない「複雑性(complexity)」問題を発生させる[5]。複雑性とは，システム構成要素の相互依存性の高さであり，システム構成要素の数と各要素間の相互関係の強さの掛合せによって規定される。モジュール化はシステム複雑性の源泉である構成要素の数（要素間の関係数）をインターフェースの集約化と階層化を通して，また各要素間の相互依存性をインターフェースのルール化を通して削減しようとするものであり，この2つの戦略を統合するものが「モジュラー化」と呼ばれる（藤本ら[2001] p.34）。

　自動車のモジュラー化(modularisation)は，図表8-2に示すように，自動車という製品をモジュール(module)という単位に分解するとともに，さらにこれをサブシステムに分解することによって階層化するとともに，インターフェースを集約化することで複雑性の削減をめざす戦略である。さらにこのインターフェースのルール化を通して，モジュール間の相互関係に関わる問題を事前に解決して相互依存関係を低減しようとする戦略でもある。ピラーとヴァリンガーによれば，「モジュラー化は，製品多様性を創出するために互換性のある単位を使用すること(the use of interchangeable units to create product variants)を説明するものである。この交換可能な部品はモジュール部品と呼ばれる。……その際，最適なケースではもっぱら同一部品が使用される。つまり，このある製品システムの構成要素が，その生産が標準化されているにもかかわらず，変更

図表8-2 インテグラル型製品構造とモジュラー型製品構造

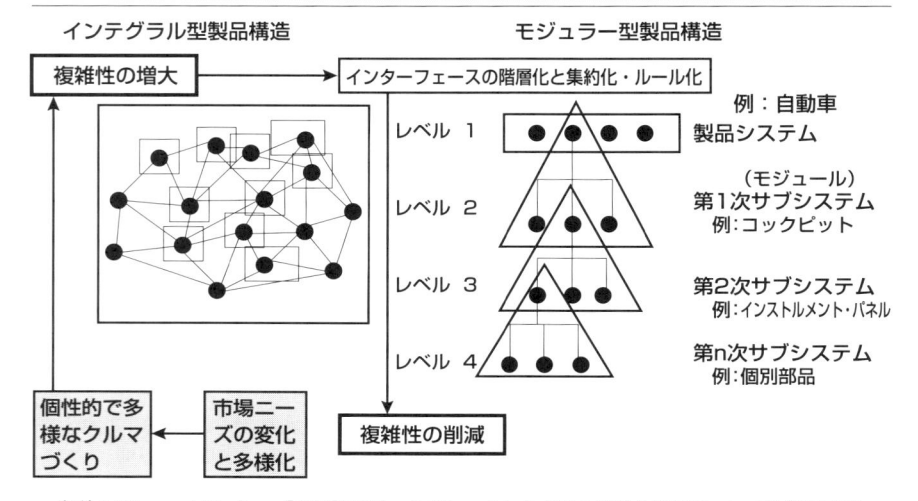

インテグラル型製品構造　　　モジュラー型製品構造

複雑性の増大　→　インターフェースの階層化と集約化・ルール化

レベル1　製品システム　例：自動車
レベル2　第1次サブシステム（モジュール）　例：コックピット
レベル3　第2次サブシステム　例：インストルメント・パネル
レベル4　第n次サブシステム　例：個別部品

個性的で多様なクルマづくり　←　市場ニーズの変化と多様化　→　複雑性の削減

出所：Piller and Waringer［1999］S.39.）。ただし，インテグラル型製品構造については筆者作成。

なしに多数の異なる最終製品に使用されうる（交換可能性）」[6]（Piller and Waringer［1999］S.37f.）。この場合，モジュール部品は組立ての観点から区分可能な，組付けの完了した単位であり，その構成要素は物理的に相互に結びつけられているのであって，その要素が必ずしも物理的に関連づけられない機能単位への様々なモジュール部品の統合と理解されるシステム部品（例えば，エアコン・システム）とは異なる。

　Piller and Waringer［1999］は，モジュラー化の利点として，以下の6点をあげている。すなわち，①モジュラー型製品構造は比較的少数の部品を組合わせることによって比較的多数のヴァリエーションを持つ自動車を製造することを可能にする，②インターフェースの集約化と統一化によりモジュール部品を相互に独立して開発し，製造し，テストすることが可能となる，③個々のモジュール部品の構成部品を標準化することによって規模の経済性を達成する一方，モジュール部品のレベルで多仕様性を実現する（図表8-3を参照），④モジュラー型構造は最終組立て部門の複雑性を削減し，作業の標準化を促進し，生産システムの複雑性（制御・攪乱脆弱性など）を減少させる，⑤製品の差異化を生産過

第❽章　モジュラリゼーションとスマート・シンクロナイゼーション

図表8-3　モジュール部品の多重利用

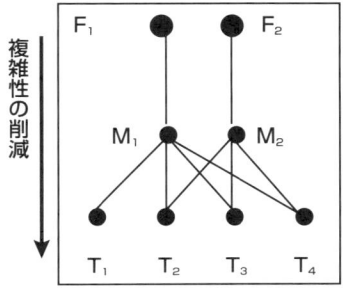

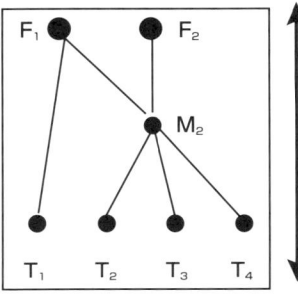

```
複雑性の削減 ↓

[左図]  F₁    F₂          [右図]  F₁    F₂
         M₁   M₂                    M₂
       T₁ T₂ T₃ T₄              T₁ T₂ T₃ T₄
```

↑ 範囲の経済性　多仕様化　個性化

↓ 標準化　規模の経済性

Fn：車両のタイプ　Mn：モジュール部品　Tn：サブモジュールないし部品

出所：Piller and Waringer[1999]S.76.

程のより後の時点に移転させることができ，これにより，標準モジュールの製造にあたって規模の経済性を実現し，また受注に依存しない事前生産と構成部品の並行生産によりリードタイムを短縮することができる，⑥モジュラー・ソーシングによって固定費を低下させ，フレキシビリティを高め，そしてサプライヤーのノウハウを活用することができる[7]（Piller and Waringer [1999]S.74ff.）。

　こうして，モジュラー化戦略の狙いは，「絶えず個性的になる顧客のニーズを満足させながら，絶えず増大する価格引下げ・競争圧力に打ち勝とうとすることにある。『小ロット生産のように個性的に（individuell），大ロット生産のように効率的に製造すること，そして決して規模の経済性を放棄しないこと』，これが目標となる」（Piller and Waringer[1999]S.152.）。この意味で，自動車のモジュラー化構想は，標準的な量産品の価格で個々の顧客ニーズに適合させた製品を生産するという，（メーカーが事前に設定する一定の範囲内ではあるにせよ）個々の個性的な顧客に対応した大量注文生産，マス・カスタマイゼーション（mass customization）をめざす製品・工程革新とみなすことができる（Piller and Waringer[1999]S.155.）。

第4節　ドイツ自動車産業におけるモジュール組立て生産方式の展開

　しかし，すでにドイツの自動車メーカー各社は，1980年代に最終組立て部門の近代化を押し進める過程で，マイクロ・エレクトロニクス(ME)自動化技術の投入による生産システムの技術的フレキシビリティの実現をめざすと同時に，労働組合の「労働の人間化(die Humanisierung der Arbeit)」要求の高まりにも応えて，ドアやコックピット，フロントエンドといった複合集成部品の組立てを行うサブ・アッセンブリー・ライン(事前組立て部門)をメイン組立てラインから分離・自立化させてきた。例えば，1983年に稼動を開始した第2世代のVW「Golf」の本社工場・ホール54では最終組立ての自動化率25％と高い自動化率を実現することになったが，ここでは14のサブ・アッシー・ラインがメイン・ラインから切り離されていた。このサブ・アッシー・ラインに大量のME自動化技術が導入されるとともに，そこでの多くの作業組織では「流れ作業方式」が廃止され，「集団作業方式」が導入されていたのであり，これは当時「モジュール組立て生産」方式と呼ばれていた(図表8-4を参照)。当時，この「モジュール組立て生産」方式の長所として，①モジュール部品の組付け作業がより効率的・より人間的になること(ライン・バランシング問題の改善・静止組立て作業の導入・サイクルタイムの拡大)，②メイン組立てラインでの車内部の組付け作業がより接近しやすくなり，より簡単に行われること(人間工学的改善)，③組立て自動化の前提条件の創出等があげられていた(風間[2004] pp.70-74)。

　しかし，1990年代に入ると，こうした80年代の「近代化」政策は，あまりにコストが掛かりすぎることや「自動化のための自動化」といった「過剰技術化」への反省あるいはME自動化技術の撹乱脆弱性といった問題，さらにはグローバルな競争激化による一層のコスト削減の必要性から全面的に見直されるところとなった。特に，決定的であったのは，1990年代初頭にドイツの自動車産業において「合理化のバイブル」とまでいわれるようになった，国際自動車研究プ

第❽章　モジュラリゼーションとスマート・シンクロナイゼーション

図表 8-4　1980年代のモジュール組立て生産方式の導入

①1970年代までの最終組立てライン

②1980年代におけるモジュール組立てライン

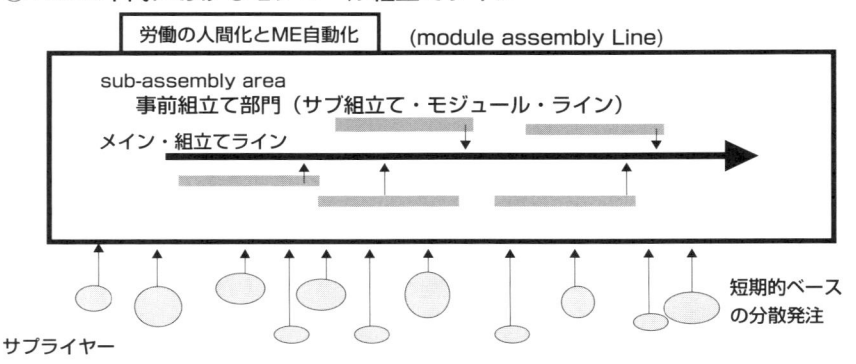

労働の人間化とME自動化　　（module assembly Line）

sub-assembly area
事前組立て部門（サブ組立て・モジュール・ライン）

メイン・組立てライン

短期的ベースの分散発注

サプライヤー

出所：筆者作成。

ログラム（IMVP）の報告書「リーン生産方式（Lean Production）」論であった[8]。ドイツの自動車メーカー各社は，こぞってこの「リーン生産方式」を徹底的に学習して，これを自社に導入することが国際競争を生き残る上で不可欠とみなされるまでになっていた。特にドイツの自動車メーカーにとって「高品質・差別化」という従来のモノづくりを維持しつつ，その「高コスト体質」を是正することが大きな課題となった。

この時期，ドイツの民族系主要自動車メーカー（VW・BMW・当時のダイムラー・ベンツ）は，一方でクロス・ボーダー型M&Aを通して，他方で新しい生産拠点の海外展開を通して経営のグローバル化を推し進めることになったが，特にこの新設海外事業拠点を「リーン生産方式」導入の「実験室」と位置づけ，大胆な生産システムの革新を試みていった（風間［2002］p.36）。

第5節 マルチ・ブランド化戦略とモジュール化戦略の展開

　ドイツの自動車メーカーは，1990年代半ば以降，積極的なクロス・ボーダー型のM&A戦略のもとで「マルチ・ブランド化戦略」を推進するところとなった。

　例えば，VWはすでにそれまでにドイツ国内ではAudi，スペインの国営メーカーであったSEATをグループ傘下に組入れていたが，90年代に入ってチェコの国営大衆自動車メーカーŠkodaを買収するとともに，Lamborghini（伊）やBentley（英），Bugatti（仏）といったプレミアム・ブランドを取得することになった（風間[2002]pp.28-31）。

図表8-5　VWグループのプラットフォーム共有化戦略とモデル展開

プラットフォーム	VW	Audi	SEAT	Škoda	その他	生産実績（千台）
D	フェートン（02）	A8（02）	—	—	ベントレーコンチネンタルGT（03）	12
B/B+	パサート（96） シャラン（95）	A6（97） A4（00）	アルハンブラ（96→X）	スパーブ（01）		795(B) 186(B+)
A	ゴルフ（03） ボーラ（03） トゥーラン（03） ニュービートル（98）	A3（03） TT（98）	レオン（98） トレド（98） サラサ（03） タンゴ（04）	オクタビア（03）	PQ35プラットフォームに変更	1717
A0	ポロ（01）	A2（00）	イビザ（02） コルドバ（02）	ファビア（99）	PQ24プラットフォームに変更	985
A00	ルポ（98→X）		アローザ（97）		いずれかのブランドで新モデルを開発	105
SUV	トゥアレグ（02）	マゲラン（05）				

注１）VMグループは，90年代半ばに17の量産プラットフォームを2000年までに4つに削減。
注２）Xは廃止予定：生産実績は2001年。
出所：『Fourin2003・2004　欧州自動車産業』109・114頁より筆者作成。

　こうしたグループの拡大により，何よりも商品力の強化と高コスト体質の是正がこの時期大きな課題と認識されるようになった。そこで，自動車の車体の

基本構造を成すプラットフォーム（車台）を「基本モジュール（Basismodul）」として捉えた上で，この基本モジュールの数を大幅に簡素化し（「プラットフォームの共有化」），この基本モジュールをベースにしてデザインを変えた複数の新しいモデルないし後継モデルを開発・生産し，さらにこの基本モジュールである（開発工数・コストの約 6 割を占める）プラットフォームをベースとして，各種モジュール（こうした代表的なモジュールとして，フロントエンド，コックピット，ルーフ，ドアなどの各種モジュールが知られている）のインターフェースを簡素化・統一することによって，このモジュールの様々なモデルへの組付けを可能とすることがめざされるところとなった。しかもインターフェースを集約化し，統一化しておけば，各モジュールの独立性が確保されるためにモジュール内での仕様の多様性が実現されることになる。

　例えば，VW グループではそれまで 17 あったプラットフォームは 4 つに集約されることになった。このうち，最も量産性の高い A プラットフォームで 11 のモデルが投入されており，2001 年には 172 万台の生産実績を上げ，このプラットフォームの共有化によるマルチ・ブランド戦略は，1990 年代における VW グループの躍進の大きな原動力になった。しかし，近年では，このモジュラー化戦略のマイナス面が顕在化しているともいわれている。特にブランド間での共食い状態（cannibalization）が深刻化しており，ブランド・アイデンティティの確立ないし個別ブランド力の強化（差異化）を図るかが極めて重要な課題となっている。そこで最近では，車両サイズが異なっても共通使用が可能な部品をモジュール化・共通化（アクスル，ブレーキシステム，ドア・ロックシステム，エンジン，変速機，エレクトロニクス・システム，燃料システム，シート，コックピット他）に焦点が移行しており，この部品モジュール化率を高めることで一層のコスト削減が目指されている（FOURIN［2004］p.296）。

第6節 サプライヤー構造の階層化とモジュール・サプライヤー

　1990年代半ば以降，ドイツ自動車産業において進展したモジュール化で見逃すことのできない点は，完成車メーカーにとって戦略的意義を有するコアな開発・製造能力（デザイン，パワートレイン，排ガス技術等）は内部化しつつ，その中核能力に属さない部分は，外部の（乗用車開発の早い段階で開発に参加し，広範な設計・サービス機能を引き受け，組付けと検査の済んだ完成モジュールを納入する）「モジュール・サプライヤー」と呼ばれる巨大サプライヤーにアウト・ソーシングする動きが顕在化したことであった。つまり，1980年代において自社の事前組立て部門において組み付けられていたモジュール生産工程を外部のサプライヤーに移管する動きがこれである。この場合，モジュール・サプライヤーにはこれまでのシステム・ユニット部品と比べ，はるかに幅広い技術・ノウハウを統合する開発力が求められる[9]とともに，メーカーの海外事業展開とともに同時に進行する海外展開の必要性から大きな資本力も求められるところとなった。この時期，欧州のサプライヤーを中心としたM&Aにより「メガ・サプライヤー」と呼ばれる巨大サプライヤーが出現するようになったのもこうしたモジュラー化の動向と結びついている。その結果，ドイツ自動車産業のサプライヤー構造は，図表8-6に示されるような階層構造化が進行することになった。

　こうしたモジュール・サプライヤーの活用は，何よりも自動車メーカー側にとって，消費者ニーズの多様化に伴い，ますます高まる複雑性コストの削減をめざすものであり，これによる開発コスト・開発時間の短縮，組立て時間の短縮と生産性向上，モジュール部品調達コストの削減（部品点数の削減・部品共有化），設備投資の節約等がめざされている。メーカーにとって，このモジュール・ソーシングによって，約20％強のコスト削減が可能といわれている。この場合，原材料・製造コストの15％削減，在庫コストの80％削減，輸送コス

第❽章　モジュラリゼーションとスマート・シンクロナイゼーション

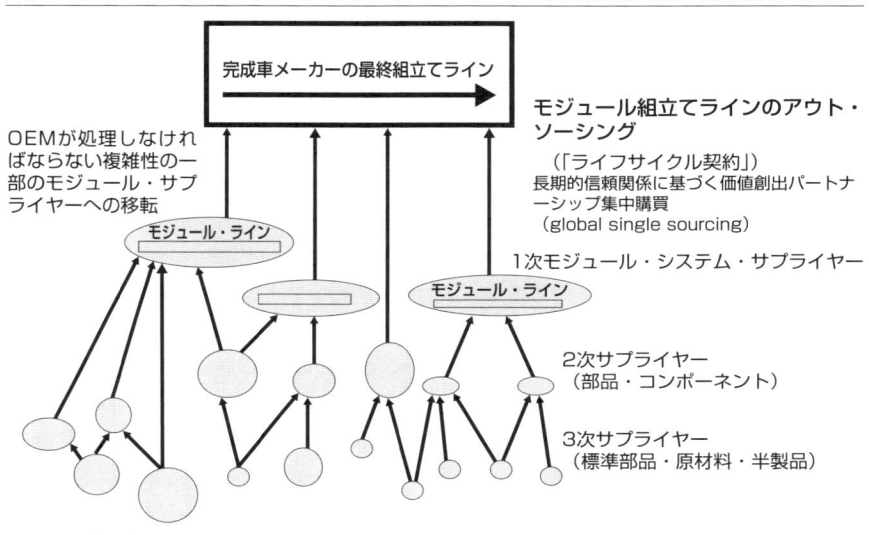

図表 8-6　モジュール・ソーシングとサプライヤー構造の階層化

（完成車メーカーの最終組立てライン）

OEMが処理しなければならない複雑性の一部のモジュール・サプライヤーへの移転

モジュール組立てラインのアウト・ソーシング
（「ライフサイクル契約」）
長期的信頼関係に基づく価値創出パートナーシップ集中購買
（global single sourcing）

1次モジュール・システム・サプライヤー

2次サプライヤー
（部品・コンポーネント）

3次サプライヤー
（標準部品・原材料・半製品）

出所：筆者作成。

トの15％削減そして品質保証・ロジスティックス・コストの50％削減が期待されている（Piller and Waringer［1999］S.127.）。

　この場合，モジュール・サプライヤーは，メーカーとの間で開発・生産面で密接な調整・協力・広範な情報共有が求められ，「価値創出パートナー」として長期的協調関係が強調されることになる。そこでは一社発注（single-sourcing）というだけではなく，当該製品使用期間内の供給・品質保証契約（「ライフサイクル契約」）が締結されることになる（Marc Eisenbarth［2003］S.53f.）。さらに大型モジュール部品を完成車メーカーにJITないしジャスト・イン・シーケンス供給するために，ドイツ国内では「インダストリー・パーク方式」（複数のモジュール・サプライヤーがメーカーの工場に近接する場所に集まって工業団地を形成し，JIT供給する方式），海外では「インハウス方式」（モジュール・サプライヤーがメーカーの最終組立てラインに直結する形で完成車メーカーの建屋内に組立てラインを設置する方式）を採用するケースが増えている（Jürgens［2002］pp.15-17および風間［2004］pp.81-83）。

第7節　モジュラリゼーションとスマート・シンクロナイゼーション

　すでに自動車の大量生産システムを最初に生み出したフォード・システム以来，生産の同期化（synchronization）は大量生産体制を構築する上で最も重要な戦略的課題とされてきたのであり，フォードはその実現のために製品の単純化・部品の規格化さらにはベルト・コンベア方式を編み出し，また「リバー・ルージュ工場」に象徴されるように，その総合的同期化のために垂直一貫の巨大工場を立ち上げたことで知られている。しかし，1970年代以降，市場のニーズの多様化や目まぐるしい変動に対して，その量産システムの「硬直性」が指摘されて以来，フレキシブル大量生産体制の構築が大きな課題と認識されるようになっていた。当初，ドイツの自動車メーカーは，このフレキシブル大量生産体制構築にあたって，産業用ロボットに代表されるME技術やCIM（Computer-Integrated Manufacturing）によるシステム・フレキシビリティの実現をめざしていた。しかし，この新技術によるフレキシビリティの実現にはシステムの複雑性を削減するという視点はなく，そのままその高い複雑性を処理しようとする結果，ますます工程・制御複雑性を高める結果ともなった（Piller and Waringer[1999]S.27f.）。

　これに対して，モジュラー化戦略は，システムの階層化・インターフェースの集約化およびインターフェースの統一化を通して何よりも製品レベルと工程レベルでの複雑性の削減を指向するものであった。同時に，モジュール・サプライヤーの活用により複雑性処理の一部を外部のサプライヤーに委ねることをめざしている。

　こうして，モジュラー化戦略は，顧客ニーズの多様化・変動に対応した大量生産体制の構築をめざすものであり，システムの複雑性を削減することによって，そのリードタイムを短縮し，コスト削減をめざす戦略であり，しかも顧客の需要変動に連動した製・販・購一体の体制，すなわち部品調達から製造，物

流，販売チェーン全体の最適化・同期化をめざすサプライチェーン・マネジメントの構築をめざしている点で，その「同期化」は「スマート・シンクロナイゼーション」と呼ぶことができる。

注

1) トヨタ自動車ホームページ(http：www//toyota.co.jp/Tomorrow/Tomorrow-j/newplan-j.html)。
2) 日本の自動車メーカーの生産・販売統合システムを1990年代前半のものと1994年以降構築されているものとを比較した論文が岡本［1997］である。
3) Anderson and Narus［1990］p.40.ならびに伊藤［1995］pp.15-34。
4) 浅沼［1995］は生・販統合とは異なる生産と流通のコーディネーショという用語を使っている。
5) 自動車産業における多仕様の個性的な車がいかに複雑性を高めるかについては，Piller and Waringer［1999］に詳しい(S.18ff.)。例えば，ポルシェは700種類のドア艤装オプションを持ち，アウディのA4には1,200種類のバンパーが用意され，ボッシュは約820種類のワイパー・プレートを供給している。こうした多仕様性は部品の多様性を必然化させ，これによって複雑性は高められる。それ以外にサプライヤーの多様性，製品・工程革新，生産システム等によって生まれる複雑性について検討が行われている。
6) しかし，藤本等によれば，製品・工程のアーキテクチャとしては，自動車は，パソコンや自転車に代表されるオープン・モジュラー(「組み合わせ」)型ではなく，クローズド・インテグラル(「擦り合わせ」)型製品とされる。一方，製品全体は，アーキテクチャのタイプの異なる部品の混成体であることが多く，例えば，藤本によれば，「バッテリーはモジュラー性／オープン性が高くインターフェースも標準化しているが，サスペンションは他の部品と相互依存的で，インターフェースも複雑である」(藤本ら［2001］p.7)ともいわれる。
7) 他方で，モジュール化は，以下のような短所も有する。すなわち，モジュラー型製品は統合型製品に比べ，インターフェースのルール化が極めて難しく，時間も費用も努力を要する，第2に過剰設計と硬直的なアーキテクチャの危険を持つ，第3に，モジュール部品が標準化され，様々なモデルに投入される結果，どの車も似てくるという危険が高まる(この点でモジュール化によって可能となる標準化は人の目に触れないモジュールに限定される)，第4にモジュラー化によるオープンなインターフェースにより簡単にリバース・エンジニアリングを通じて競争相手に模倣される危険が高まる，以上の点である(Piller and Waringer［1999］S.82ff.)。
8) ウォマックたちは，日本のトヨタ生産方式をベースとした「リーン生産方式」こそ，フォード・システム以来の古典的な大量生産システムに取って代わる次世代生産システム

であり,「唯一最善の方法」(one best way)であると主張した(ルース・ウォマック・ジョーンズ[1990]p.108,p.317)。
9) 例えば，主要モジュールの1つであるフロントエンド・モジュールについて，その構成部品はヘッドランプ，バンパー，ラジエーター，空冷インタークーラー，空冷オイルクーラー，ラジエーターコアサポートなどから構成されており，こうした幅広い技術を保持していないと供給できない。その際，モジュール・サプライヤーは，部品点数の削減・軽量化，コスト削減と並んで，組立て性と易解体性との両立がめざされている。上記はカルソニックカンセイのHP(http://www.calsonickansei.co.jp/products/fe_module.htm)を参照した。

参考文献

オルダースン, W.(石原武政・風呂勉・光澤滋朗・田村正紀訳[1984]『マーケティング行動と経営者行為』千倉書房).

Anderson, J. C. and Narus, J. A.[1990]A Model of Distributor Firm and Manufacturer Firm Working Partnerships, *Journal of Marketing*, Vol. 54, January,pp. 42-58.

青木昌彦・安藤晴彦編[2002]『モジュール化―新しい産業アーキテクチャの本質』東洋経済新報社。

浅沼萬里[1995]「グローバル化の途次にある企業間ネットワークの中での生産と流通のコーディネーション」，青木昌彦・ロナルド・ドーア編『システムとしての日本企業』NTT出版。

Baldwin, C. Y. and Clark, K. B.[2000]*Design Rules : The Power of Modularity*, MIT Press (安藤晴彦訳[2004]『デザイン・ルール』東洋経済新報社).

Eisenbarth, M.[2003]*Erfolgsfaktorendes Supply Chain Managements in der Automobilindustrie*, Peter Lang.

FOURIN[2004]『世界自動車年鑑 2005』。

藤本隆宏・武石彰・青島矢一編[2001]『ビジネス・アーキテクチャ』有斐閣。

藤本隆宏・安本雅典編[2000]『成功する製品開発：産業間比較の視点』有斐閣。

藤本隆宏[2003]『能力構築競争―日本の自動車産業はなぜ強いか―』中公新書。

藤本隆宏[2004]『日本のもの造り哲学』日本経済新聞社。

伊藤友章[1995]「製販同盟とマーケティングチャネルにおける組織間関係の検討」『商学研究論集』明治大学大学院商学研究科，第4号，pp.15-34。

Jurgens, U.[2002]Characteristics of the European Automotive System is there a distinctive European approach?, t*he tenth GERPISA International Colloquim*, 2002.

風間信隆[2002]「ドイツ乗用車メーカーのグローバル化戦略の展開と生産システムの革新」『明大商学論叢』第84巻，第2号，pp.23-50。

風間信隆[2004]「ドイツ自動車産業におけるフレキシブル合理化とモジュール化」『明治大

学社会科学研究所『紀要』第43巻，第1号，pp.63-87。
文載皓［2000］『情報化による企業間関係の変化―日韓の自動車産業を中心に』博士学位請求論文。
岡本博公［1997］「生産・販売統合システムの発展」『日本経営学会誌』創刊号，pp.48-56。
岡本博公［1995］『現代企業の生・販統合―自動車・鉄鋼・半導体企業―』新評論。
Piller, F.T. and Waringer,D.［1999］*Moduraisierung in der Automobilindustrie ? neue Formen und Prinzipien*, Shaker Verlag.
ルース・D.，ウォマック・J.，ジョーンズ・D（沢田博訳）［1990］『リーン生産方式が世界の自動車産業をこう変える』経済界。
Ulrich, K. T. and Steven D. E.［1995］*Product Design and Development*, McGrarw-Hill.

第9章 カスタマー・オリエンテッド SCM

本章のねらい

① TOCCにおける制約条件の1つである「顧客(消費者)の動向」について3つの視点から理解する。それは，カスタマー・オリエンテッドSCMの骨格を理解することでもある。

② 伝統的に企業・消費者間の取引を扱ってきたマーケティングの視点から，e-SCMと消費者の接点を理解する。マーケティングの態様に応じた消費者情報の取り込みがその特性に基づいて検討される。そして，最終的には，消費者の可能性と限界にもふれ，インターネット上の消費者行動の解明，購買支援の必要性が指摘される。

③ インターネット上の消費者の購買行動の特徴を把握する。インターネット上の購買行動は目的志向型行動と経験志向型行動に大別され，目的志向型行動においては，ネット上での支援の枠組みとして，アソートメント，パーソナライゼーション，カスタマイゼーションという3つの段階によって整理される。経験志向型行動の情緒的側面についてもふれられる。

④ 消費者起点のECのあり方について理解を深める。ECビジネスのトリガーは消費者がインターネット上で欲しいものを探索している購買要求であり，企業はその購買要求をセンスし，e-SCMを介して迅速に対応していかなければならない。消費者の要求と企業側の対応，これを人間に代わってスマートに取り扱うエージェントモデルが考察される。

第1節　eマーケティングとカスタマー・オリエンテッドSCM

　SCMは，製品・サービスの流れの最終地点に位置する消費者の情報を取り込むことによってe-SCMへと概念的に拡張される。言い換えれば，e-SCMは消費者起点もしくは消費者志向のサプライチェーンを構築するものといえ，そこでは消費者情報が企業間を駆け巡り，eサプライチェーンの最適化が図られる。しかし，こうしたe-SCMの起点としての消費者は，一方でe-SCMにおける制約条件ともなる。したがって，e-SCMの展開には，より円滑な消費者情報の取り込みが望まれる。

1．マーケティングと消費者

　マーケティング研究の対象は，企業・消費者間の取引であり，両者は，典型的には製品・市場関係として置き換えられる。すなわち，製品は企業活動の総体であり，消費者集合としての市場との適合関係にこそマーケティングの最大の関心がある。したがって，マネジメントとしてマーケティングをみれば，その活動対象はまさに市場であり消費者にある。

　それでは，マーケティングは活動対象としての消費者をどのようにみてきたか。それは，マーケティング・パラダイム・シフトにおける刺激／反応パラダイム—交換パラダイム—関係性パラダイムという変化から読み取ることができる（嶋口［1994］pp.175-180）。まず，刺激／反応パラダイムでは，消費者はいわばブラック・ボックスとして理解されており，単なるマーケティング刺激の対象であった。そして，交換パラダイムでは，消費者は対価交換の相手として理解されたが，それは，あくまで短期的・不安的なものでしかなかった。しかし，関係性パラダイムでは，マーケティングは消費者をパートナーとしてみており，そこでは長期的・安定的な関係が求められている。そして，今日のマーケティングにおける中心課題は，この関係性パラダイムに基づいた企業・消費者間関

係の構築(創造・適応, 維持)にある。

一方, 最近の情報化の進展は, この企業・消費者間関係に新たな局面を生んだ。それは, インターネット上の企業・消費者間関係である。したがって, 関係性パラダイムに基づいた企業・消費者間関係の構築もこの点を踏まえる必要がある。つまり, 情報化の進展はeマーケティングによるe消費者へのアプローチという新たな舞台をマーケティングに与えたのである。そして, 前章までのe-SCMの議論は, 当然ながら, このインターネット上の企業と消費者を念頭においており, 本章も同じ視点にたっている。

2. eマーケティングとその特徴
(1) eマーケティングとは

eマーケティングは, これまでのマーケティングの方法とパラダイムを革新する新しいマーケティングである。今日, インターネットを利用した新しいマーケティング手法が生まれ, また, マーケティング・パラダイムも大きく変化した。しかし, こうした方法とパラダイムの革新は相互に関連している。すなわち, マーケティングは情報技術の進展によって個としての消費者へのアプローチを可能とし, ワン・トゥ・ワン・マーケティングの世界を生んだ。それは, これまでのマス・マーケティングと対峙されるように一種のパラダイム革新でもある。一方, 関係性マーケティングは, 消費者との良好で長期的な関係の構築を意図しており, それはインターネットをはじめとする様々な情報技術に大きく依存している。このように, eマーケティングは相互に関連した方法とパラダイムの革新をともに含むものといえる。

(2) eマーケティングの特徴

それでは, eマーケティングはどのような特徴を持っているのか。ここでは, 次のような4つの視点からこれをみていく。

① 戦略レベル

eマーケティングは消費者との接点からすべてのマーケティングを起動させる。したがって, 対内的には, まず, 製品・ブランドレベルのマ

ーケティングとの関わりからはじまり，事業レベル，企業レベルへとボトムアップされていく。そして，対外的な企業間レベルの戦略をも規定していく。
② 企業・消費者間インターフェイス

eマーケティングは，これまでのようにPOS情報に限定されることなく，時空間の制限を超え，何時でも何処でも可能なツーウェイ・コミュニケーションによって得られた情報をもとに展開される。その意味において，消費者とのインターフェイスはきわだって拡大した。
③ 効果・効率

効果は消費者との適合性を，また，効率はインプットとアウトプットの関係を意味する。消費者とのインターフェイスの拡大は，変化へのアジルな適応を可能とし，eマーケティングにおける効果と効率をさらに促進する。
④ 創造・適応，維持

マーケティングの本質的機能は，潜在ニーズに対する創造，顕在ニーズに対する適応，そして，維持にある。したがって，eマーケティングにおいては，拡大された消費者とのインターフェイスにおいてこれらの機能が適切に全うされることになる。

そして，以上みてきたeマーケティングの特性は，e-SCMとも関連している。なぜなら，対外的な企業間(B to B)レベルの戦略は，eサプライチェーンとしての戦略に結びつき，インターフェイスの拡大は企業・消費者間だけではなく，企業間においても発生しているからである。また，効果・効率の同時的追求，創造・適応，維持といったマーケティングの本質的機能の遂行は，個別企業の枠を超えたeサプライチェーン全体の問題として昇華されていくからである。

3．eマーケティングのタイム・プロセスとe-SCM

マーケティング主体は個別企業にある。しかし，eサプライチェーンの内実はB to B&Cであり，生産財流通および消費財流通の視点からすれば，それは

垂直的流通システムである。したがって，個別システムとしてのeサプライチェーンもマーケティング主体としてみなすことができ，消費者情報の取り込みは，いわば，企業(eサプライチェーン・システム)が，どのように消費者(B to B&CのC)に関する情報を取り込むかの問題となる。さらに，こうした個別主体の観点にたてば，ある企業にとっての消費者は，個別的ということで顧客と表現されることが適切であり，以下，両者を必要に応じ使い分けることにする。また，消費者情報については，その特性に留意する必要がある。すなわち，ワンウェイ・コミュニケーションから生まれるPOS情報は，その定量性に特徴があるが，消費者とのツーウェイ・コミュニケーションから生まれる情報は，定量的なものより，むしろ，定性的な情報が多くなる。そこで以下，定量的な情報を無機的情報，定性的な情報を有機的情報と呼ぶことにする。そして，これら2つの情報は，TOCCに対する制約条件ということでいえば，無機的情報はすぐさまeサプライチェーンに反映できることから制約度は低い。一方，有機的情報はその限りではなく，何らかの処理が必要ということになる。いずれにせよ，カスタマー・オリエンテッドe-SCMとして本節が扱うのは，eサプライチェーン(B to B&C)のBではなくCに対するカスタマー・オリエンテッドなものとする。

　さて，一般に，企業・消費者間の取引プロセスは，探索─交渉─締結からなる。しかし，締結時を中心とすれば，その前後が同等に扱われなくてはならない。そして，これまで述べてきた消費者とのインターフェイスの拡大とは，まさに締結時前後への時間的・空間的拡大を意味している。したがって，これをタイム・プロセスで表せば，企業・消費者間関係はビフォア→オンタイム→アフターからなる[1]。すなわち，eマーケティングは，これら3つのタイム・ステージごとに存在し，それらは相互関連的である。そこで，このタイム・プロセスの視点からみたeマーケティングをe-SCMとの関わりから明らかにする。

(1) ビフォア・ステージのeマーケティングとe-SCM

　このステージでは，マーケティングの本質的機能のうち，創造・適応機能が遂行される。企業は，インターネット上の広告を通じて消費者の潜在ニーズを

掘り起こし，市場を創造することができ，また，消費者からのオーダーを無機的情報としてインターネット上で受けとり，顕在ニーズに適応することができる。一方，これらワンウェイ・コミュニケーションではなく，インターネットの双方向性を活かしたツーウェイ・コミュニケーションによる企業と消費者のコラボレーティブな関係の中で，例えば製品開発を共同で行うことも可能であり，この場合は創造と適応が一体化されて遂行される。そして，こうした企業・消費者間のツーウェイ・コミュニケーションから生まれた情報は，無機的情報，有機的情報としてeサプライチェーンに取り込まれる。

(2) オンタイム・ステージのeマーケティングとe-SCM

オンタイム・ステージは締結時を指しており，マーケティングの適応機能が遂行される。締結データは，いわばPOS情報であり，無機的情報としてeサプライチェーンに取り込まれる。したがって，このステージでは，適応以外の機能を遂行する余地は極めて少ない。なお，これまでのサプライチェーンは，このステージで得られる無機的情報を中心に組み立てられたが，eサプライチェーンはそれをはるかに超えるものといえる。

(3) アフター・ステージのeマーケティングとe-SCM

創造・適応機能によって生まれた企業・消費者間関係は，関係性パラダイムでいう顧客との長期的な関係の維持にその焦点が移っていく。また，この顧客維持が注目されるのは，景気が低迷し，新規顧客の開拓が難しくなっていることに加え，新規顧客の開拓コストより既存顧客の維持コストの方が低いからでもある。すなわち，この顧客維持の考え方は，新規顧客の獲得による市場シェアではなく，既存顧客から売り上げを確保する顧客シェアを重視するものであり，顧客生涯価値(Lifetime Value：LTV)の最大化をめざすものである。この維持機能の遂行は，円滑なコミュニケーションを伴い，無機的・有機的の両方の形で顧客情報がeサプライチェーンに取り込まれる。さらに，こうした維持機能の遂行は，口コミを通じて，新たな消費者・顧客の創造・適応に繋がることも見逃せない。

(4) e消費者の可能性と限界

　情報技術の進展は，eマーケティングを成立させたと同時に，e消費者も誕生させた。すなわち，企業・消費者間の情報格差が縮小する中で，インターネットを駆使し，自由に情報を操るのがe消費者であり，eマーケティングが活動対象として想定したのもこのe消費者である。さて，e消費者は，自立性が高く，強い意志に基づいた積極的な消費者行動をとる。したがって，企業へのオーダーのみならず，企業とのコラボレーションにおいてもその役割を十分にはたしうる。しかし，その情報能力が無限かといえば，必ずしもそうではない。一方，こうしたe消費者と反対の極にいる消費者も存在する。つまり，自立性が低く，意志も弱く，消極的な消費者行動しかとれない消費者である。総じて，彼らの情報能力は劣っている。また，e消費者とて，そのすべてをe世界で行動しているわけではなく，また，e世界とはまったく無縁の消費者も多く存在する[2]。このように，e消費者については，可能性とともにその限界について理解しておくことが必要である。

4．有機的情報への対応とコンシェルジュ機能

　顧客（消費者）の動向は，まさにTOCCの制約条件の1つである。そして，この情報の取り込みにあたって，無機的情報は特に問題がない一方，有機的情報についてはその扱いが検討される必要がある。また，eサプライチェーンは，消費者情報の取り込みにおいてこれまで無機的情報を中心においてきた傾向がある。しかし，むしろ有機的情報の処理がこれからの課題である。同様に，eサプライチェーンの特性も，これまで無機的システムとして考えられてきたようだが，現実的には，eサプライチェーンを誰が主導するかという点で有機的システムとしてみる必要もある。その意味で，今後は，有機的システムとして有機的情報にどのように対応するかが重要となってくる。

　そして，意志と能力という視点からe消費者をみれば，強い意志と優れた能力を持つ積極的な消費者であったとしても，おのずと限界はあり，さらに，多くの消極的な消費者の存在を考えるなら，消費者に対して水先案内をするコンシェルジュ機能がインターネット上に必要になってくる。いずれにせよ，イン

ターネット上の消費者行動は，ここでみたような積極的・消極的といった視点だけでなく，あらたなフレームワークのもとにより詳細に把握する必要もあり，また，コンシェルジュ機能としての消費者に対する購買支援を考えることも重要といえる。

第2節　インターネット上の消費者行動

　マーケティングの戦略手法として，従来より，市場細分化基準を用いて市場を細分化し，異質の特徴の混在している全体市場を，比較的同質の特徴を内に持ったセグメントに分割し，そこに存在する消費者あるいは顧客のニーズを充足するという方法が開発されてきた。そのことが，より適切な顧客対応につながる一方で，他方では，多様な製品の開発および流通経路上の量的および質的負担をもたらすことになる。つまり，膨大な製品のストックおよびフローの拡大へとつながり，他方で，品揃え機能の拡大・維持を強いることになる。さらには最近のように様々な小売り営業形態が出現してくる。

　このような状況の進展は，一方で，顧客の選択の可能性を拡大するというメリットを提供しているが，他方で，消費者に自分たちの選考基準に適合した製品の探索を困難にしてきている。

　そのような中にあって，消費者にとり新しいメディアとしてのインターネットの出現はどのような意味があり，どのような変化を消費者にもたらしたと考えられるであろうか。

1．消費者とハイパーメディア型CME

　本節では，e-SCM環境における消費者の購買行動の特殊性に鑑み，従来の購買行動では把握しきれない意思決定の枠組みを示すことで，e-SCMに新たな消費者の視点を導入することを目的としている。従来，ややもすると供給サイドからのみ捉えることの多かったe-SCMを，最終到達地点にいる消費者から見直し，そのあるべき姿を模索していきたい。つまり，消費者の意思決定お

よび購買行動の支援システムの視点からのe-SCMのあり方に検討を加えてみる。この視点こそ，今日，巷間よくいわれるところの，いわゆるSupply-sideのみでないDemand-sideからのe-SCMの構築について考察する際の理論的基礎を提供するものと考えられる。

今日のインターネット環境の急速な進展に伴い，消費者の購買行動にも大きな変化が生じてきている。確かに，多くの研究において，インターネットを中心としたハイパーメディア環境が，現実世界における購買環境と異なった環境を消費者に提供しているという点が指摘されるようになってきている。しかし，ここで重要な点は，そのような特殊な環境が，単にコンピュータを介在させたという意味で特殊であるというに止まらず，消費者の購買行動およびそのプロセスにおける心理状態に特殊な状況を作り出しているという点を指摘しているところである。この分野での先駆的業績を上げてきているHoffman and Novak［1996］はこのような環境を「ハイパーメディア型コンピュータ介在環境（hypermedia computer-mediated environments：ハイパーメディア型CME）」と呼び，多くの研究者の関心を集めてきている。さらに，その議論の中で彼らが取り上げた消費者行動の分類枠組みが，目的志向型の購買行動（goal-directed shopping/goal-directed behavior）と経験志向型の購買行動（experiential shopping/experiential behavior）である。

2．目的志向型行動 vs. 経験志向型行動

近年，目的志向型行動と経験志向型行動という2つの分析視点を持つことは，リアルサイトの消費者行動の分析においても必要であると主張されている。しかし，インターネット上の購買行動において，より明確にこの行動パターンが識別されることは，多くの研究者が指摘するところであり、この2つの側面からの分析が必要である。

Hoffman and Novak［1996］によると，インターネット初心者には，経験志向型行動が多くみられ，インターネット経験者においては目的志向型行動が増加するとされている。しかし，インターネットにおける購買行動をみると，一般的傾向として「プロセスそのものを楽しむ」という経験志向が強く，ベテラン

ユーザーでも一概に目的志向というわけではない。さらに，Wolfinbarger and Gilly[2001]は，目的志向型行動と経験志向型行動の特徴を図表9-1のようにまとめている。

図表9-1 目的志向型行動と経験志向型行動

	重要な要素	望まれる成果
目的志向型	● アクセスの容易性／便宜性 ● 選択性 ● 情報の入手可能性 ● 社会性の欠如	● 自由度，コントロール ● 経験ではなく目的に対するコミットメント
経験志向型	● 製品クラスでの関与 ● ポジティブな社会性 ● ポジティブな驚き ● バーゲン・ハンター	● 楽しみ ● 目的より重要なものとしての経験へのコミットメント

出所：Wolfinbarger and Gilly[2001]p.36.

　今日，消費者の購買行動プロセスを時系列的に整理すると，一般に，問題意識，情報検索，商品／サービス評価，比較プロセス，購買というプロセスをたどるものと考えられる。さらに，インターネット上の購買を考えると，次節で詳細に論じられるように，購入要求，情報検索，商品評価，安全性評価，購買決定，代金支払，受領と確認，購入後の処理といった一連のプロセスとして検討する必要があろう。

　そこで，このようなインターネット上の購買行動プロセスを識別する前に，インターネット上での購買行動をとろうとしている顧客に対して，企業がどのようにその要求に対応することができるのかについて，いくつかのレベルで検討することが可能であろう。この点について次の節で検討する。

3．消費者の購買プロセスと企業のネット対応

　消費者が取るであろうネット上での購買行動を，特定の製品の入手を目的とした選択行動として考えた場合に，そのニーズに対応して出現する企業によるネット上の対応としては以下の3つの形態が考えられうる（Godek and Yates

〔2005〕)。

| アソートメント | パーソナライゼーション | カスタマイゼーション |

① アソートメント

　　これは十分な選択肢の中から消費者が納得あるいは満足のいく選択を行えることを保証する機能である。その意味で，ネットにアクセスしてくるであろう不特定多数の消費者に対して，その選択の可能性を高め，結果としての満足へと導いていく最も一般的な手法と考えられうる。

② パーソナライゼーション

　　これは，個人対応の形で，それぞれの消費者のニーズに適合していくことを可能とする方法である。すなわち，ある消費者がニーズを満たす製品を探索している際に，そのニーズに適合する製品を個別に支援する仕組みとして考えられる。リアルサイトでは企業におけるセールス担当者の対応であり，個店の店員の対応がそれに当たる。Webサイトにおいては，各種のサーチ（探索）ツールやリコメンデーション（意見・提案）ツールがそれにあたる。このプロセスにおいては，企業は個人消費者の選好について理解することが求められる。ここで前節で述べた無機的情報および有機的情報の収集とそれへの対応が重要となる。

③ カスタマイゼーション

　　これは，単に個々の消費者のニーズを満たす製品の選択の支援だけではなく，個人のニーズに適合した製品を作り出すという生産過程にまで踏み込んだ対応を指している。そこでは，アソートメントやパーソナライゼーションの場合と異なり，消費者の求めているものに最も近い製品の探索と提供を支援するというのではなく，今一歩踏み込み，個人の求めているニーズに適合した製品を生産することによってそのニーズを満たすという過程を伴っている。

このような区分は，様々な消費者がどのような形でネット上の情報を利用し，

どのタイプの購買行動を取っているのか検討する上での示唆を与えてくれるものである。また，その一方で，特定の消費者がネット利用の経験を蓄積するに従い，アソートメントタイプの利用からカスタマイゼーション型の利用へ進化していくとも考えられる。これは，購入する製品に対して，消費者の意向を反映させることができるかということと密接に関連してくる。すなわち，消費者自身によるコントロールの範囲に対する消費者自身の知覚の問題である。

消費者が，自分たちの求めている要件を正確に企業あるいは業者に伝達することができれば（無機的情報および有機的情報を含む），パーソナライゼーションからカスタマイゼーションへと向かう購買行動に移行し，その能力的あるいは技術的限界があると判断する場合には，単なるアソートメントタイプの購買・選択行動に移行するであろう。

4．インターネットによる購買行動の情緒的側面

消費者行動の多くは，目的—手段の関係で捉えられており，もちろん，その重要性を否定することはできない。しかし，消費者の行動は，経済合理性や目的手段の関係では把握しきれない側面を多く抱えている。その典型としての，ショッピング行動それ自体を楽しみとする「ウィンドウ・ショッピング」などは，一日，何を購入するという目的もなく商業施設を回遊しても，疲労感よりもむしろ充実感をもたらしてくれる。これなどは，フロー状態の1つの事例として理解することができる。さらに，その1つの事例として，インターネット・ショッピングの行動をあげることができる。

Hoffman and Novak[1996]は，ネット行動中におきる「フロー状態」について，これを次の4つの特性から整理している。

① ネットワーク・ナビゲーションを通じて生まれる継続的なレスポンス
② 本質的に楽しいもの
③ 無意識の状態を伴う
④ 自ずと強まっていくもの

そして，フローの状態は個人のスキルとチャレンジするに値するコンテンツの両方が揃ったときに起こるものであることから，先にも指摘したように，比

較的経験を積んだユーザーで起こりやすいといわれている。

いずれにしてもこれらの心理状態を体感している消費者がネットに入り込んできていることも加味した上で，情報探索・製品選択機能という目的志向型の行動を支援していく必要がある。

以下の最終節では，そのようなネット上の顧客支援システムについて検討を加えていく。

第3節　消費者起点の EC モデルとエージェントシステム

1．EC 市場の変化とエージェントの必要性

EC(Electronic Commerce：電子商取引)市場は国内外とも予想を上回るスピードで拡大しつつある。経済産業省・ECOM・NTT データ研究所[2005]によると，日本における2004年度の B to B と B to C の市場は前年度比60％台の伸びを示した。アメリカにおける EC は第2の波を迎えている(Schneider[2004])。第1の波は1995年から始まり IT バブルの崩壊もあって一時停滞したが，2003年から第2の波に突入した。その特徴は，第1の波ではブームに乗って参入することに意味を求めていたのに対し，第2の波ではビジネスプロセスの見直しに焦点を当て利益を重視した EC に転換したことである。

EC 市場規模の拡大，EC ビジネスの質的変化，参加者と取引の多様化・複雑化，情報量の暴発的な増大につれて，EC に参加する企業・消費者は厳しい環境対応を迫られている。企業は時々刻々と変化する消費者要求を捉え，それに迅速に対応できるビジネスシステムを構築しなければならない。消費者としては自分の欲するものを手に入れるためにパソコンと対峙し膨大な時間と脳力を費やさなければならない。しかし，人間の労力・能力には限界があり，こうした環境に人間が対応していくことは事実上不可能になりつつある。エージェントの力を待つしかない。

EC 分野ではB to B，B to C においても，今までB(企業)中心の議論がなさ

れてきたが，本節では消費者に焦点を当て，消費者を支援するための，消費者を起点としたECを考察する。いうならばC to Bである。消費者としては拡大するECにおいて，いかに安く，早く，簡単に，安心して欲しいものを手に入れることができるかが主要な関心事である。一方，商品やサービスを提供する側としては，消費者の要求を素早くキャッチし，その要求にいかに迅速に対応していくかが課題である。

　変化するEC環境と両者の関心事，課題を解決する鍵として，インターネットを活用した消費者の購買プロセスを支援するエージェントモデルと，商品やサービスを提供する側に立った，e-SCMを介しての市場即応型のエージェントモデルを考察し，全体としてはC to B&B型のエージェントモデルを提示する。

２．消費者起点のECエージェントモデル
（1）　インターネットによる消費者購買プロセス

　消費者の購買決定プロセスついては多くの研究がある。コトラー［2002］は，消費者の購買決定プロセスを「問題意識，情報検索，代替品の評価，購買決定，購買後の行動」とし，Turban［2004］は，「ニーズの把握，情報検索，代替品の評価・交渉・選択，購買と配送，購買後のサービスと評価」としている。両者のプロセスには大きな差はなく，大枠はほぼ同じである。伝統的な消費者購買決定プロセスでは，消費者は自分の問題意識・ニーズの確認からスタートし，情報検索，商品／サービスの評価，比較のプロセスを経て，購買するものを決定する。

　図表9-2は，消費者購買決定プロセスをもとに，EC環境下におけるインターネットの特性を考慮して，ネット消費者購買プロセスを示したものである。このプロセスには，ネットによる多様な選択肢が加わってきていることから，従来の購買決定プロセスにない，いくつかの特有なプロセスが追加されている。

　第1段階の購入要求では，消費者の購入商品・サービスの基本的な要件を定め，購買ニーズの概要を決定する。第2段階の情報探索では，前段階で決めた商品・サービスに関する情報を収集し絞り込む。第3段階の商品評価では，商

品・サービスの価格，仕様，配達期日などの属性を評価し比較検討する。第4段階の安全性評価では，売手の信頼性，取引の安全性を評価する。このプロセスはネット購買プロセス特有のものである。第5段階の購買決定と発注では，購入する商品・サービスについての価格，配達方法，支払い方法などを交渉し，決定して発注手続きをする。第6段階の代金支払では，選択した代金支払い方法に応じて代金の支払いをする。第7段階の商品・サービスの受領と確認では，指定した受領場所で商品・サービスを受領し確認する。第8段階の購買後の処理では，クレーム，返品，アフターサービスなどの対応処理をする。

こうした購買プロセスを支援する既存のWebサービスはいくつかある。しかし，それらは購買プロセスの各段階ごとに人間が介在し，個々のソフトウェアを使いながら手順を追って購買を完結する方式にとどまっている。望ましいのは，一連の消費者購買プロセスに関わる膨大な情報処理作業，知的作業を代行してくれるエージェントの導入を図ることである。

図表9-2　ネットでの消費者購買プロセス

購買段階	購買プロセス	インターネットによる購買プロセス支援
第1段階	購入要求	インタラクションによる要求内容の決定
第2段階	情報検索	要求内容を満たす商品・サービスの検索
第3段階	商品評価	商品情報の属性・評判情報の抽出，比較評価
第4段階	安全性評価	取引相手の認証，取引の安全性の評価
第5段階	購買決定	価格，決済方法・配送方法の交渉，決定，発注
第6段階	代金支払	クレジットなどによる支払処理
第7段階	受領と確認	受領後の受領情報処理
第8段階	購入後の処理	クレーム，返品，アフターサービスなどの対応処理

出所：筆者作成。

(2) 消費者購買プロセス支援エージェント

　エージェントとは，人間の労力，脳力を代行するものである。エージェントにはハードウェアエージェントとソフトウェアエージェントがある。ハードウェアエージェントの代表はロボットである。ソフトウェアエージェントのわかりやすい例はインターネットの検索エンジンである。ここではソフトウェアエージェントのみを取り扱う。

　西田ら[2002]によれば，ソフトウェアエージェントとは，「ユーザーから一定の権限を委嘱され，ユーザーの代理人としてサイバースペースの中で活動することにより，ユーザーに対し持続的なサービスを提供するソフトウェアである。また，デジタルネットワーク上で自律的に行動し，協調，交渉，仲介，集約といった知的な作業を行なうソフトウェアシステムである」と定義される。

　Faratin and Parkes[2004]は，ECにおける最も抽象的なエージェントモデルとして図表9-3のモデルを示している。買い手である顧客はユーザーインターフェースを通して顧客エージェントとコミュニケーションし，ネット消費者

図表9-3　ソフトウェアエージェントモデル

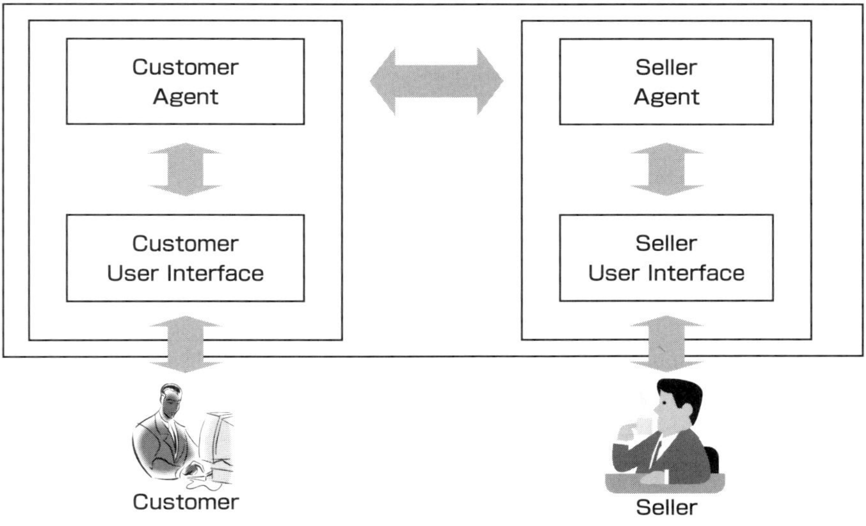

出所：Faratin and Perkes[2004]p.4.

購買プロセス支援の第1段階である購入要求を決定する。

販売者も同様にユーザーインターフェースを通じて売り手エージェントに必要な情報を与えておく。売買取引は顧客エージェントによって起動される。顧客エージェントは情報検索し(ネット購買プロセスの第2段階)，販売エージェントと交渉する。交渉は合意に達するか，一方が交渉を打ち切った段階で終了する(ネット消費者購買支援プロセスの第3段階から第5段階)。なお，ECにおける買い手である顧客には消費者，企業，仲介業者などがあるが，B to Cを意識した文脈上，ここでは消費者で代表するものとする。

ネット消費者購買プロセス支援およびエージェントモデルをベースとして，図表9-4に消費者購買支援エージェントの現実的なモデルを示した。

購買要求エージェントは，消費者(買い手)とコミュニケーションし，消費者の意図を解釈して要求を的確に同定する。ある場合には消費者の要求を検索するための問い合わせ(query)を生成する。検索エージェントは消費者の要求を

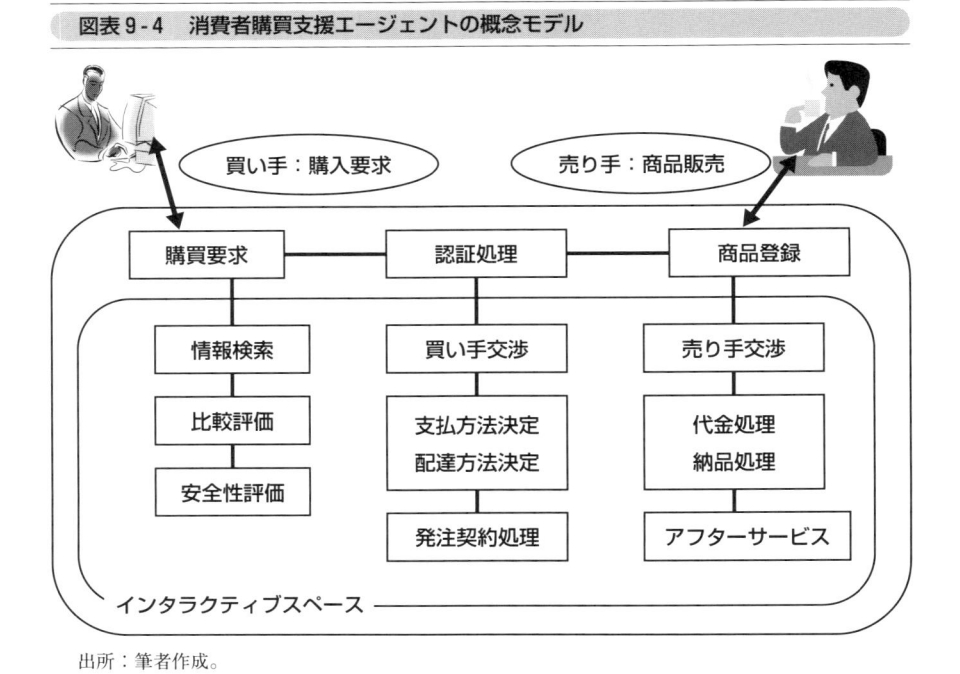

図表9-4　消費者購買支援エージェントの概念モデル

出所：筆者作成。

もとに売り手交渉エージェント，仲介ブローカエージェントとコンタクトし，消費者の要求を満たす商品・サービスを抽出する。検索の方法としては直接Webページを検索する方法，前段で作成された問合わせを使ってあらかじめ用意されているデータベースを検索する方法などが使われる。

　比較評価エージェントは，価格，品質，性能，納期，費用，ランキング，評判情報などを抽出し，消費者の要求に応じた形式で表示する。表示方法には，安いもの順，早いもの順，一覧表示などの方法がある。

　安全性評価エージェントは消費者のプライバシー，セキュリティが守られることを保証することと，消費者，売り手相互の相手認証を自動的に行い，取引が安全に行われることを確認する。

　買い手交渉エージェントは，売り手エージェントとの交渉を行い，取引の成否を決定する。交渉内容には，比較評価内容と同様に価格，品質，納期，支払い方法，配達方法，付加価値サービスなどが含まれる。

　支払方法および配達方法は交渉の過程で決定される。支払い方法については銀行振込，クレジットカード，代引，エスクローサービス，コンビニ決済などの方法がある。配達方法も宅配便や航空便などの方法があるので，それぞれのエージェントは多様な選択肢の中から消費者の意図に沿ったベストな方法を選択する。

　発注・契約処理エージェントは，取引内容を再確認して正式に発注・契約処理をする。代金処理エージェントは消費者と売り手間の代金の支払い処理をし，納品処理エージェントは消費者が商品を受け取った後の事務処理をする。トラブル処理もこれらのエージェントの役割である。

　アフターサービスエージェントは，購入後のクレーム処理，返品処理，アフターサービスについて売り手エージェントとの交渉を行う。

3．消費者起点のECにおける売り手側のエージェントモデル

　消費者の購買パターンとしては，市場に存在するものを直接的に探して購入するWeb検索型パターンと，消費者の要求をe-マーケットプレイスにオープンして売り手の応札を待つ逆オークション型パターン，商品と注文先を決めた

上で個別仕様を指定するBTO(Build To Order)型パターンがある。売り手側のプロセスは，いずれのタイプにしても，市場をモニタリングしながらこのような消費者の購買要求を的確にキャッチすることから始まる。

いったんキャッチした消費者要求に対してはe-SCMのシステムを通し，前節で述べたアソートメント，パーソナリティゼーション，カストマイゼーション機能などを稼働させて，消費者の要求している価格，仕様，納期などに応えられるかどうかを検討する。対応可能なら，メールあるいはWebで回答する。このモデルは消費者を起点としたC to B&Bである。

図表9-5は，C to B&Bの主要なエージェントモデルを表している。この図表ではe-SCMも従来型の静的なシステムでは複雑なニーズに十分に対応できにくいことから，エージェントを適用した動的なe-SCMとしている。

購買要求モニタリングエージェントは，e-マーケットをモニタリングし，購買要求や店頭情報をキャッチする。それらの情報は購買要求同定エージェント

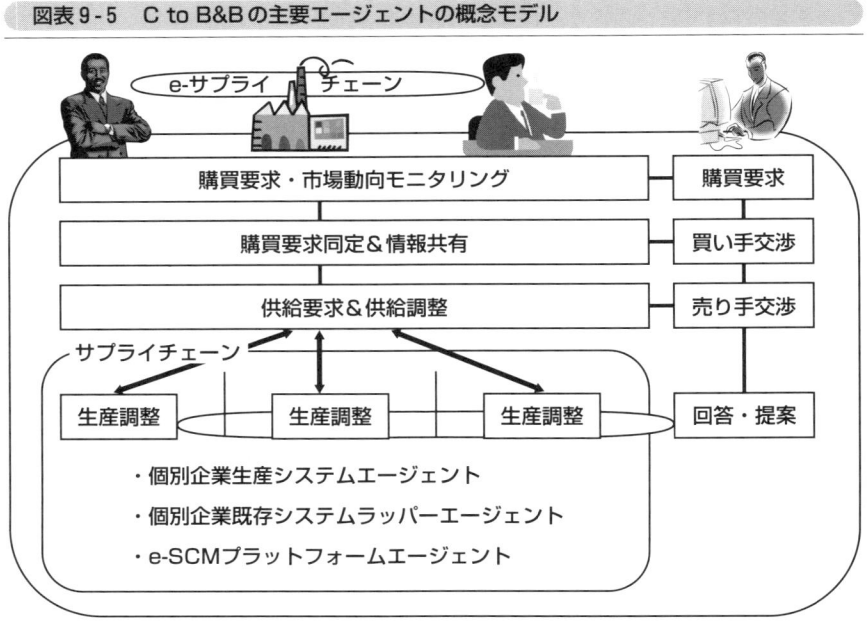

図表9-5　C to B&Bの主要エージェントの概念モデル

- 個別企業生産システムエージェント
- 個別企業既存システムラッパーエージェント
- e-SCMプラットフォームエージェント

出所：筆者作成。

によって購買要求として取りまとめられ，その情報はサプライチェーン全体で共有される。

　供給要求＆供給調整エージェントは，購買要求や市場動向を供給要求に転換し，その供給要求についてサプライヤーの企業生産調整エージェントと交渉して，供給の可否を決定する。供給可能な場合は消費者に適切な回答を送り，不可能な場合には代替案の提案を送る。

　サプライヤーそれぞれの生産システムはエージェントで構成されている。その中には既存システムをラッパーによってエージェント化したシステムも含まれている。e-SCMプラットフォームエージェントはサプライヤー間で共通なエージェントシステムを構築するインフラである。

　ECは現在B to BとB to Cに分けて論じられることが多い。しかし，ビジネスの基本として消費者の要求にマッチしたものを作って提供するという前提に立てば，またEC参加者が中間業者や仲介業者などを含めて多様化し企業と個人の区別がつかなくなることからすると，将来的にはB to BとB to Cに分けて考える意味は薄れてくる。基本は消費者を起点としたECであり，C to B & Bのモデル1本に集約される。

　そうした中でC起点，B起点のエージェントたちによるECが実現すれば，これによってECの新たな第3の波を迎えることになろう。

注

1）なお，企業・消費者間の取引をそれぞれの側からみれば，販売・購買ということになり，これに時間概念を導入すれば，販売（購買）前―販売（購買）時―販売（購買）後ということになる。
2）もちろん，彼らの情報は，リアルのPOSシステムを通じ，無機的情報としてeサプライチェーンに取り込まれていくし，また，リアルでの消費者からのオーダーや企業・消費者間コラボレーションもあるが，冒頭で述べたように，本章では，これらの点については扱っていない。

参考文献

チクセントミハク, M.(今井浩明訳)[2000]『楽しみの社会学』新思索社。
Faratin P. and Parkes D. C.[2004]*Agent Mediated Electronic Commerce V*, Springer.
Godek, J. and Yates, J.F.[2005]Marketing to Individual Consumers Online: The Influencer of Perceived Control, C. P. Haugtvedt, K. A. Machleit, R. F.Yalch eds.,*Consumer Psychology : Understanding and Influencing Consumer Behavior in the Virtual World*, pp.225-244.
原田保・三浦俊彦編[2002]『eマーケティングの戦略原理』有斐閣。
Hoffman, D. L. and Novak, T. P.[1996]Marketing in Hypermedia Computer-Mediated Environments: Conceptual Foundations, *Journal of Marketing*, 60/3, July 1996, pp.50-68.
Hoffman, D. L., Novak, T. P. and Schlosser, A.[2001]Consumer Control in Online Environments, *working Paper*,Vanderbilt University.
石井淳蔵・厚美尚武編[2002]『インターネット社会のマーケティング』有斐閣。
経済産業省・ECOM・NTTデータ研究所[2004]『平成15年度電子商取引に関する実態・市場規模』ECOM。
コトラー・P.(恩蔵直人監訳)[2002]『マーケティングマネジメント』ピアソン・エデュケーション。
西田豊明・木下哲男・北村康彦・間瀬健二[2002]『エージェント工学』オーム社。
Schneider, G. P.[2004]*Electronic Commerce the Second Wave*, Thomson.
嶋口充輝[1994]『顧客満足型マーケティングの構図』有斐閣。
Turban, E.[2004]*Electronic Commerce -A Management Perspective -*, Pearson Prentice Hall.
和田充夫[1998]『関係性マーケティングの構図』有斐閣。
Wolfinbarger, M. and Gilly, M. C.[2001]Shopping online for freedom, control, and fun, *California Management Review Berkeley* : Winter 2001, Vol.43, Iss.2, pp.34-56.

第10章 管理と支援の共存による柔らかいSCMとタッキング・マネジメント

本章のねらい

① 従来の管理手法では組織・システム・社会をうまく運営することができなくなってきており，管理の限界を露呈している。そこで新しいマネジメント・コンセプトとして支援が必要となる。今後は管理のみのマネジメント・コンセプトから管理と支援の共存のマネジメント・コンセプトへのパラダイム・シフトが必要であることを理解する。

② 管理と支援の共存は柔らかいシステムを必要とする。この柔らかいシステムはSCMでも有効である。柔らかいシステムは，最適解のみではなく，制約条件を緩和しても満足できる水準の解を受け入れるという現実的なシステムであり，欲求水準を満たす満足解を許容するシステムであることを理解する。

③ SCMにおいてチェーンであるがゆえの欠点をタッキングにより解決可能であるので，個別企業におけるよりも，SCMではタッキングがより重要な位置を占める。最終目標達成の途中に存在する複数の制約条件を克服しながら，SCMの最終目標のゴール（全体最適）に達成するために前に進んでいくタッキング・マネジメントのコンセプトを理解する。

④ TOCCが，柔らかいSCMとタッキング・マネジメントにおいても有効であることを理解する。

第1節　管理と支援の共存

　1989年11月9日にベルリンの壁が崩壊し，アメリカとロシアの冷戦が終結した結果，資本主義・自由主義・個人主義が拡大し，世界規模での競争社会となりつつある今日，従来の管理手法のみでは組織・システム・社会をうまく運営することができなくなってきており，あらゆる局面において「管理の限界」を露呈している。しかしながら管理はそれまでの成り行きまかせの経営を大幅に刷新し，経営の効率化に寄与してきた。20世紀は管理の時代といわれているように，20世紀初頭のテイラーの科学的管理法は，それまでの成り行き経営に対し，経営効率の改善に多大に貢献し，今日までの経営管理に影響を保ち続けている。今日のあらゆる経営管理技法はテイラーを出発点としているのである。

　ここで，テイラー出現以前，科学的管理の行われていなかった時代と出現後の管理の時代を，第6章と同様に，エントロピー概念で考えることにする。管理をエントロピー概念により表現すると，テイラーが出現する以前は高エントロピーの状態にあり，非効率な経営が行われていたという表現をすることができる。そこで，テイラーはこの高エントロピーの状態に「管理」という低エントロピー源を投入することによって，いくつかの多目的かつ複雑な代替案から，効率的な経営計画を選択するという意思決定を可能にした。経営問題において管理は典型的な低エントロピー源である。なぜなら，多目的かつ複雑な（高エントロピーの）経営のための情報から管理がエントロピーを奪い取ることにより，シンプルな（低エントロピーの）経営計画の意思決定を可能にするからである。

　すなわち経営において，管理は意思決定のあいまいさ，言い換えれば情報処理過程の行動エントロピー（西川ら[1992]，山下・松丸[1996]）を減少させる役割を果たすのである。このような考え方に基づくと，図表10-1のような「管理に関する低エントロピー源フレームワーク」を提示することができる。

　管理は，これまでと同様に，これからも経営に必要不可欠である。しかし資

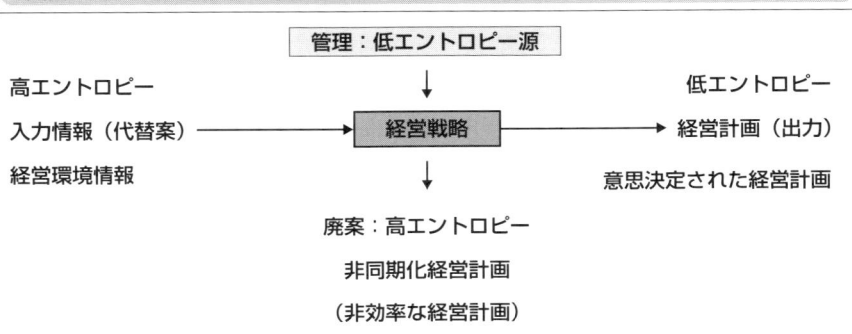

図表 10-1　管理に関する低エントロピー源フレームワーク

```
                        管理：低エントロピー源
                              ↓
高エントロピー                                          低エントロピー
入力情報（代替案）  ───────→  経営戦略  ───────→  経営計画（出力）
経営環境情報                                          意思決定された経営計画
                              ↓
                       廃案：高エントロピー
                        非同期化経営計画
                       （非効率な経営計画）
```

出所：筆者作成。

本主義・個人主義・自由主義の拡大により社会が多様化し，知識の多量化と同時に細分化という大きな問題が生じ，その結果価値観が多様化し，従来の管理手法だけでは企業運営が危うくなっていると指摘することができる。今後の企業経営を考えると，20世紀初頭のテイラーに始まる科学的管理手法は100年以上も企業経営をリードしてきたが，今日のような複雑化し高度化した経営環境では，科学的管理手法だけでは十分でないという認識を持つ必要がある。すなわち「これまでは，経営者や管理者がいかにうまく生産を管理し，品質を管理し，労働を管理するかに意を注いできたが，今後は，企業構成員の創造性，やる気，能力の発揮をいかに支援するか，製品，サービスの顧客をいかに支援するかを中心に考えなければならない」（経営情報学カリキュラム研究部会［1993］）のである。これは，従来の伝統的な管理科学的アプローチとは異なるアプローチ（支援科学・支援技術としてのアプローチ）を志向する必要があるという主張である。

このことは，対象を「支援」という観点から眺めることによって，新しい経営組織やシステム構築の方法の提案といった新たなアプローチの可能性があるということを意味する。今日のような管理で強固に構築された閉塞感のある社会を，新たな支援という観点から捉えることによって，新たなマネジメント概念の構造転換を図る必要があるという立場である。ここで著者らの「支援基礎論研究会」では，「支援」を次のように定義している（小橋・飯島［1997］）。

> 支援とは，他者の意図を持った行為に対する働きかけであり，その意図を理解し，その行為の質の改善，維持あるいは行為の達成を目指すものである。その際，働きかけを行うものを支援者と呼び，支援を受ける行為の主体を被支援者と呼んでいる。

それでは，従来の管理と提案している支援はどのような関係にあるのであろうか？　管理と支援の関係および位置づけについて図表10-2のように捉えることができる。まず縦軸に管理軸をとる。下端は管理が強いことを表し，上端は管理が不十分であることを表している。ここで新たな軸として横軸に支援を考えてみる。右端は支援が強いことを表し，左端は支援が不十分な状態を表している。

第Ⅰ象限と第Ⅱ象限は，テイラー以前の，管理が徹底されていなかった時代であり，第Ⅲ象限，第Ⅳ象限はテイラーの科学的管理法が生まれた後の象限である。第Ⅰ象限と第Ⅳ象限は，支援が行われている場合，第Ⅱ象限と第Ⅲ象限は支援が不十分な場合の象限である。第Ⅳ象限の管理と支援が両立する場合は，これからの時代に求められる象限であり，第Ⅲ象限は管理のみで支援が不十分な現在の状況である。これまでに筆者は，第Ⅲ象限から第Ⅳ象限へのシフトの

図表10-2　管理と支援の共存

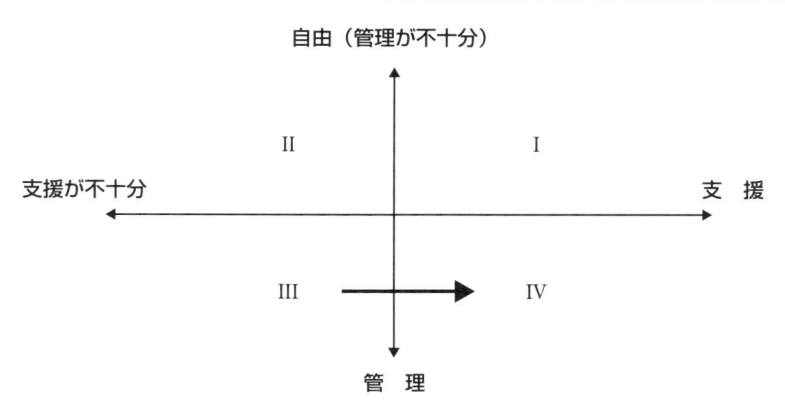

出所：筆者作成。

必要性を主張している(松丸[2000])。すなわち管理と支援の共存である。今日の複雑化し，高度化した企業環境の中で経営を行っていくためには，従来の管理だけでは不十分であり管理と支援の共存で経営を行っていかなければならないという主張である。経営環境の変化が激しく，情報化が進展した今日，特に「迅速な」または「アジル(agile)」と表現される素早い経営意思決定が要求される。迅速な実行がなければ良好な経営計画を策定しても競争に勝つことはできないとの認識が定着しつつある。

　例えばファッション業界における製品のライフサイクルは短く，市場の顧客の好みや流行に関する情報をすばやく察知し，製品を提供するSCMを作り上げていなければ，市場からの退出を余儀なくされてしまう。具体的には営業と製品企画ないし製造部門が一体となって，市場のニーズ，シーズの情報を素早くキャッチし，製品を生産し市場に提供する迅速なサプライチェーンが構築されていなければ競争に勝つことができないのである。この例の場合，営業部門は製品企画ないし製造部門を支援し，製造部門は営業を支援しており，市場の情報を互いに共有することに意味が生じる。情報共有化により生産現場では，なぜ一定の時期までに生産をし，納期までに製品を納めなければならないかを理解することができる。納期までの製品の完成により，営業は市場の顧客ないし消費者からの製品要求に応えることができ，売上を伸ばすことができる。製造部門は営業からの要求に応えることができる。ファッション業界では迅速なサプライチェーンを構築していなければ，製品は陳腐化してしまい，在庫の山を築いてしまう。営業部門と製造部門は情報の共有化を通して，互いを支援することによって，シンクロナイゼーション(同期化)を実現することができ，その結果として経営効率の向上を実現することができる。

　このことは「はしがき」にも述べられている「スマート」に深い関連を持つ。この場合，①利口な・気が利いた・抜け目のない・ずるい・生意気な，②しゃれた・洗練された・流行の，③活発な・きびきびしたの意味に，むだな努力をしない「利口」な行動や，時代遅れでない「しゃれた」・「洗練された」行動，さらには，のろまでない「きびきびした」状態といったポジティブな意味を持つのである。特に，ファッション業界のような「しゃれた・洗練された・流行の」業界は，

営業部門と製造部門は，両者の情報を共有化し，互いを支援することによって，のろまでない「きびきびした」，迅速なシンクロナイゼーション(同期化)を実現する必要がある。この場合，「スマートなシンクロナイゼーション(同期化)」は，経営計画の迅速な実行となるのである。迅速なシンクロナイゼーション(同期化)を実現せずに，経営判断が昔のままであるとすれば，その間にビジネスは決まっていることが多いといわれている。

例えば，価格の見積もりを出すのに2週間もかかっていては，明らかに「きびきびした」状態でない。液晶業界で世界トップとなった韓国のサムソン電子は1日で見積書を作成しているといわれている(朝日新聞[2003])。迅速な対応がビジネスの成否を決定しており，「スマート・シンクロナイゼーション(同期化)」の実現が経営効率を高めることで，厳しい企業競争を勝ち抜くことができる。したがって，図表10-1の「管理に関する低エントロピー源フレームワーク」は次のように，図表10-3の「管理と支援の共存に関する低エントロピー源フレームワーク」に書き換えることができる。

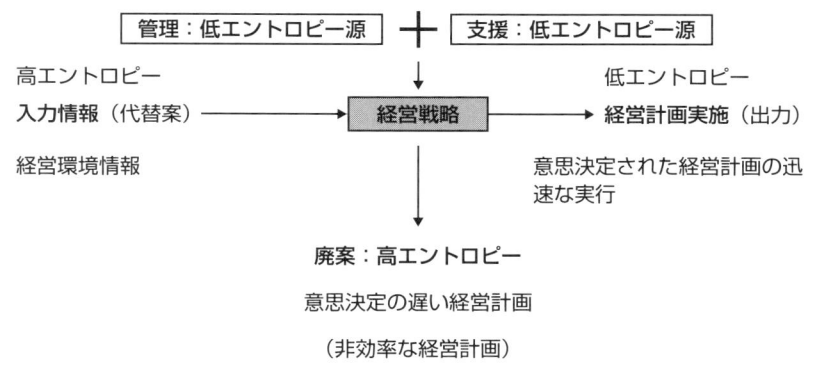

図表10-3　管理と支援の共存に関する低エントロピー源フレームワーク

```
        ┌─管理：低エントロピー源─┐ ＋ ┌─支援：低エントロピー源─┐
                              ↓
高エントロピー                              低エントロピー
入力情報（代替案）─────→ 経営戦略 ────→ 経営計画実施（出力）

経営環境情報                                意思決定された経営計画の迅
                              ↓            速な実行
                         廃案：高エントロピー
                         意思決定の遅い経営計画
                          （非効率な経営計画）
```

出所：筆者作成。

以上のことを，次の図表10-4のような基本的なサプライチェーンで考えることにしよう。

第❿章　管理と支援の共存による柔らかいSCMとタッキング・マネジメント

図表10-4　基本的なサプライチェーン

供給業者　→　製造業者　→　卸売業者，物流業者　→　小売業者　→　顧客，消費者

出所：筆者作成。

「はしがき」にも述べたように，SCMは「従来，部門ごと・個別企業ごとの最適化にとどまっていた情報・物流・キャッシュに関わる業務の流れを，サプライチェーン全体の最適化へとシフトさせようとするマネジメント・コンセプト」である。これを管理と支援で考えると，管理はサプライチェーン全体の最適化のために行い，最適化はサプライチェーン全体の「シンクロナイゼーション」をスマートに行っていくことで実現される。

次に，サプライチェーンを構成する要素である個別企業の内部を考える。次の図表10-5は企業内の購買（調達），生産，配送，販売（営業）の各工程ないし部門を示すサプライチェーンである。上記の枠組みは企業内のサプライチェーンにおいても，基本的には同じように適用可能なのである。

図表10-5　企業内のサプライチェーン

購買（調達）部門　→　生産部門　→　配送部門　→　販売（営業）部門　→　顧客，消費者

出所：筆者作成。

一方，「支援」を考えると，サプライチェーンを構成する1つ1つの要素は自律的に行動するが，全体は緩やかに連携し，全体最適になるように互いを支援していく姿勢が必要である。これは図表10-4および図表10-5においても同様である。上流工程は次の下流工程を支援する。または下流工程の情報を上流工程に流す，すなわち情報を共有することによって支援が行われる。

例えば，上流工程が次の下流工程の情報のみをもとに発注量を決定した場合と，顧客からの注文数を全員で共有した情報をもとにして発注量を決定した場合では，顧客からの注文数を全員で情報共有して決定した場合の方が明らかに総費用が減ることがわかる。これは顧客からの注文数を全員で共有したことで

リードタイムを短くした場合と同様の効果を発揮するためであると考えられる。顧客からの注文があった時点で，全員がその数量を意識し受注残や在庫量を考えて発注することができ，かつ顧客からの注文に素早く対応することができるので，変動幅を縮小することができるのである。ここで発注量は生産量に直結し，部材調達量に直結する。すなわち各部門は支援を受けることによって，あるいは支援をすることによってシンクロナイゼーション（同期化）を可能にし，その結果はリードタイムの短縮になり，最終的にはコストの削減につながることになる。このことからも，情報共有化の有効性，すなわち支援の必要性を確認することができる。

第2節　柔らかいSCM

柔らかいSCMの「柔らかい」とは，「問題と解の柔らかい結合」と「柔らかいシステム」を意味する。現代の複雑で，変化のスピードの早い経営問題を扱う際には，問題と解の性質を的確に捉えて「問題と解の柔らかい結合」と「柔らかいシステム」の視点から捉えることが必要である。そこで，まず現在における経営の「問題と解の柔らかい結合」について考えてみよう。

（1）　問題と解の柔らかい結合
前述のように，企業を取り巻く経営環境は，複雑かつ不透明である。したがって，どういう問題が存在し，何が問題となっており，どのような解を求めれば正解であり，経営問題を解いたことになるかということを認識するのも難しい時代である

（2）　問題の認識
現代における経営問題を考えた場合，その問題は単純ではなく複雑な構造をしており，かつ，多面的であるのが特徴である。したがって解こうとする問題構造が，どのような構造になっているかを認識することが大切である。情報化

の進展により，従来考えられてきた構造とはその性質が変容し異なってきた点を認識する必要がある。これまでにも，意思決定問題で対象がill structured problem, unstructured problemといったように，構造が悪構造，または問題の構造がないといった指摘がなされている。

（3） 解を導くときの制約条件

　現代の経営問題を解くときに，制約条件が時間とともに変化してしまうという厄介な性質があり，これが1つの特徴になっている。今日の経営問題が従来の経営問題と異なる大きな要因の1つはICTによる情報化の進展である。ICTにより企業を取り巻く経営環境のあらゆるデータが短期間のうちに整理・加工され，情報として蓄積され，意思決定される。意思決定された経営戦略が実行され，新たな経営環境を生み出し，この経営環境のもとで意思決定を行うという相互作用が繰り返されるのが，現代の経営環境と意思決定の特徴となっている。そして，この傾向はますます加速されていくものと思われる。

　意思決定の際に参考とする経営問題の解は，制約条件を仮定し解かれている。しかし厄介な問題はこれらの制約条件は短期間のうちに変化するので，その条件で解いた最適解は，次の時期には条件が変化し最適解でなくなってしまう。この指摘は，これまでも何度も触れられてきているように，ボトルネックがしばしば変化するということと同様である。

　第6章の図表6-4のような場合は，工程Cと工程Fが制約条件となってしまう。このうち工程Cはトップやマネジャーが選んだ制約条件であったとしても工程Fは企業外部からの制約条件であったりする。具体的には，企業内部の制約条件はその事業戦略に投入可能な財務資金や組織である。一方，外部の制約条件は，企業内部で操作できない非操作変数である要因，例えば，為替相場である。現代の経営問題において，どの制約条件を選択するかは，トップやマネジャーがどの最適化を選択するかによって違ってくる。トップやマネジャーもまた変化の激しい企業環境下にあっては，社会経済システムの動向をにらみながら，複雑な制約条件をシンプルな条件に落とし込んで，条件を決定し最適化をめざしている。しかしながら，経営環境の変化のスピードは速く，経営者の

意思による操作変数としての制約条件設定の他，経営環境によって制約条件が大きく変化してしまい，非操作変数として無意識のうちに制約条件変更が行われるという二重の条件変更が生じる。現実には，操作変数の制約条件と非操作変数としての制約条件が多数存在し，これらの制約条件下で意思決定をしなければならない。すなわち，複数のサプライチェーンの制約条件(ボトルネック)の組合せの存在を認識し，問題の解を導くということであり，第6章の「複数のサプライチェーンの制約条件(ボトルネック)の組合せ」と同様の問題が存在するのである。本書のTOCC(組合せ制約理論)は，このような問題を取り扱うものである。また自然科学で開発された手法を経営問題に適用する場合，経営環境の変化のスピードは速いので，定式化した制約条件の適用される期間が短く，解が安定せず不安定となる。自然科学において開発された手法を，社会科学に適用する場合の難しさがここにあり，解の最適化を困難にしている。これもボトルネックがしばしば変化すること，また制約条件もその組合せを考えなければならないことを示している。

(4) 解の性質

解いた問題の解が最適解であるか，満足解であるかの認識をする必要がある。経営者がいずれの解を望んでいるかの認識である。最適化をめざしているのにもかかわらず，実践の場では欲求水準を満たす満足解で十分であるというのが，理論構築の最適化問題の解と大きく異なる点である。研究者たちにより明らかにされた解法なり解が実践の場で用いられたとしても，短期間のうちに実践の場では有効性を失ってしまうというのが実状である。

近年ニューラル・ネットワークによるheuristic(発見的)探索の最適化にみられるように，問題を数理的に解く際に，1つ1つの条件を満たしながら絶えず新しい解を見出す解法は，マネジメントのコンセプトでは継続的な改善(Continuous Improvement)に相当する。また本章で後述する「タッキング・マネジメント」に相当する。すなわち，ある一定の目標に向かって突き進んでいくが，環境の変化，条件の変化に伴い，当初の目標は達成できないものの，満足しうる解をとるというものである。

これはH.A.サイモンがいう欲求水準を満たす満足解であり，前述の「問題と解の柔らかい結合」に相当する。問題の解は最適解でなくとも満足解で良いとする「柔らかい解」の受け入れである。意思決定の時期が過ぎて求まった最適解よりも，タイムリーに意思決定の際に得られる満足解の方が，効果がある場合が多く，満足解を受け入れる根拠となっている。

現実の経営問題は「複雑な制約条件が多数存在し，これが複雑に組合わされてきている場合」がほとんどで現実の経営問題はまさしくTOCCの対象なのである。したがって経営問題を解くことは，H.A.サイモンがいう欲求水準を満たす満足解であり，本書の「問題と解の柔らかい結合」はTOCCを応用して解を解いていることに他ならない。このような制約条件の問題を現実の経営の場に照らしてみると，現実の世界では最適解をめざして経営を行っているが，取引関係，金利や為替相場の経済環境など，当該企業のみでは操作できない非操作変数が多数存在する。この多数の非操作変数を所与のものとして，当該企業で操作可能な売上高や生産個数の操作変数の決定を行っていると解釈することができる。

また問題を数理的に解くことも良く行われるので，この際の制約条件における解の性質について考察する。問題を解く際，ある程度の条件を満たすが，条件がさらに多くなった場合，それを満たす解が得られない場合が生じる。その際には数多くある条件のうち，優先度の高い条件を選択し条件を絞って問題の解を求めることになる。現実の経営問題との関係でこの解を考察してみると，売上高の増大という条件は満たさなくても利益の確保という条件を満たせば，欲求水準を満たす満足解あるので，受け入れるということと解釈できる。

ここで，調達，生産(工場)，物流，小売，市場というサプライチェーンでの解の性質を考えてみよう。生産(工場)を例にとると，前工程の調達から使用可能な材料の制約条件があり，後工程の物流の配送する生産台数の制約条件がある。生産工場では，制約条件を考慮しながら，生産台数の決定を行っている。しかしながら，種々の制約条件は短期間の安定性で終わってしまい，一度最適解であるとして決定された生産台数も，すぐに最適な生産台数でなくなってしまう。したがって過大の在庫あるいは過少在庫をもたらす危険性が生じるので，

新たな制約条件のもとで解を求め修正しているのが現実である。これは，前述のボトルネックが変化してしまう条件下で，解を求めることを意味する。この実現が可能なシステムは「柔らかいシステム」に他ならない（松丸・山下［2003］）。

（5） 柔らかいシステム

　対象となる問題の構造の複雑さに応じて制約条件を適切に選択し，「問題と解の柔らかい結合」と「柔らかいシステム」によって，これに対応することが望ましい。次の考察として，なぜ柔らかくなければうまく対応できないのかを，製品開発の時間と市場の変化の時間を例として考えてみよう。

　製品開発の速さは，科学技術のスピードに依存する。技術は常に更新され，古い技術は陳腐化してしまう。少資源の日本は科学技術で成り立つ国であり，この科学技術が日本経済をリードしてきた。科学技術の変化の速さは，製品開発のスピードをあげ，その結果，製造される製品の寿命の短さにつながる。このように，短命の製品が市場に供給されるが，技術進歩の速さとあいまって市場供給へのスピードも速まり，市場の変化をさらに加速させている。

　一方で，このスピードは，コンピュータの発達によっても加速され，それに伴う情報化はこれまでの経営問題の質とSCMの質を変化させている。例えば，今日の市場を考えてみると，市場に提供される商品寿命は短く，はやり廃れ（流行）のスピードはますます加速され，一時期の優良商品もすぐに経済的・機能的に陳腐化してしまう。したがって時間の関数で考えると，優良商品も不良商品となり，タイミングを失った商品は不良在庫や過剰在庫となってしまう。したがって，市場のニーズを的確に満たし，的確な商品供給をしなければ，すなわち，迅速に対応するサプライチェーンを構築しなければ，企業存続さえ怪しくなってしまうのである。

　次に，柔らかいシステムの実現について，リードタイムと在庫，およびサプライチェーン・ネットワーク(SCN)の視点から考えてみよう。ここで，なぜ柔らかいシステムを実現することが望ましいかを考えるにあたって，図表10-6に示したリードタイムと在庫について検討していくことにする。図表10-6の横軸は在庫数，縦軸はリードタイムである。市場における需要と供給は，αで

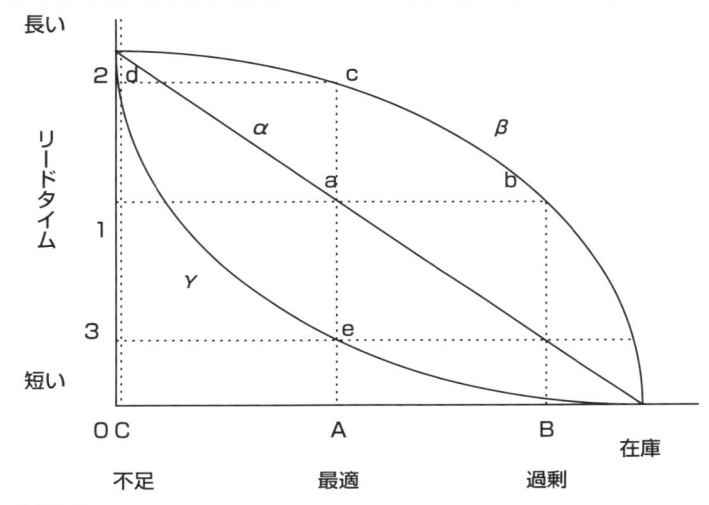

第❿章　管理と支援の共存による柔らかいSCMとタッキング・マネジメント

図表10-6　リードタイムと在庫の関係

（図：縦軸「リードタイム」長い～短い、横軸「在庫」不足（C）、最適（A）、過剰（B）。α直線、β曲線、γ曲線上に点a、b、c、d、e）

出所：筆者作成。

示した直線で捉えることができると仮定しよう。このとき企業は最適在庫をめざすために、部材調達計画から始まり、生産計画と配送計画が決定され、A点で示す最適在庫を実現するサプライチェーンの構築をめざす。縦軸のリードタイムにおける1の位置がこの最適在庫を実現するリードタイムで、このときのリードタイムを実現するサプライチェーンの構成要素として次の図表10-7で示すネットワーク構造のサプライチェーンを考える。

図表10-7において「供給業者，製造業者1，卸売業者&物流業者1，小売業者1，顧客&消費者」のサプライチェーンと「供給業者，製造業者2，卸売業者&物流業者2，小売業者2，顧客&消費者」を考えることにする。図表10-6においてリードタイムの位置1で供給している時間は短く、市場における需要と供給は、β曲線で示した上に凸の曲線に変化したものとする。この市場の変化に気づかずリードタイム1の位置にいると、α直線上のa点は、β曲線上のb点にシフトしてしまう。その結果、在庫はB点の過剰在庫に陥ってしまう。したがって、その対策として、過剰在庫の位置Bを最適在庫の位置Aにするた

201

図表10-7　ネットワーク構造のサプライチェーン

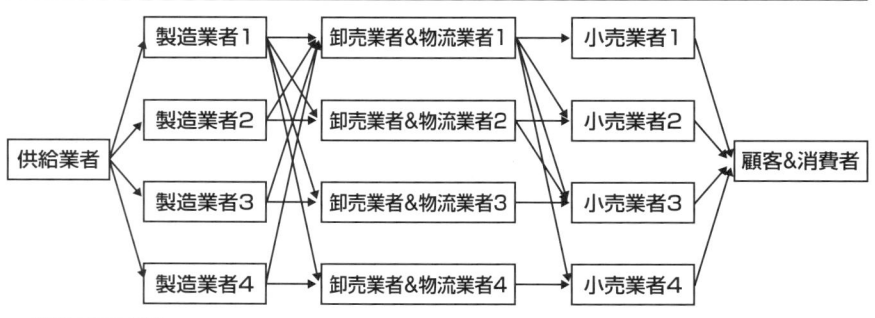

出所：筆者作成。

めには，β曲線上の点bをc点に移動させる手を打たなければならない。それを実現するためには，リードタイムの位置1をリードタイム位置2に移す必要がある。このようなリードタイムを実現するサプライチェーンの構成要素は「供給業者，製造業者1，卸売業者&物流業者1，小売業者1のサプライチェーン」で十分である。しかしながら，前述のように，市場の変化は速いため，位置2で供給している時間は短く，市場における需要と供給は，γ曲線で示した下に凸の曲線に変化するかもしれない。この市場の変化に気づかずにいると，上に凸の曲線上のc点は，γ上のd点に移動してしまう。その結果，在庫はc点の不足状態に陥ってしまう。したがって，不足在庫の位置Cを最適在庫の位置Aにするためには，γ曲線上の点dをe点に移動させる手を打たなければならない。そのためには，リードタイムの位置2をリードタイムの位置3に移す必要がある。このリードタイムを実現するサプライチェーンの構成要素は「供給業者，製造業者1，卸売業者&物流業者1，小売業者1，顧客&消費者」のサプライチェーンの他に，新たなサプライチェーンとして「供給業者，製造業者2，卸売業者&物流業者2，小売業2，顧客&消費者」のサプライチェーンが必要になる。または「供給業者，製造業者3，卸売業者&物流業者3，小売業者3，顧客&消費者」や「供給業者，製造業者4，卸売業者&物流業者4，小売業者4，顧客&消費者」のサプライチェーンが必要となるかもしれない。

　また，各チェーンの構成要素は固定ではなく，例えば「供給業者，製造業者

1，卸売業者＆物流業者2，小売業者3，顧客＆消費者」というように，自由な構成要素の組み換えが可能な，緩やかな結合のチェーンを考えることができる。柔らかいシステムは，固定した1本のチェーンではなく，図表10-8に示すように，いくつもの構成要素からなるネットワーク構造となるのである。

　以上のように，市場動向をみながら柔軟にサプライチェーンの構成を変えることができる柔らかい結合，柔らかいシステムを実現しておかないと，最適在庫を実現することはできない。最適在庫を実現することができないということは，コスト増となり，市場競争に敗れ，市場退出を余儀なくされるという結果になる危険性が高いことを示している。

第3節　タッキング・マネジメント

　本節では，新たなマネジメント・コンセプトとして「タッキング・マネジメント」を提案し，これをSCMにおいて実現するための「タッキングSCM」を提案する。先行きが不透明であっても，また見通しのつきにくい企業環境にあっても，経営を続けていかなければならない企業は，荒海に船を乗り入れ，航海していく比喩に例えることができる。ここで，「艇を操る技術」はクルージング技術を意味するため，このクルージング技術を援用したマネジメント・コンセプトを考えていくことにする。

　現在の企業経営は，向かい風に艇を操舵していく様に類似しており，クルージング技術に例えるならば「タッキング」という技術に相当する。本節ではヨットの操縦と企業経営が類似している点に注目し，そのクルージング技術から学ぶべきマネジメント・コンセプトを抽出していくことにする。その際のマネジメント・コンセプトの基本は，経営環境の変化や速さに対する迅速な対応であり，変化と多様性に俊敏に対応可能な組織である。また個性的なスペシャリストの組合せによるフレキシブル対応である。このようなスピード経営で事業価値を高めることができる（福島［1998］）のではないかと思われる。

　図表10-8は，SCMとタッキング（高槻［2002］）の対比表である。この表からも

図表10-8　SCMとタッキングの類似点

サプライチェーンマネジメント（SCM）	タッキング
サプライチェーンの構成	クルーの構成
供給業者 製造業者 卸売・物流業者 小売業者 顧客・消費者	ジブセールトリマー（シートの調整役） メインセールストリマー（船の前後方向傾きの調整役） ピットマン（前と後ろの中継ぎ） バウマン（マストから前担当） ヘルムマン（舵艇長）
情報の共有化が行われている	コースや風，天候予測など乗組員全員で情報を交換しあって行動している
個の自律性の尊重とフレキシビリティを持つ	いちいち指示しなくても自発的に行動する。
通常の経済環境下ではアジルに対応し，厳しい環境下では方向性を失わないで経営環境に合わせて行動する	微風下では艇速を失わず，強風下では角度を失わないなど，気象情報にあわせて行動する
継続的な改善により問題を解決する	うまく行かなかったら全員で話し合い解決する
SCのチームワークとタイミングを重視する	タッキングするときは全員でポジションなどを変えるなど，チームワークとタイミングを重視する。

出所：筆者作成。

わかるように，タッキングは過酷な状況下においても情報をいかに共有するかが重要であり，SCMにおける情報共有化と類似する。さらに，それぞれの役割が明確なプロフェッショナルの集まりで，かつフレキシブルな組合せにより変化や多様性に対応可能な組織であるという共通性もあることがわかる。また，厳しい国際競争で生き残るためには，どこにムダがあるかと絶えず目を光らせる「継続的改善」の姿勢も，SCMの改善意識と共通する。継続的な改善は，第2節において指摘した，経営問題の性質と解に対応づけられるものである。すなわち，経営問題は厳しい国際競争により，すぐにその条件が変化してしまい，その解も最適化でなくなってしまうのである。これはまた，ボトルネックがしばしば変化することと同様である。

第⓾章　管理と支援の共存による柔らかいSCMとタッキング・マネジメント

図表10-9　タッキング・マネジメントの概念図

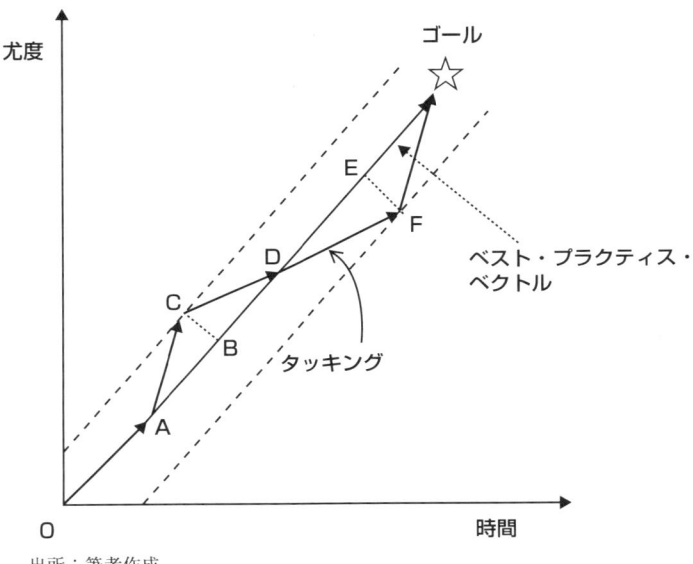

（縦軸：尤度、横軸：時間、O：原点、A・B・C・D・E・F点、ゴール☆、ベスト・プラクティス・ベクトル、タッキング）

出所：筆者作成。

　企業環境の変化は常に破壊的で，利害関係者（ステークホルダー）を不安に落とし込む。しかしながら，環境変化を的確に把握し，その変化に対応する経営が要求される。このコンセプトこそが，「タッキング・マネジメント」である。そこで，図表10-9のようなタッキングを考えてみる。

　いま出発点0から経営目標のゴールに向かうものとする。最も好ましいルートは図表10-9からもわかるように，出発点0から直線的にA点，B点，D点，E点，ゴールへと進むベスト・プラクティス・ベクトルである。ここで最初は制約条件を満たす最適解のA点が得られたとしよう。そして次に最適解B点をめざすのであるが，制約条件からC点しか得られないかもしれない。C点は前述したように最適解ではないけれども，この水準ならば満足できるという欲求水準を満たす満足解であり，受け入れ可能な範囲の解である。したがって，最適解Bをめざすけれども，破線で示した欲求水準の幅（欲求水準限界）を満たしていれば良いとする満足解C点を選択することになる。次は最適解D点が得ら

れたとする。そして次も最適解Eが得られるかとなると，満足水準限界の幅の内部にある満足解F点しか得られないかもしれない。しかしながら，この満足解のF点を得た場合も経営目標のゴールの方向へ向かうことは可能で，最適解の最終目標のゴールに達することができる。このように，タッキングを繰り返すことによって，途中の段階では満足解であっても，最終目標であるゴールの最適解を獲得するというのが，タッキング・マネジメントのコンセプトである。図表10-9において，C点とF点は満足解である。タッキング・マネジメントの観点からいえば，これらの点は与えられた制約条件のもとで解かれた経営問題の満足解ということになる。

現実の経営の場において，新製品発売のタイミングが悪かった，あるいは価格設定が悪かったなどといったことが起こってくるかもしれない。しかしながら，最適なゴールをめざして，遅い意思決定でなく，欲求水準限界の解を満たした迅速な意思決定であれば，最終的に最適方向ベクトルのゴールを向いた経営目標に達する意思決定をすることが可能である。これらのプロセスは，タッキング・マネジメントを行っていることに相当する。またこれが個別企業でなく，サプライチェーンを対象としたものであればタッキングSCMを行っていることに他ならない。

次にサプライチェーンを構成していない個別企業の経営とサプライチェーンを構成しているSCMを比較して，なぜサプライチェーンを構成しているSCMにおいて，よりタッキングが重要な位置を占めるかについて考察してみる。それはサプライチェーンであるがゆえの次の問題点，すなわち，

① ゴール（全体最適）への視界が個別企業に比較してクリアでない。
② 取引やロケーションなどにおいて障害（制約）が大きい。
③ 結果がみえるようになるまで時間がかかる。

を，タッキングにより解決することができるので，個別企業に比較して，SCMではタッキングが重要な位置を占めるのである。

本節では，タッキング・マネジメントと柔らかいSCMの2つのコンセプトを結合・融合させ，スパイラルアップさせることにより，タッキングSCMの概念を提案した。タッキングSCMは，それぞれの役割が明確なプロフェッシ

ョナルの集団であることや，フレキシブルな組合せで，変化や多様性に対して俊敏に対応可能な組織であり，これにより不透明な時代に事業価値を高めることができるという視点を提示した。事業環境は刻々と変化しており，競争に強く効率的な経営を理解するため，また利害関係者を含めたSCMを理解するため，「タッキングSCM」という概念は有効性を発揮しうるのではないかと思われる。

第4節　TOCC（組合せ制約理論）とタッキング・マネジメント

　多くの問題や障害は存在するが，これを解消しながら常に前進する経営を行う「タッキング・マネジメント」は，ボトルネックが次々と変化するがこれを解消しながら進んでいくマネジメントでもあり，そういった意味で第6章のTOCCと深いつながりを持つ。タッキングの名称がヨットの操舵技術に由来することは，前述の通りである。向かう目標地点(ゴール)，例えば経営目標は，最適距離の直線(最適解)であるけれども，障害となるボトルネック，すなわち波の高さや風向きの障害を回避するために，左右に舵をきって進むのである。したがって最短距離ではない(満足解)けれども，障害を回避しながら前に進むように操縦するタッキング技術は，数多くの制約条件を克服して経営するマネジメント技術に似ている。またタッキング・マネジメントは，常に変化するボトルネックに対応するために，制約条件を克服しながらスループットを増大させると同時に，余力工程を活用しながらスループットを最大化するマネジメントでもある。換言すれば，持てる経営資源を遊ばせないように有効に活用しながら，スループットを最大化するマネジメントなのである。

　第6章では非ボトルネック工程の余力を有効に活用するような同期化を「スマート・シンクロナイゼーション」として位置づけ，そのためにTOCを，複数のサプライチェーンの制約条件(ボトルネック)の組合せ問題へと拡張している。これが，TOCC(組合せ制約理論)であり，1本のサプライチェーンの制約条件

(ボトルネック工程)のみならず，複数のサプライチェーンにおける制約条件の組合せを考えることにより，TOCの長所を維持しながら，短所を克服するのである。第6章では，これを工程の生産能力の側面から考察したが，ここでは経営戦略の側面から考えてみよう。

いうまでもなく，経営戦略はきびしい生存競争下にある企業の長期的存続にとって重要な役割を果たしている。1つの制約条件(ボトルネックとなる経営条件)のみならず，複数の経営における制約条件の組合せを考えることにより，TOCの長所を維持しながら，短所を克服するTOCCは現代の経営の縮図とでもいうべきものであろう。企業を取り巻く環境は①急速な技術革新，②社会環境の変化，③消費者の嗜好の変化，④勤労者の価値観の変化，⑤競争のグローバル化などにより，その変化を加速し，不透明さが増し，経営戦略の役割はますますその重要性を増大させている。

一般に経営戦略は，多様なサブ・システムからなる1つのシステムと考えることができる。経営戦略をサブ・システムに分割する際の主たる基準は，機能と事業分野である。経営戦略を，人事戦略，生産戦略，研究開発戦略，財務戦略，商品企画戦略，マーケティング戦略などの機能別に分割するのが，機能による分割である。一方，事業分野による分割は，事業単位(ビジネス・ユニット)

図表10-10　機能戦略と事業戦略の整合性

機能戦略 ＼ 事業戦略	事業戦略α	事業戦略β	事業戦略γ
人事戦略A	(α,A)	(β,A)	(γ,A)
生産戦略B	(α,B)	(β,B)	(γ,B)
研究開発戦略C	(α,C)	(β,C)	(γ,C)
財務戦略D	(α,D)	(β,D)	(γ,D)
商品企画戦略E	(α,E)	(β,E)	(γ,E)
マーケティング戦略F	(α,F)	(β,F)	(γ,F)
購買戦略G	(α,G)	(β,G)	(γ,G)
物流戦略H	(α,H)	(β,H)	(γ,H)

出所：筆者作成。

第❿章　管理と支援の共存による柔らかいSCMとタッキング・マネジメント

ごとに分割する基準である。そして，これらのサブ・システムを統合する役割を果たしているものが，全社の経営戦略である。例えば，図表10-10のような関係となる。

ここで，TOCCとタッキング・マネジメントおよび柔らかいSCMの関係を，第6章と同様に図表10-11のような道路のアナロジーで考えてみよう。

図表10-11の2本の道路は，2つの事業戦略を意味し，道路1は事業戦略αを，道路2は事業戦略βを表すものとする。また2本の道路は工事中であり，部分的に道幅が狭くなっている。この道幅が各経営戦略の実行能力を表すもの

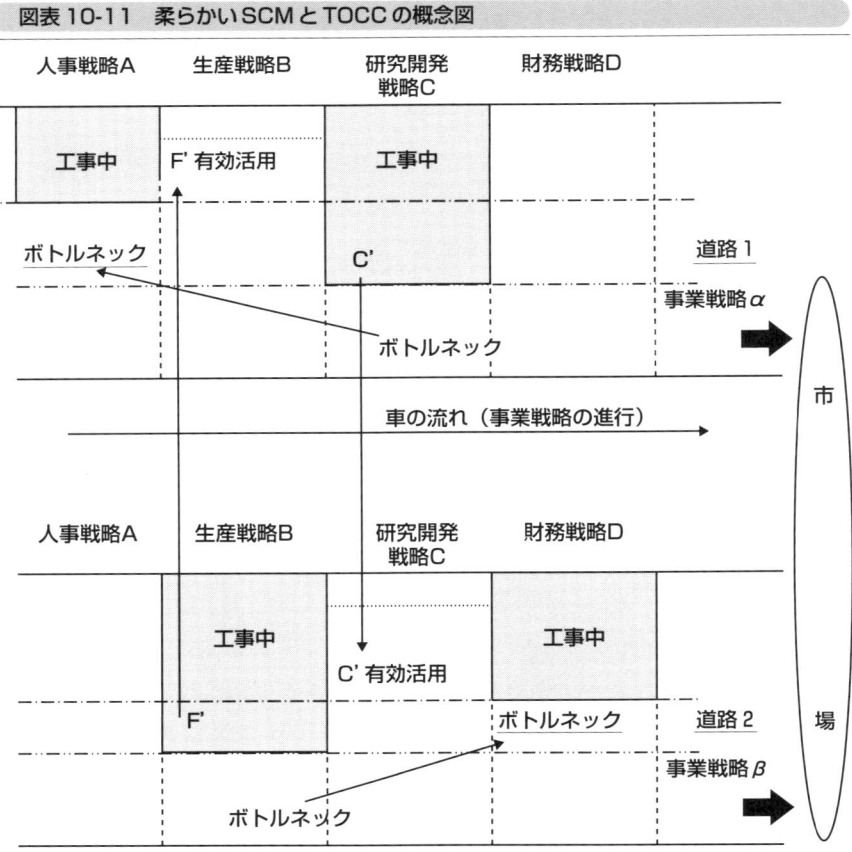

図表10-11　柔らかいSCMとTOCCの概念図

出所：筆者作成。

とすれば,それぞれの戦略によってその実行能力が異なるということになる。

　道路1では研究開発戦略Cの道幅が,また道路2では生産戦略Bの道幅が最も狭くなっており,これは研究開発戦略Cと生産戦略Bがボトルネックとなっていることを示している。すなわち,研究開発戦略Cが順調に進んでいないので,事業戦略αが順調に進まない状態となっている。また生産戦略Bが順調に進んでいないので,事業戦略βが順調に進まないことを示している。もしこのままの道幅(生産能力)で車が走れば,事業戦略αの生産戦略Bと事業戦略βの人事戦略Aに渋滞が生じる。この渋滞が「経営の障害」である。そこでTOCはボトルネックの視点にすべての視点を合わせ込むことにより,サプライチェーン全体の同期化を図り(道幅を一定にして),スムーズな経営のパフォーマンス(車の流れ)を達成しようとする。これによりムリのないかたちでスマートな同期化を行うのである。

　さらにTOCCでは,ボトルネックとなる戦略を,他の事業戦略の視点から実行しようとすることになる。例えば,図表10-11において事業戦略αの研究開発戦略Cを事業戦略βの研究開発戦略Cで,また事業戦略βの生産戦略Bを事業戦略αの生産戦略Bで,それぞれ実行可能であれば,事業戦略αと事業戦略βの経営戦略(道幅)は一点破線のレベルに向上する。すなわち,事業戦略αの研究開発戦略Cである戦略(α,c)を,事業戦略βの研究開発戦略Cである戦略(β,c)で実行する。また,事業戦略βの生産戦略Bである戦略(β,B)を,事業戦略αの生産戦略Bである戦略(α,B)で実行するということである。TOCの同期化により生じる,非ボトルネックの余力が有効に活用されるのである。以上のように,第6章で提示されたTOCCは,経営戦略の面においても有効性を発揮しうることがわかる。

　図表10-11は,TOC→TOCCの拡張により,TOCのボトルネックに合わせ込む同期化で生じる余力(事業戦略αの生産戦略Bと事業戦略βの研究開発戦略C)を活用して他の事業戦略(道路)におけるボトルネック工程(事業戦略βの生産戦略Bと事業戦略αの研究開発戦略C)の戦略を遂行し,かつ両方の事業戦略とも新たなボトルネック戦略(事業戦略αの人事戦略Aと事業戦略βの財務戦略D)に合わせ込まれていることを示している。このように,制約条件(ボトルネック)

を組み合わせる(Combine)ことにより，各機能別戦略の能力の有効活用を図ると同時に，ボトルネックの水準を二点破線から一点破線へと上昇させ事業戦略のレベルを向上させることができ，そういった意味でTOCCは経営戦略の面においても有効であることが理解されよう。

参考文献

朝日新聞［2003］be on Saturday，2003年9月6日付。
福島美明［1998］『サプライチェーン経営革命』日本経済新聞社。
李省勲・松丸正延［2003］「リターン・リスクの予測を用いたポートフォリオの構築」『日本経営工学会平成15年度春季大会予稿集』pp.188-189。
今岡善次郎［2001］『サプライチェーンマネジメント』工業調査会。
亀川博史・松丸正延［2000］「外国為替レートにおける動的カオス解析の研究」『日本経営工学会論文誌』Vol.51，No.5，pp.426-435。
経営情報学会経営情報学カリキュラム研究部会［1993］『研究報告書』経営情報学会。
小橋康章・飯島淳一［1997］「支援の定義と支援論の必要性」『組織科学』第30巻,第3号,pp.16-23。
松丸正延［1997］「経営工学と支援」『組織科学』第30巻,第3号,pp.24-32。
松丸正延［2000］「管理と支援のシナジー」，支援基礎論研究会編『支援学』東方出版，pp.99-121。
松丸正延［2003］「現代の経営問題とタッキングSCMの概念」『明大商学論叢』pp.63-73。
松丸正延・山下洋史［2003］「「柔らかいSCM」の概念」『第30回日本経営システム学会全国研究発表大会講演論文集』pp.65-69。
村田晴夫［1988］『管理の哲学』文眞堂。
西川智登・清水静江・宮本日出雄［1992］「意志決定過程における入力情報に対する判断力の構造」『日本経営システム学会誌』Vol.9，No.1，pp.35-41。
高槻和宏［2002］『クルーワークトラの巻』株式会社舵社。
山下洋史・松丸正延［1996］「ファジィ事象の確率を用いた行動エントロピーの分析モデル」『日本経営システム学会誌』Vol.13，No.1，pp.33-38。
山下洋史・松丸正延［2003］「「タッキング・マネジメント」に関する研究」『第30回日本経営システム学会全国大会講演論文集』pp.61-64。

第**11**章

e-SCMにおける社会的責任：
自然環境保護への対応

本章のねらい

① 現代では，企業が社会的責任を果たすことが重要であるといわれている。これを理解する前提として企業とは何か，誰のための企業であるかということを確認する。その上で，TOCCにおける社会的責任について理解する。

② e-SCMの定義と環境問題の重要性について理解する。

③ e-SCMにおいて，環境の内部化が必要となっており，これは部分最適（局所最適）ではなく全体最適を追求するというSCMのコンセプトと整合的なアプローチであることを理解する。

④ 環境の内部化を進めるための方策の中核に「循環型e-SCM」構築を位置づける。その上で「循環型e-SCM」が進化していく過程において，環境への取り組みだけではなく，CSR対応に優れた企業同士が連携することにより，グリーン連鎖からCSR連鎖ともいうべき連携が形成されつつある点を理解する。

⑤ 現在では，e-SCMの連鎖における全体最適を構成する一要素として，「リスク対応」の観点の重要性が認識され始めている。すなわち，「企業群の社会的責任」を含めたe-SCMの全体最適の実現により，CSRが一層進展するという観点である。さらにCSRの意識の高い企業同士の結合とその結合を通じた相互信頼関係の構築とは，当該企業間のwin-win関係を一層強固にし，したがってこうした企業群は持続可能な成長を期待することができる好循環のサイクルを歩むことが可能となるという点について理解を深める。

第1節　企業の社会的責任

1．社会的責任（CSR）論の展開とその意味

　西洋においては「企業がいかなる役割を果たすべきなのか」という問いへの答えとしてしばしば登場する表現が，The business of business is business'であった。すなわち，「企業は事業を行う主体であり，それ以上でも以下でもない」という解釈であり，企業はあくまでも所有者である株主のために利潤追求を最大化することがその存在する最大の理由であるという。「企業とは何か，企業は誰のためにあるか」という問いに対して「企業は株主の利益のためにのみ存在する組織」という伝統的な考え方が基本的な背景にある。企業に資金を投資したのが株主であるために当然企業は株主のためにのみ存在すべきであるという「正当性（legitimacy）」を根拠に主張しているし，これは日本においてもいまだに根強いものである。近年でもアメリカの経済学者であるミルトン・フリードマンは，このような考えに基づいて企業が利益追求以外のことを手がけると，社会の資源配分が不効率となり，社会全体の厚生が低下するという主張を繰り広げている（Friedman, M.[1988]）。実際に，彼は『ニューヨーク・タイムズ』に掲載したエッセイを通して株主の利益に直接的にならない企業の社会的責任（Corporate Social Responsibility：CSR）活動は単なる株主の利益を盗むことであり，ただの巧みなPRにすぎないと，その遂行にあたっている経営者達を猛非難した。

　この古くて伝統的な考え方は，近代文明が始まり近代資本主義の象徴として認識される株式会社制度が誕生してから相当な期間が経過するまで多くの人々に当然なものとして受け入れられていた。しかし，資本投資の形態が有価証券（株式）という制度的な形で整備され，一般人による少額の投資が活性化されてからは，企業の規模が人々の想像を絶するほど急成長した。それと同時に，資本主義社会の根幹を揺るがすような様々な問題が企業によって引き起こされた。2001年から2002年にかけてアメリカ資本主義の根幹を揺るがしたエンロ

ンやワールドコムなどの企業不祥事事件はその典型的な例である。

この背景には、企業が社会に対して影響を及ぼす多様な要素、すなわち過去に考えられもしなかった企業の強力な「権力」が生じ、その活動領域である社会において様々な問題を引き起こしているという事実がある。社会に対する企業の権力には、経済的権力、個人に対する権力、技術的権力、環境に対する権力、社会的・文化的権力、政治的権力などが存在する（エプスタイン［1996］pp.34-36）。その具体的な例を示したのが図表11-1である。

図表11-1　企業の社会に有する諸権力

権力の類型	内　　容
経済的権力	希少な財と資源の生産と流通の性質、質、価格そして条件をコントロールする能力
個人に対する権力	株式会社と直接関係を持っている個人（例：従業員もしくは株主）、社会における社会的性格と個人主義の性質に及ぼす会社の影響力
技術的権力	社会内部の技術変化の方向、速度、帰結を決定する際の株式会社の役割
環境に対する権力	天然資源の利用地域開発全体に関して自然環境に与える株式会社の作用
社会的・文化的権力	他の社会的諸制度の性格もしくはパフォーマンス、文化的価値観、道徳観、生活様式など
政治的権力	政府の意思決定および公共政策に影響を及ぼす株式会社の能力。それらによって公衆全体ならびに明確に限定された他の社会的利益集団に及ぼす影響力

出所：エプスタイン［1966］pp.34-36を再整理。

ではこの企業の有する諸権力は社会を構成するどの存在に対して影響を及ぼすのか。その答えとして頻繁に登場する用語が利害関係者（ステークホルダー）である。この利害関係者は「その支持がなければ企業が存続できないような個人や集団であり、企業に対して利害関係があると主張する個人や集団」のことを指している。さらに、この利害関係者はその関連性の度合いによって株主、債権者、従業員、顧客、納入業者などの第一義的な利害関係者と、政府、地域

住民，公衆，各種利益団体などの第二義的な利害関係者に大別される。

　企業経営のために経営者が意思決定を行う際，利害関係者という存在を意識するというのは，企業経営の本質が従来まで行われていた株主重視の経営から，株主を含む利害関係者間の利害のバランスをとった経営へと変わりつつあるということである。CSRの意味をめぐる論争は，アメリカの人権運動家であるラルフ・ネーダーらによってジェネラル・モータズ(GM)に対するキャンペーンが張られたこと，いわゆる「キャンペーンGM」を展開することによって社会からさらなる注目を集めるようになった。彼らの目的はGMを社会的に責任のある企業にすることであった。この結果，GMの経営者たちは彼らの要求を受け入れ，取締役会のメンバーとして女性やマイノリティの代表者を参加させたり，慈善事業や芸術活動のための基金を組成した(Freeman and Daniel[1988])。

　一方，企業規模の巨大化と権力の拡大への対抗策として，利害関係者側はその組織力をより一層強化しようとする傾向がみられるようになっている。企業との交渉を行う中で蓄積してきたノウハウをベースに市民運動家のような職業へと転職して活躍する人も登場するようになった。特に，近年ではグローバル化と情報化の進展とともに，その活動がグローバルに展開される組織やネットワークも登場するようにもなっている。例えば，世界的な規模での自然保護団体として知られているグリーン・ピース(green peace)はその典型的な例である。実際に，これらの利害関係者の活発な活動により，企業の存続すら危機にさらされているケースもマスコミからしばしば報道されている。

　このような背景から，将来に様々な不祥事を起す可能性を有する企業が，利害関係者からの批判あるいは攻撃的な反応に十分に備えるべきであるという消極的な観点に立ち，その対応をあらかじめ行おうというのがCSRの出発点である。近年では利害関係者からの攻撃的な行動に対する対応という観点からだけではなく，企業自らが率先して利害関係者のために行う様々な活動，すなわちメセナや社会貢献，さらには，企業倫理の次元をも含む，より拡張された形でCSRという概念が理解されるようになっている。前者を狭義のCSRといい，後者を広義のCSRと呼ぶ。本章では後者の観点に立ち，e-SCMに関わる企業の社会的責任を論じることにする[1]。

2．自然環境保護とCSR

　企業が社会に対して権力を持つことと，社会への責任を問われることは表裏一体の関係にある。図表11-1に示したように，企業は自然環境に対する権力あるいは影響力を持っており，自然環境の保護に対する社会的責任を負わなければならない。しかしながら，先進諸国の多くの企業が公害や環境汚染への対応に関する経験やノウハウを蓄積してきたにもかかわらず，グローバル化する企業活動は様々な自然環境問題を発生させ，それへの対応は常に後手に回る傾向がある。発展途上国においては，経済発展が自然環境保護よりも優先される場合が多く，本書のテーマであるグローバルなビジネスプロセスのスマートな運用を実現するためには，自然環境保護への責任を企業がまっとうすることが必然的に求められる。実際のところ，世界的なレベルにおいて自然環境問題に対する関心が高まりつつあり，自然環境汚染やエネルギー節約(省エネ)等への対策といった，自然環境に対する配慮を組み入れた企業戦略の選択というマネジメント上の意思決定が企業には迫られている。社会は企業に対して，CSRという言葉で表される，環境保護を含む様々な社会的要請に対して，現実的な対応に向けた努力を求めているのである。こうした現状の理解に基づいて，以下，自然環境保護への対応がどのような形で，SCMならびにe-SCMにおいて実現されうるのかについて考察する。

第2節　環境の内部化

1．環境の外部化と内部化

　自然環境への取組みがますます重要性を増す中で，鷲田は「環境の内部化」の必要性を指摘し，社会経済システムにおける「環境の外部化」が今日の深刻な環境問題を引き起こしている主要な原因であるとの認識を示している(鷲田[1999])。鷲田によれば，「環境の外部化」とはすなわち，「環境経済的な機能」あるいは「文化的な機能」が，社会経済システムの外部に位置づけられてきた(＝外部化)ことを指す。従来はこうした考え方が支配的であったことから，企

業が保有する「環境経済的な機能」や「文化的な機能」が，これまで企業の目標としては注目されてこなかったのである。

　一方，「環境の内部化」は，環境の機能，すなわち企業が依って立つ社会の基盤となっている自然環境の保全を企業運営の流れの内部に組み入れることを意味する。その実施のためには，社会による環境アセスメントを行うことが有効であろう。CSRという社会的期待が存在する現代のビジネス環境において，SCMを構築・運用するためには，個々の企業レベルで自然環境保護に取り組むのでは不十分である可能性がある。むしろサプライチェーン全体のレベルで環境の内部化を，SCM構築における不可欠な要素として位置づけるべきであろう。

2．環境の内部化の例

　環境の内部化がどのような形でサプライチェーンに適用され具現化されているのか，以下ではソニーの例を引いて検証する。

　ソニーが製造販売する電化製品は，一製品あたり数百から数千ものパーツで構成されており，様々な化学物質が含まれている。もし，製品に含まれている化学物質の中でも，われわれが有害性について懸念しているような化学物質が，廃棄段階で適切に処理されなければ，ある種の環境リスクを増幅させかねない。

　製品に含まれているこのような化学物質を管理するために，ソニーは，ソニーグループ内での生産活動だけでなく，パーツや資材を取り扱うサプライヤーの活動までも含めて，サプライチェーン全体の適切な管理を試みている（図表11-2）。

　2001年に，ソニーはPS one（ゲーム機）の周辺機器に使用されているカドミウムの含有量が規制値を超えていることを，オランダ当局によって指摘された。この指摘を契機にして，ソニーは従来のサプライチェーンと社内の管理体制の根本的な改善に取り組み，包括的な管理システムを導入し，実施している[2]。こうした包括的管理を必要とする理由として，各国の当局だけでなく消費者も，企業に対して，環境対策を率先して行うことを要請しているという点があげられる。

第⓫章　e-SCMにおける社会的責任：自然環境保護への対応

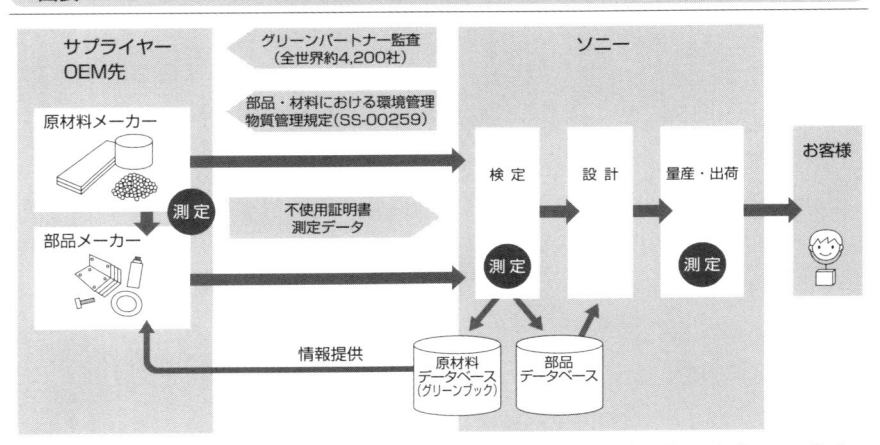

図表11-2　ソニーのSCMにおける環境問題への対応：化学物質の管理チャート

出所：http://www.sony.co.jp/SonyInfo/Environment/environment/products/substance/index.html#block3.

　また，企業の中でも，とりわけ国際的な市場での取引を行う企業は，環境問題やその他のグローバルな問題を解決するための自社の取組みを市場がどのように評価しているのかという点に大きな注意を払う必要が出てきている。なぜならば，市場による評価は，最終的に当該企業の財務指標（financial index）に影響を与えるからである。一般的に，企業の評価は通常は収益性，安全性あるいは成長可能性など，ある種の財務指標に基づいて行われる。しかしながら，近年ではフィランソロピーについての視点あるいは環境保護に対する企業の姿勢も重要視されつつあるため，企業はこうした点にも十分な注意を払わなくてはならない。

3．環境問題対策と企業業績

　前述した「環境の内部化」とは，具体的には実際の企業運営の中に環境問題対策を組み込むことを意味する。この対策は，新技術，製品，製造，およびマネジメント手法などにおけるイノベーションを生み出す原動力となり，したがって適切にデザインされた環境基準は，製品のトータル・コストを削減させる，またはその価値を向上させるといったイノベーションの契機となりうる。こう

したイノベーションは，企業がより生産的に投入物(環境へのインパクトを改善するためのコストや行き詰まりを打破するための原材料から余剰労働力まで)を使用することを可能とする。最終的には，この向上した資源の生産性が，企業により強い競争力を持たせる，もしくはそれ以上の結果をもたらすと考えられる(Porter and van der Linde[1995])。

　Hart[1997]，によれば，持続可能な発展のための戦略は，環境戦略における次のような3つの段階において実行しうるという。それは，①環境保護，②製造における汚染防止だけでなく，製品の全ライフ・サイクルに関わる環境インパクトの最小限化に焦点を当てたプロダクト・スチュワードシップ(化学物質の総合安全管理)，③クリーン・テクノロジーである。また，「企業は資源，技術，世界的勢力，そして究極的には，持続可能性を獲得しようとするモチベーションを持つ唯一の組織である」とも彼は述べる。

　さらに，Porter and van der Linde[1995]は，環境問題に焦点を当てる際，企業が使用する製造過程に関わる多くの資源の生産性を上昇させる革新的な方法を用いることによって，最終結果は劇的に環境インパクトを減少させるだけでなく，コスト削減，より良い製品品質，そして国際競争力の向上までもなしえると指摘する。

　従来，一般的には，エコロジーとエコノミーの間には，固有のトレードオフがあると考えられていた。しかしながら，こうした考え方のために現在の環境汚染は起きているのである。従来の企業活動では，一般的に自然環境保護がビジネスに対して持つポジティブな側面を見過ごしてきた。そればかりでなく，廃棄されたりもしくは消費されたりした資源へのコストに対する認識あるいは処理手続きや廃棄の過程での環境汚染コントロールといったアプローチばかりに焦点が当てられてきた(Porter and van der Linde[1995])。確かに，近年，より進んだ企業，あるいは中央・地方行政機関などの規制当局は，ときとしてソース・リダクション(資源量削減)とも呼ばれる，環境保護の概念をその多様な活動の中に取り入れてきた。しかしこれだけでは不十分である。すなわち，ここで認識しなければならない点は，環境汚染がもたらす機会費用はすでに深刻な現実的問題であるということである。環境改善と競争の共存を可能にするた

めに，企業は資源生産性概念を受容し，汚染廃棄資源ならびに低下した生産物価値の機会費用を明示的な費用項目として算定するようにするべきであろう（Porter and van der Linde[1995]）。

4．環境の内部化とSCM

SCMにおける環境の内部化を実施するにあたっては，サプライチェーンの概念の中で環境問題を的確に位置づけなければならない。環境に対して直接的に影響を与えうるのは，個々の企業活動であるのは一面の事実であるものの，サプライチェーンを構成する企業は，サプライチェーン全体として環境問題の解決に取り組むことのメリットを理解しなければならない。なぜならば，サプライチェーン全体としての行動が，企業にとってのコストの削減，より良い製品品質や高い国際競争力を実現しうるのと同時に，環境問題へのより良い対応をしうるからである。こうした考え方を組み入れたモデルが，図表11-3である。このモデルはSCMにおける「循環」の概念を説明し，従来，SCMの重要な要素としては認識されてこなかったリサイクリングと廃棄物処理過程に焦点を当てている。また，消費者がSCMシステムに組み込まれているのもこのモデルの特徴である。これは，生産者と消費者が環境問題への対応のためにSCM

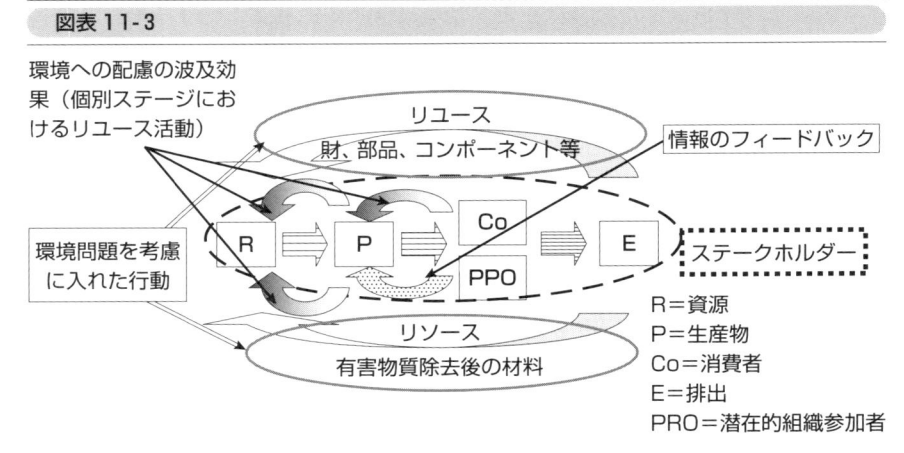

図表11-3

環境への配慮の波及効果（個別ステージにおけるリユース活動）

リユース　財、部品、コンポーネント等

情報のフィードバック

環境問題を考慮に入れた行動

R ⇒ P ⇒ Co ⇒ E
　　　　　　PPO

ステークホルダー

リソース　有害物質除去後の材料

R＝資源
P＝生産物
Co＝消費者
E＝排出
PRO＝潜在的組織参加者

出所：松田[2005]p.131。

システムにおいて協調して取り組む可能性を示すものであり，この協調した取り組みを通じて循環型社会という価値を社会に定着させることも視野に入れている（松田[2004]）。

すなわち，消費者を「組織への潜在的な参加者」とみなし，資源から廃棄物までの連鎖を利害関係者の連鎖と考え，連鎖に「組織の潜在的参加者」の概念を組み込むことを可能とする。この連鎖において利用されている情報の中には，消費者からチェーンを構成している個々の対象にフィードバックされるものもある。さらに，このフィードバック・プロセスにおいて環境への配慮の波及効果（連鎖反応）が期待される。結果的に，環境問題対策を現実の企業のSCMのオペレーションに組み込むことにより，何らかのプロセスあるいは製品のイノベーションの可能性が高くなることが予想される。

第3節　グリーン連鎖と環境負荷を抑えたSCM
――グリーン・ベンダーとグリーン製品資材――

サプライチェーンは，原材料サプライヤーから部品業者，最終製品メーカーまでの幾つもの企業から構成される。それゆえ，使用が禁止されている物質が工程のどこかで混入したならば，最終製品は結果的に有害な物質を含むことになる。さらに，組立業者が使用するパーツや原材料は，何千にも及ぶ部品を用い，そこに含まれる化学物質の構成はサプライチェーンの状況によって変化しうる。結果的に，組立業者にとってサプライチェーンで用いられるすべてのパーツや原材料に含まれている化学物質を管理することは容易ではない。

他方，容器包装リサイクル法，電化製品リサイクル法の施行や，CO_2排出規制対策，グリーン調達等を迫る社会的圧力の高まりといった要因により，企業における環境コストの増加が指摘されるようになってきている。こうした状況に対応するために，市場に最終製品を供給する製品メーカーは，製造工程において様々な環境問題対策を講じることが必要となる，具体的な対策としては，エコ・デザイン，グリーン調達，再生原材料の使用，そして製造段階における

省エネ対策があげられる。

「エコ・フレンドリーな製品」の製造工程においては，はじめに環境配慮要請が製品メーカーからパーツ・メーカーへと行われる。次に，環境配慮要請はパーツ・メーカーから原材料メーカーに伝えられ，さらにその要請はサプライチェーンの上流へと引き継がれていく（図表11-3を参照されたい）。

一方で，「再生資源の使用」については，原材料の流れの中に2つのルートが考えられる。1つは，製品メーカー独自の再生ルートであり，もう1つは廃棄のルートである。これら2つのルートにおいては，リサイクル業者がパーツ・メーカーや原材料マーケットに「再生資源」としてそのスクラップを供給する。製品製造業者からパーツ・サプライヤー，さらには原材料製造業者へといったこのチェーンにおいて再生資源の使用の広がりは自然環境保護にとって重要である。環境配慮製品の市場拡大にとって，製品製造業者だけでなくパーツ・サプライヤーや原材料製造業者までをも含むサプライチェーン全体に対して環境配慮の視点からのアプローチが不可欠である。

近年，製品仕様（製品規格）を決定する製品メーカーの中には，環境配慮アプローチに関する情報を最終製品仕様書（規格）に盛り込む動きが出てきている。また，さらなる環境配慮要請への具体的な対応として，環境マネジメント・システム（EMS）の構築や化学物質マネジメントへの要請が一般に議論されるようになっている。こうした状況を受け，多くの企業がISO14000シリーズ（とりわけISO14001）の取得を推し進めており，政府も環境対策に関する規制を行っている。例えば，環境汚染を事前に防ぐため，製品に含まれる化学物質の使用を制限する法制度や情報公開を義務づけることが一部の国や地域において進められている。

前述のように，ソニーは自社のSCMにおいて環境対策を行っている。同社によれば，サプライチェーンにおける化学物質のマネジメント・チャートに従ってソニーの化学物質のマネジメントは整然と行われていると述べられている。このような傾向はキヤノンやエプソンなどのSCMにおいても確認することができる[3]。同様に例えばエプソンは独自の条件を設け，化学物質削減と環境保護活動に取り組むことをサプライヤーに求めている。多くのケースにお

いて，この基準はISO基準に従うものとなっている。それゆえ，ISO基準を取得することができない企業は，サプライチェーンのメンバーにはなれない。このため，各企業(サプライヤー)は環境問題対策を講じなければならない。今や環境問題対策は，現在の激しい企業競争を勝ち抜くために，企業にとって不可避の重要事項となっている。言い換えれば，環境問題対策は主な競争上の資源となっている。

　上述の議論に従えば，「環境の内部化」の概念および環境問題対策の重要性は明白である。なぜなら，両者とも資源生産性の枠組みにおいて，環境改善の努力を通じたイノベーションにより主たる競争上の資源を企業にもたらすからである。

　ISO基準は世界中で最も有効で信頼性の高い基準の1つとしてみなされている。図表11-4をみるとISO基準が世界中の多くの企業に導入されていることがわかる。また，日本のISO取得業者の数が，その他の国々のそれに比べ群を抜いて多い。実は，環境への対策に関しては，とりわけ日本の製造業には世界的なレベルでの競争優位が存在する(中野[2003])。

　そのため，日本以外の国々において事業を展開する日本の製造業企業は，日本の環境基準あるいはそれ以上に厳しい基準に沿った環境対策をスタートさせ

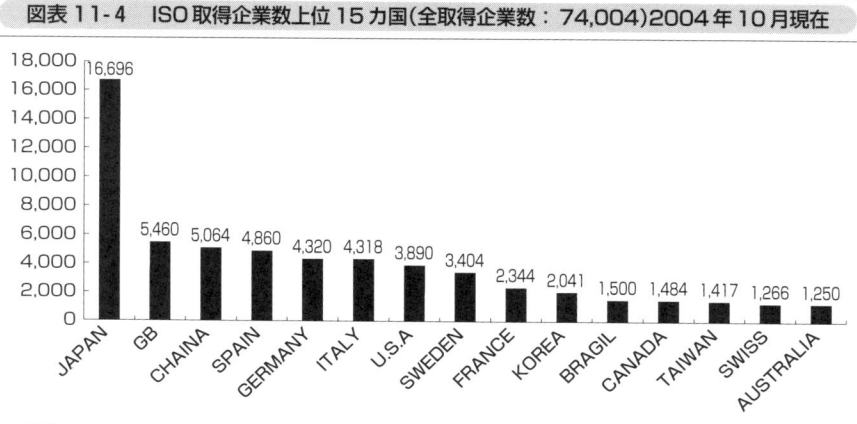

図表11-4　ISO取得企業数上位15カ国(全取得企業数：74,004)2004年10月現在

JAPAN	16,696
GB	5,460
CHAINA	5,064
SPAIN	4,860
GERMANY	4,320
ITALY	4,318
U.S.A	3,890
SWEDEN	3,404
FRANCE	2,344
KOREA	2,041
BRAGIL	1,500
CANADA	1,484
TAIWAN	1,417
SWISS	1,266
AUSTRALIA	1,250

出所：http://www.ecology.or.jp/isoworld/

ようとしている。こうした動向は，環境問題への対応として極めて有用である。しかし，他方では，日本で導入されている環境対策基準はISOの取得によって代用されているので，二次サプライヤーや三次サプライヤーに多額の出費を強いるということが引き起こされている。こうした環境への負荷を低減させる費用は製造工程で排出された汚染物質の除去，排出量を減少させるための環境保護対策費用の要求のみならず，ISOの取得とその維持費用も含んでいる。つまり，環境対策をサプライヤーに求めることは，サプライヤーの財政的負担を増やすことにもつながる。さらに，サプライヤーがISOをすでに取得している場合，サプライヤーは日本の製造業者独自の基準を難なく取得することができる。なぜならば，製造業者の基準とISO基準はほぼ同一ともいえるからである。すなわち，独自の環境対策基準がISO基準とマッチしていなければ，大手製造業のサプライヤーとしての企業の存在は保証されないのである。例えば，エプソンの場合，プリント配線回路を作るサプライヤーは，プリント配線基板に使用する原材料に関する環境的配慮を保証する。この保証はISOやITエコ宣言に基づく要請である[4]。この場合のように，エプソンのサプライヤーになるために，パーツ・メーカーはISOやそれに類似の何らかの基準を受け入れなければならない。さもなければ，サプライヤーはエプソンから仕事を得ることができない。このことはエプソンによる一種のサプライヤー選抜として考えられる。

このように，競争力のある企業によって構築されたサプライチェーンに入るためには，サプライヤーは高いハードルをクリアしなければならない。エプソンの例では，サプライヤーは環境対策の基準に合致するよう，製品ならびに製造工程を調整することになる。

第4節　e-SCMにおけるグリーン連鎖からCSR連鎖への動き

1．企業群としての社会的責任

　企業の経営環境が一層厳しくなっている近年において，企業間における競争は激化しており，多くの企業が事業の選択と集中といった競争戦略を実施している。しかし，企業を取り巻く環境変化のスピードは速く，従来のように自社の経営資源，経営能力だけではその変化に対応することが難しくなりつつある。そのため近年では，外部の経営資源や経営能力を有効に活用するためのマネジメント手法として，従来の企業系列のような垂直型で堅い結合(tight coupling)ではなく，「提携(alliance)」や「Supply Chain」のようなオープン水平型のネットワーク，開放型組織間関係によって環境の変化に柔軟に対応することが可能な「柔らかい結合(loose coupling)(Cohen et al.[1972])」をめざした戦略的アライアンス(桑島[2000])が注目されている。金子ら[2003]は，近年では企業間競争が企業群間競争へと変化していると指摘している。

　一方，最近では企業不祥事が頻発し，また環境問題も一層重視されるようになっているため，企業間競争は，また単に高品質・低価格の商品を顧客に提供するだけではなく，企業の信頼性・透明性・環境対策も視野に入れながら行われることが求められている。また，企業を取り巻く利害関係者(ステークホルダー)の利害のあり方が多様化してきたことにより，社会と調和した新しい企業経営が求められてきている。利害関係者はCSRを重視した視点から，企業経営のあり方を求め始めている。

　しかしながら，近年では個々の企業の社会的責任のみならず，「企業群」全体としての社会的責任が問われるようになっている(上原[2003])。この点についてサプライチェーンにおけるリスクマネジメントをその典型的な例として示す。

　従来のサプライチェーンにおいては，下請け・孫請けといった上下構造によ

って共存共栄を保ち，それぞれの企業がリスクを分担し，かつリスクを軽減・吸収してきた。しかし，近年の情報化とグローバル化が進展してきた中でのサプライチェーンにおいては，リスク共有・リスクの増大が生じており，サプライチェーンを構成している各企業のリスクに対してサプライチェーンを構成するすべての企業がその責任を連帯して問われるようになってきている。特に，近年のサプライチェーンのようにオープン水平型のネットワークないしは開放型組織間関係においては，サプライチェーンにおける各参加企業の確固たるコミットメントが求められるようなマネジメントを行わなければ，リスク共有・リスクの増大が一層生じやすい状況にある。メーカーはＰＬ法や環境問題・労働問題への対応などを迫られ，その社会的責任は次第に重くなっている。問題が発生した時点で即メーカーが責任を問われるリスクがある。

　すでに，欧米企業ではサプライチェーン全体として社会的責任を果たすために，商品・部品・材料を調達する場合には，その物流を含めて源流管理を厳格に行い，企業倫理・情報倫理・環境経営へのポジティブな姿勢をサプライチェーンを構成するすべての企業に求め，その要求を満たした企業のみをサプライチェーンに参加させるという対応を開始している。このように，SCM，特にバリューチェーンにeビジネスを取り込んだe-SCMにおいては，リスクへの対応も全体最適化の取組みの一部として認識され始めた。e-SCMの全体最適の実現は，企業群の社会的責任を含めた全体最適の実現に通じると期待されており，今後はCSRの牽引役になるであろう。

2．サプライチェーンにおけるグリーン連鎖とCSR連鎖への展開

　近年，サプライチェーンにおけるグリーン調達が進化し，環境対応に優れた企業同士の密接な企業連携である「グリーン連鎖」が形成されつつあり，このグリーン連鎖を契機に環境，品質，コストなどの競争力を高めることができ，さらに，この動きはCSRにも拡大している（日経エコロジー［2004］）。

　ヨーロッパにおいては，電機電子製品を対象として2006年7月以降，鉛，水銀，カドミウム，六価クロム，PBB，PBDEの使用を禁止する「有害物質使

用制限指令」が施行される。ヨーロッパを有力市場の1つと見込んでいる日本の電機メーカーは，当然この規制に対応しなければならない。これらの規制に対応するために，各メーカーは全世界の調達先に対して，化学物質管理体制の立ち入り監査などを実施し，最終製品メーカーが信頼できる調達先との関係を深め，双方にメリットが得られる形を作ろうとしている。これらの動きは調達先との関係を重視する進化したグリーン調達の姿であり，環境対応で信頼できる調達先との連携を密にする動きが，化学物質管理体制の構築を契機に，最終製品メーカーからサプライチェーンの末端にいる中小メーカーまでに広がっており，環境対応に対する意識の高い企業が共通の認識のもとで手を結ぶことによって，これまでになかった企業間の連携が形成されつつある。このように，グリーン調達が進化した新しい企業連携の形である「グリーン連鎖」が誕生しており，このグリーン連鎖のもとでは，技術やノウハウの共有化が活発に進んでいる（日経エコロジー［2004］）。

　さらに，グリーン調達を発展させたCSR調達に取り組んでいる企業もあり，調達先を品質・コスト・納期などに加えて，環境や安全への取り組みなどのCSR項目を含めて企業診断している。このCSR調達の特徴はCSRを果たす仕組み作りを契機としながらCSRにとどまらず，品質や環境，コストなどの競争力を高める仕組み作りを促す点にあり，また，CSRを基盤として顧客への情報提供やコミュニケーションの重視を徹底し，品質，環境，安全の改善につなげている点にあり，これらによってサプライチェーンを強固にしている（日経エコロジー［2004］）。

　このように，グリーン調達がCSR調達へ発展し，これに伴ってさらに新しい企業連携の形として，「CSR連鎖」ともいうべき連携が形成されつつある。CSRを基盤として意識の高い企業が結びつきCSR連鎖を構築し，CSR連鎖のもとで積極的にコミュニケーションを行い，技術ノウハウや情報を共有することによって，この強みをさらに進化させ，サプライチェーンを一層強固にする。また，この一層強固となったサプライチェーンがCSRを含めた全体最適を実現し，さらにCSRを推し進めるというCSRとSCMの相乗効果が，サプライチェーンにおける「CSR連鎖」を形成していくものと考えられる。特に，SCMが

e-SCMへと展開していく中で，グリーン連鎖とCSR連鎖は生産者のみでは達成することができず，消費者をサプライチェーンの潜在的組織参加者として認識することが重要になる。

3．e-SCMにおける第3のリスクの増大

　企業の顧客や組織のメンバーが，企業ないし組織から提供される製品・サービスへの不満や意義を心に抱くときの行動オプションとして，村田[2001]はHirschman[1970]を踏まえ「退出(exit)オプション」と「発言(voice)オプション」を指摘している。高度にITやICTが発達した現在の情報社会において，発言オプション[5]の行使は個人にとって容易なものとなってきており，退出オプション[6]を行使することは，自己の生活水準やサービス・利便性の維持・向上を放棄することへつながるため，相対的に減少していくものと考えられる。言い換えれば，発言オプションを選択する機会が増大するのである。

　e-SCMをとりまく現在の環境下では，情報社会における発言オプションの必然性は一層高まり，これに対するリスクも増大している。すなわち，急速な進展をみせるITやICTの導入，特にネットワーク技術の発展により，インターネットという距離と時間を超越した双方向の通信手段が急激に普及しており，この情報手段を利用することにより，インターネットを介して企業と個人が対等な関係になるがゆえに，個人が発言オプションを行使することが一層容易になり，かつ，積極的に行使する状況になっている。さらに，情報伝達の範囲は広範囲であり，伝播のスピードが早いため，発言オプションがたちどころに世界に伝達されるという特徴を持つ。

　近年，大企業による不正・不祥事件の隠蔽や虚偽の報告が多発している。これらの事件は，企業の日常業務に伴う事務リスク，システムリスク，リーガルリスク，レピュテーショナルリスクなどを総称したオペレーショナルリスク（ビジネスリスクと捉えることもできる）が顕在化したものである。オペレーショナルリスクの中には，発生した事件・事故から直接的・間接的に発生する損害（一次損失）と，発生した事件・事故が何らかの事情によって外部に露見することに伴って企業の評判が落ち，取引に派生的な悪影響が起こるレピュテーショ

ナルリスク(二次損失)が発生するケースがある。さらに，最近では真実が露呈することに加え，真実を隠蔽し，または，虚偽の報告を行っていたことが明らかになった場合，消費者と社会などの批判を浴び，企業の信用を失うという取り返しのつかない事態となり，当初予想していた損失を遥かに上回る損失(三次損失)を被る事例が頻発している。従来，オペレーショナルリスクやビジネスリスクではこの一次損失と二次損失しか議論されてこなかった。一次損失を引き起こすリスクを第1のリスク，二次損失を引き起こすリスクを第2のリスクと定義すれば，リスクの大きさを正確に公表しないという対応のまずさがもたらす三次損失を引き起こすリスクは，オペレーショナルリスク，ビジネスリスクにおける「第3のリスク」(上原[2001])として定義することができる。

現在，発言オプションの増加と発言あるいは発信される情報が伝播するスピードの速さが増しているという潜在的なリスクが高まっているにもかかわらず，企業側がそれについていけない状況にある。すなわち，発言オプションに適切な対応が行えず，結果として後手に回ることにより「第3のリスク」が起こる可能性も高まり，被害が一層大きくなるという潜在リスクを抱えている(上原[2003a])。

4．社会的責任を含めたe-SCMの全体最適

サプライチェーンを構成する企業群の社会的責任に対しては，日々，利害関係者の要求水準が厳しいものとなり，したがって，対応を誤ると致命傷になりかねない。「第3のリスク」が発生する潜在的リスクも増大している。

発生頻度が極めて稀で解釈の余地のある不正や不祥事は，リスクマネージャーや経営者がひょっとしたら隠し通せるかもしれないという考えを持ち，正確なリスクの大きさや世間に発覚する確率(主観確率)を過小評価する傾向がある。発生頻度が極めて稀で大数の法則が成立しないもとで，企業にリスクをしっかりと認識させるためには，リスクや事故・不祥事の隠蔽および虚偽報告が発覚する確率を高める必要がある。この1つの方法として，企業のリスクや事故・不祥事に対する社会的な監視体制を強化することが必要となる。社会的な監視体制の強化により，企業の不祥事，とりわけそれに対する隠蔽や虚偽報告が発

覚する確率を高めるのである。もしこの確率が高まれば，企業はたとえ自社にとって都合の悪いことであっても，その事実内容を公表することを選択するようになるものと思われる。近年，企業の社会的責任が重視され，また注目されており，欧米の機関投資家などはこれに対する企業の取り組み姿勢によって投資先を決定する社会的責任投資(SRI)を増やしており，社会的監視体制が整備されつつあるものと考えられる。e-SCMにおいては，リスクの対応についても全体最適の一部として認識され，企業群の社会的責任を含めたe-SCMの全体最適の実現がめざされることによって，CSRが推進されていくのである。

5．e-SCMにおける「CSRによる信頼構築フレームワーク」

e-SCMに参加している企業群は，CSRを基盤として意識の高い企業が結びつき，その信頼関係に基づいたCSR連鎖を構築することによって，リスク共有，第3のリスクの増大を克服することが可能となる。そして，その企業群はwin-win関係を一層強固にすることによって，日々，利害関係者の要求水準が厳しいものとなる社会的責任を遂行し続け，持続可能な企業群へと成長するという好循環のサイクルを歩むことになる。

山岸［1998］は信頼の概念を「相手の能力への期待」と「相手の意図への期待」に分け，さらに，後者を「安心（リスク管理者がだますとリスク管理者の首を絞めるという仕組み）」と「（狭義の）信頼（人格の評価や評判などの情報に基づいており，相手の自己利益への評価とは関係しないもの）」に分けることができると指摘している。これをふまえ，中谷内［2003］はダイレクトに「狭義の信頼」を引き上げることによって（広義の）信頼を築き上げることは困難で，もう一方の「安心」を築いて意図への期待を改善させるべきであり，そのためには他者から監視・制裁制度を強いられる前に自らがそれを提案することが，「安心」のみならず「（狭義の）信頼」をも高める可能性があると指摘している。これらをふまえると，外部の格付け機関による格付けやSRIによる社会的監視体制の強化は「相手の能力への期待」を高める。そして，インターナル・オーディットやセルフ・アセスメントという自らが自らの責任をとるリスク・アセスメントの手法は，社会や利害関係者の「安心」を築き，ひいては「狭義の信頼」を引き上げ，「相手の意図へ

の期待」を引き上げる。そして，高められていた「相手の能力への期待」と相俟って，最終的には「広義の信頼」を築き上げることができるものと考える。

　上記の考えに基づけば，企業が社会的責任を果たす過程において，組織外部の第三者による社会的監視体制が「相手の能力に対する期待」を高め，これに加えて企業内・企業群内における自主的な監視体制が利害関係者に対する「安心」を築き，ひいては「狭義の信頼」を引き上げることによって「相手の意図に対する期待」を高め，「能力に対する期待」の高まりと相俟って「広義の信頼」を構築することができる。上原［2003b］はこのように，社会的責任を達成することにより信頼が構築される「社会的責任の信頼構築フレームワーク」を提示している。さらに，従来のインターナル・オーディットやセルフ・アセスメントは，組織や企業内部でのみ実施されていたが，近年のサプライチェーンのようにオープン水平型のネットワークないしは開放型組織間関係によって環境の変化に柔軟に対応することが可能な，「柔らかい結合(loose coupling)」で結びついた「企業群」の社会的責任を果たすためには，個々の組織内・企業内の監視体制に加えて各組織や各企業が相互に監視しあう企業群内の監視体制（インターコーポレート・アセスメント）が必要であるという視点を示している（上原［2003b］）。

注

1) 日本におけるCSRの関心の高まりは，経営者達の代弁者機関である日本経済団体連合会（日本経団連）が公表した「企業行動憲章」や「地球環境憲章」制定・改定・普及などの活動によく現れている。これらの動向の背景には，「①規制改革の進展とともなう官民の役割変化，②CSR先進国である欧米社会における様々な環境の変化，③日本企業のグローバル化の進展，そして④近年続発している企業不祥事への対応」などがある（出所：高ら［2003］pp.161-186）。
2) SONYによれば，製品の市場とサプライチェーンのグローバル化に伴い，全世界の関連法規制を考慮するとともに，全世界共通の管理基準を導入している。その管理基準を定めた「部品・材料における環境管理物質管理規定（SS-00259)」では，対象とする化学物質とその用途を，即時使用禁止（レベル１），ある期日をもって使用禁止（レベル２），削減対象（レベル３）に分類し，サプライヤーに対する納入基準としている。http://www.sony.co.jp/SonyInfo/Environment/environment/products/substance/index.html#block3.

3）キャノンのグリーン調達については以下を参照されたい。http://web.canon.jp/procurement/gp-docs/green2003a_e.pdf.

またエプソンも同様にグリーン調達に関する一連の規準を定めている。これについては以下を参照されたい。*SEG Green Purchasing Standard for Production Material*, http://www.epson.co.jp/e/community/pdf/gps_e.pdf.および，http://www.epson.co.jp/ecology/customer/index.shtml.（両者ともに最終アクセス日2005/06/18）。

4）IT Eco Declaration is an environmental characteristic indication seat about IT product that is developed by Sweden IT and Telecom Industry and ICT（Norway and Denmark Industry Association）.

5）発言オプションとは，不快な事態から逃避するよりも，むしろそれを変えさせようとする試みであり，顧客やメンバーがそれぞれ企業や組織に対して不満を表明すること。

6）退出オプションとは，顧客が企業からの製品・サービスの購入を止める，あるいはメンバーが組織から撤退するといった行為のこと。

参考文献

安藤史江［2000］「顧客満足」高橋伸夫編『超企業・組織論』有斐閣，第2章，pp.25-34。

Cohen, M. D., March, J. G. and Olsen, J. P.［1972］A Garbage Can Model of Organization Choice, *Administrative Science Quarterly*, 17, pp.1-25.

エプスタイン，E（中村瑞穂・角野信夫・梅津光弘・風間信隆・出見信之訳）［1996］『企業倫理と経営社会政策過程』文眞堂。

Freeman, R. E. and Gilbert, J, Daniel R. Jr.［1988］*Corporate Strategy and The Search for Ethics*, Prentice Hall,Inc.

Friedman, M.［1988］*The Social Responsibility of Business is to increase its Profits, Ethical Issues in Business: A Philosophical Approach*（3rd ed.）, edited by Donaldson, T. and Werhane.

藤野直明［1998］「サプライチェーン経営革命－その本質と企業戦略」，『サプライチェーン理論と戦略』ダイヤモンドハーバードビジネス編集部編，第1章，pp.3-43。

Hart, L. S.［1997］Beyond Greening: Strategies for a Sustainable World, *Harvard Business Review*, vol.1, pp.69-74.

Hawken, P., Lovins, A. B. and Lovins, L. H.［1999］*Natural Capitalism*, Earthscan, London.

Hirschman, A. O.［1970］*Exit, Voice, and Loyalty : Responses to Decline in Firms, Organizations, and States*, Cambridge, MA., Harvard University.

金子勝一・山下洋史・松丸正延［2003］「企業群間競争におけるWWWアライアンスとタッキング・マネジメント」『第31回日本経営システム学会全国研究発表大会講演論文集』pp.27-30。

桑島健一［2000］「戦略的提携」，高橋伸夫編『超組織・企業論』有斐閣，第8章，pp.87-96。

松田健[2004] Applicability of a Corporate Governance Perspective to Supply Chain Management『明大商学論叢』明治大学商学研究所，第86巻特別号，pp.101-116。

松田健[2005] Ecological Issues in Supply Chain Management『明大商学論叢』明治大学商学研究所，第87巻特別号，pp.125-139。

村田潔[2001]「ITの社会的側面：情報社会の倫理的要請」『オフィスオートメーション』Vol.22，No.3，pp.30-35。

中村瑞穂編著[2002]『企業倫理と企業統治』文眞堂。

中谷内一也[2003]『環境リスク心理学』ナカニシヤ出版。

中野秀代[2003]「レガシーとモダン」『FuNNexから皆様へのメッセージ』

日興アセットマネジメント，http://www.nikko-am.co.jp/fund/mutant/column/030212.html(最終アクセス日2005年7月18日)。

日経エコロジー[2004]「特集　グリーン連鎖で攻めろ」pp.27-39。

大野隆裕・葛山康博・山下洋史[1992]「Cost尺度に基づいた新たな企業評価の視点」『経営工学会予稿集』pp.49-52。

Porter, M.E. and Claas van der LINDE[1995] Green and Competitive Ending the Stalemate, *Harvard Business Review*, September-October 1995, pp.120-133.

Reich, R.B.[1998] The New Meaning of Corporate Social Responsibility, *California Management Review*, Vol.40, No.2, Winter, pp.8-17.

高巖・ディヴィス, S. T.・久保田政一・辻義信・瀬尾隆史[2003]『企業の社会的責任』日本規格協会。

上原衛[2001]「オペレーショナルリスクにおける『第三のリスク』の存在」『日本経営システム学会誌』18巻1号，pp.65-71。

上原衛[2003a]「SCMからe-SCMへ」山下洋史・諸上茂登・村田潔編著『グローバルSCM サプライチェーンの新しい潮流』有斐閣，pp.232-233。

上原衛[2003b]「企業の社会的責任から企業群の社会的責任へ(サプライチェーンにおけるリスクマネジメントを例として)」『第32回日本経営システム学会全国研究発表大会講演論文集』pp.33-36。

若林直樹[2002]「社会ネットワークと企業の信頼性―「埋め込み」アプローチの経済社会学的分析―」『Discussion paper』No.J-27，京都大学大学院経済研究科。

鷲田豊明[1999]「環境問題と環境評価」，鷲田豊明・栗山幸一・竹内健二編『環境評価ワークショップ』築地書館，pp.2-24。

山岸俊男[1998]『信頼の構造　心と社会の進化ゲーム』東京大学出版。

山下洋史[2003]「『循環型SCM』と新世紀の経営倫理」『第2回日本経営倫理学会懸賞論文優秀論文集』pp.5-17。

[付録A] SCMにおけるスループットとリードタイムの問題

1. スループットとリードタイムの一元化

サプライチェーンの最大スループット，最小リードタイム，最小コストを考えるにあたって，スループットとリードタイムを1指標に集約した $\frac{スループット}{リードタイム}$ を用いれば，分母の単位期間のリードタイムを小さく，分子のスループットを大きくすることがSCMの目標になる。また，スループットとコストを1指標に集約した $\frac{コスト}{リードタイム}$ で考えれば，分母の単位期間のリードタイムを小さく，分子のコストを小さくすることがSCMの目標になる。もし，リードタイムを一定と考えれば，分子のスループット最大化，コスト最小化がサプライチェーンにおける経営課題となる。

まず，リードタイム短縮の問題を考えてみよう。供給量のスループットはリードタイムと一緒に考える必要がある。第1章で述べたようにサプライチェーン全体のリードタイムの合計値 LT，すなわち，$LT=LT_{ab}+LT_{bc}+LT_{cd}+LT_{de}$ の短縮が重要課題となる。一方，単位リードタイム当たりのスループットは，$\frac{スループット}{リードタイム}$ で表され，$\frac{x}{LT_{ab}}$ で評価することになる。以下，同様に，$\frac{y}{LT_{bc}}$，$\frac{z}{LT_{cd}}$，$\frac{o}{LT_{de}}$ で，各段階(工程)間のサプライチェーンのパフォーマンスを評価することができる。また，サプライチェーン全体では，スループットの合計値 TH とリードタイムの合計値 LT の比率 $\frac{TH}{LT}$ を最大化することが目標となる。一方，計画されたリードタイムの期間にスループットに結びつかないものは在庫である。同期化するよう計画されたスループットと実際のスループットとの差が在庫として残るのである。上記の指標の逆数 $\frac{スループット}{リードタイム}$ をとると，これは単位スループットあたりのリードタイムを示す指標となる。例えばリードタイムが日数であれば単位スループットあたり何

日がかかったかということを表すことになる。計画されたリードタイム中にスループットに結びつかないものの在庫日数については，計画されたスループット日数と実際のスループット日数との差が在庫日数で求められる。これにより，生産リードタイムの例であれば，原材料・仕掛品・製品別の在庫日数を把握することができる。

一方，コストを考えれば，供給業者と製造業者との間の原材料・部品に関係するコスト f と原材料・部品の供給量 x の積 fx を用いて，スループットとコストを1指標に集約した $\frac{fx}{LT_{ab}}$ によって評価することができる。以下同様に，$\frac{gy}{LT_{bc}}$，$\frac{hz}{LT_{cd}}$，$\frac{ao}{LT_{de}}$ によりサプライチェーンの各段階（工程）間のコストを評価することになる。またサプライチェーン全体では，コストの合計値 TC とリードタイムの合計値 LT の比率 $\frac{TC}{LT}$ を最小化することがSCMのゴールとなる。さらに，リードタイムを基本とすれば，キャッシュ・フローにおいても同様の考え方をすることができ，資材調達から販売までの全体的なリードタイムと，個別のリードタイムにおける資金回収期間および金額を把握し，管理することが大切である。

2．サプライチェーン・ネットワーク(SCN)モデル

SCMにおいて，理論的にはスループットの最大化は容易のように思われる。例えば，業者を次の図表のように，各段階が2業者のスループットを考えてみよう。a_1 は供給業者1の原材料・部品の供給量，a_2 は供給業者2の原材料・部品の供給量，b_1 は製造業者1の製品供給量，b_2 は製造業者2の製品供給量，c_1 は卸売業者&物流業者1の製品供給量，c_2 は卸売業者&物流業者2の製品供給量，d_1 は小売業者1の製品供給量，d_2 は小売業者2の製品供給量である。また各業者は下流業者には自身の供給能力をこえた供給量以上の供給はできないので，$a_1 + a_2 \geq x_{11} + x_{12} + x_{21} + x_{22}$，$b_1 + b_2 \geq y_{11} + y_{12} + y_{21} + y_{22}$，$c_1 + c_2 \geq z_{11} + z_{12} + z_{21} + z_{22}$，$d_1 + d_2 \geq o_{11} + o_{12} + o_{21} + o_{22}$ という制約条件が成り立つ。

[付録A]　SCMにおけるスループットとリードタイムの問題

図表A-1　業者が2業者の場合のサプライチェーン・ネットワーク・モデル

供給業者1　　　　製造業者1　　卸売業者&物流業者1　　小売業者1　　　　顧客&消費者1

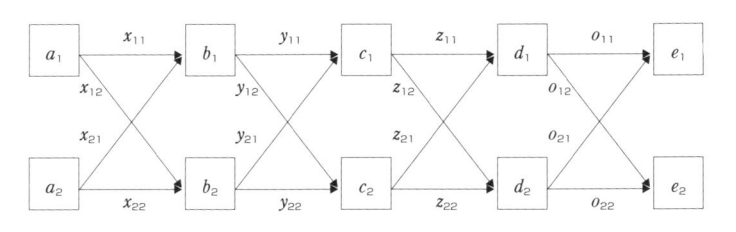

a_1 —x_{11}→ b_1 —y_{11}→ c_1 —z_{11}→ d_1 —o_{11}→ e_1

x_{12}, y_{12}, z_{12}, o_{12}

x_{21}, y_{21}, z_{21}, o_{21}

a_2 —x_{22}→ b_2 —y_{22}→ c_2 —z_{22}→ d_2 —o_{22}→ e_2

供給業者2　　　　製造業者2　　卸売業者&物流業者2　　小売業者2　　　　顧客&消費者2

出所：筆者作成。

　ここでスループットを考えると，第4段階の顧客&消費者1の製品需要量 e_1 と顧客&消費者2の製品需要量 e_2 の合計は，小売業者1から顧客&消費者1への供給量 o_{11} と小売業者1から顧客&消費者2への供給量 o_{12}，小売業者2から顧客&消費者1への供給量 o_{21} と小売業者2から顧客&消費者2への供給量 o_{22} に等しいことが望まれる。すなわち，$e_1 + e_2 = o_{11} + o_{12} + o_{21} + o_{22}$ である。以下，同様の議論ができるので，$e_1 + e_2 = o_{11} + o_{12} + o_{21} + o_{22} = z_{11} + z_{12} + z_{21} + z_{22} = y_{11} + y_{12} + y_{21} + y_{22} = x_{11} + x_{12} + x_{21} + x_{22}$ である。

　また，同様にスループットの合計 $TH = o_{11} + o_{12} + o_{21} + o_{22} = z_{11} + z_{12} + z_{21} + z_{22} = y_{11} + y_{12} + y_{21} + y_{22} = x_{11} + x_{12} + x_{21} + x_{22}$ を最大化することがここでの課題となる。

　しかしながら，現実のサプライチェーンは，常に順調に運営できるわけではない。例えば図表A-2のように，製造業者2は，コスト面や生産リードタイム面で折り合わないとすると，即時にスループットが悪くなる。製造業者のところがボトルネックとなるのである。また製造業者の上流工程の供給量が順調に製造業者に供給されたとしても，製造業者の段階では，製造能力が十分でないために，同期化が行われずに，待ち行列が発生してしまう場合も生じる。これにより，リードタイムが長期化し，納期に間に合わない事態が発生する。もし，製造業者1の製品供給量 b_1 が，製造業者2の製品供給量 b_2 を補填可能な供給能力を持っていれば問題はない。しかし，そのような場合通常は製造能力に余力

図表 A-2　製造業者2が欠落した場合のサプライチェーン・モデル

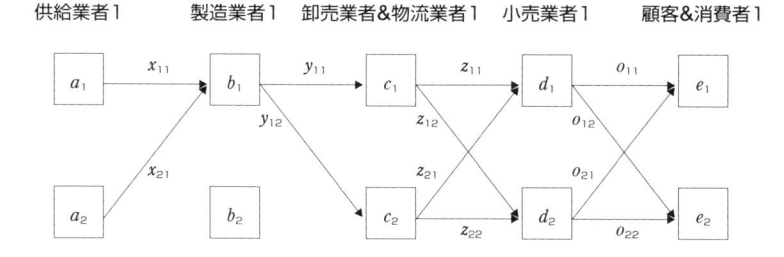

供給業者1　　製造業者1　　卸売業者&物流業者1　　小売業者1　　顧客&消費者1

a_1 —x_{11}→ b_1 —y_{11}→ c_1 —z_{11}→ d_1 —o_{11}→ e_1

y_{12}, z_{12}, o_{12}

x_{21}, z_{21}, o_{21}

a_2　　b_2　　c_2 —z_{22}→ d_2 —o_{22}→ e_2

供給業者2　　製造業者2　　卸売業者&物流業者2　　小売業者2　　顧客&消費者2

出所：筆者作成。

が生じることになるので，製造業者1は過剰な設備投資をしすぎていることになる。実際の経営の場においてはコストやリードタイムの制約条件が満たされるということはまれである場合が多い。

次の図表A-3は卸売業者&物流業者1が欠落した場合であるが，これについても同様の議論ができる。卸売業者&物流業者段階の能力が落ちてしまうと，製造業者が順調に定められた生産リードタイムで製造して，下流工程の卸売業者&物流業者に供給しても，卸売業者&物流業者段階の能力が十分でなければ，同期化が達成されずに，待ち行列が発生してしまうことになる。これにより，リードタイムが長期化し，納期に間に合わない事態がここにおいても発生してしまう。したがって，このような事態が続くようであれば，卸売業者&物流業者段階では，他の卸売業者&物流業者3を選択する問題が発生する。したがって，自由にサプライチェーンを組み替える自由度も持ち合わせた柔らかいサプライチェーンを構築することが必要になる。実際にサプライチェーンを運営すると，このように数々の制約条件が発生するが，これらを克服しながらスループットを最大化する運営が求められるのである。

[付録A] SCMにおけるスループットとリードタイムの問題

図表 A-3　卸売業者&物流業者1が欠落した場合のサプライチェーン・モデル

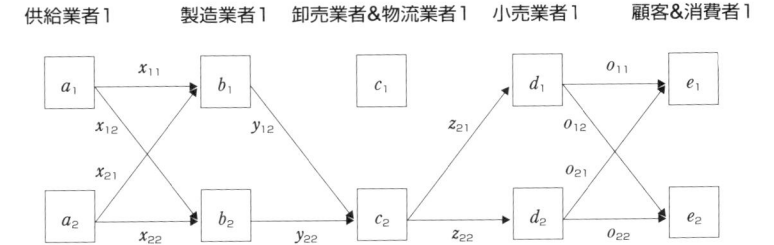

供給業者1　　　製造業者1　　卸売業者&物流業者1　　小売業者1　　顧客&消費者1

供給業者2　　　製造業者2　　卸売業者&物流業者2　　小売業者2　　顧客&消費者2

出所：筆者作成。

3．SCNにおけるスループットとリードタイム

　第1章では基本的なサプライチェーンにおけるシンクロナイゼーション同期化を基盤としたサプライチェーン・モデルのスループット，リードタイム，コストを考察したが，ここでは多段階のサプライチェーン・ネットワーク (Supply Chain Network：SCN)におけるスループット，リードタイム，コストについて検討していくことにする。

　サプライチェーン・ネットワークの最大の目標は，供給業者から製造業者への原材料・部品の供給，製造業者から卸売業者&物流業者への製品の供給，製造業者から小売業者への供給，小売業者から顧客&消費者への供給におけるスループットを最大化するよう，シンクロナイゼーション(同期化)，最小のリードタイム，最小のコストを実現することである。また，本書はサプライチェーン全体の同期化をスマートに行っていくことをめざして企画されたものであるので，スマート・テクノロジーを基盤としたSCMを図表A-4の4段階サプライチェーン・ネットワーク・モデルで考えることにする。図表1-1の基本的なSCMを拡大したSCMで，図表A-4のように表現する。

　図表A-4のサプライチェーン・ネットワークは，供給業者i，製造業者j，卸売業者&物流業者k，小売業者l，顧客&消費者mといった業者がそれぞれ複数

図表 A-4　4 段階サプライチェーン・ネットワーク・モデル

供給業者 i　　製造業者 j　　卸売業者&物流業者 k　　小売業者 l　　顧客&消費者 m

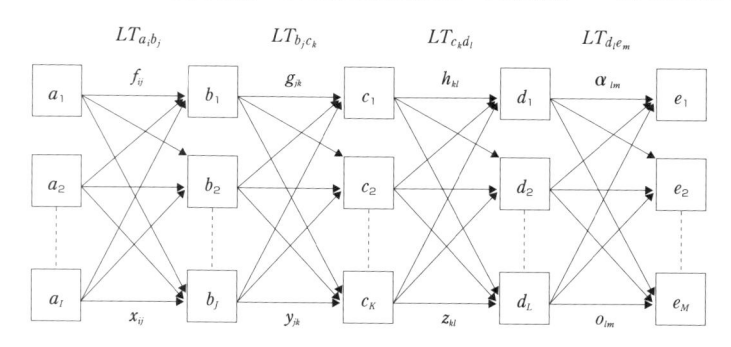

出所：筆者作成。

存在するため，その組合せはかなり大きな数となる。これにより急速に複雑さが増し，サプライチェーン全体の同期化をスマートに行っていく際の問題が，複数の制約条件（ボトルネック）の組合せへと拡張されることを認識する必要がある。これらの制約条件（ボトルネック）の組合せは，サプライチェーン・ネットワーク・モデルにおいて特に意味を持つのである。

（イ）　スループット(Through-put)

まず，a_i を供給業者 i の原材料・部品の供給量，b_j は製造業者 j の製品供給量，c_k は卸売業者&物流業者 k の製品供給量，d_l は小売業者 l の製品供給量とする。また各業者は，下流業者に対して自身の供給能力をこえた供給量以上の供給はできないので，$a_i \geq \sum_{j=1}^{J} x_{ij}$, $b_j \geq \sum_{k=1}^{K} y_{jk}$, $c_k \geq \sum_{l=1}^{L} z_{kl}$, $d_l \geq \sum_{m=1}^{M} o_{lm}$ という制約条件が成り立つ。その際のスループットを考えると，第 4 段階の顧客&消費者 m の製品需要量 $\sum_{m=1}^{M} e_m$ は，小売業者 l から顧客&消費者 m までのすべての供給量 $\sum_{l=1}^{L} \sum_{m=1}^{M} o_{lm}$ に等しいことが望まれる。すなわち，$\sum_{m=1}^{M} e_m = \sum_{l=1}^{L} \sum_{m=1}^{M} o_{lm}$ が望ましいのである。これ

は市場における顧客&消費者mが望む製品需要量と同じ量を提供することを意味する。同様に卸売業者&物流業者kから小売業者lへの供給量$\sum_{k=1}^{K}\sum_{l=1}^{L}z_{kl}$は，小売業者$l$から顧客&消費者$m$への供給量$\sum_{l=1}^{L}\sum_{m=1}^{M}o_{lm}$に等しくなければならないので，$\sum_{l=1}^{L}\sum_{m=1}^{M}o_{lm}=\sum_{k=1}^{K}\sum_{l=1}^{L}z_{kl}$となる。以下，同様に考えれば，$\sum_{m=1}^{M}e_{m}=\sum_{l=1}^{L}\sum_{m=1}^{M}o_{lm}=\sum_{k=1}^{K}\sum_{l=1}^{L}z_{kl}$ $=\sum_{j=1}^{J}\sum_{k=1}^{K}y_{jk}=\sum_{i=1}^{I}\sum_{j=1}^{J}x_{jk}$となる。これは，市場における顧客&消費者$m$の製品需要量$\sum_{m=1}^{M}e_{m}$の情報が得られたならば，上流の第1段階（工程）の供給業者iはすぐに市場の需要量$\sum_{m=1}^{M}e_{m}$に対応できるように，原材料・部品の供給量を確保できるようにすべきことを意味する。以上から，サプライチェーン全体としてのスループットの合計値THN，すなわち，

$THN=\sum_{l=1}^{L}\sum_{m=1}^{M}o_{lm}+\sum_{k=1}^{K}\sum_{l=1}^{L}z_{kl}+\sum_{j=1}^{J}\sum_{k=1}^{K}y_{jk}+\sum_{i=1}^{I}\sum_{j=1}^{J}x_{jk}$を最大にすべきことがわかる。

(ロ) リードタイム(Lead Time)

図表A-4の4段階サプライチェーン・ネットワーク・モデルは，組合せが多数となるため，複雑さが増し制約条件も飛躍的に増加する。これらの制約条件（ボトルネック）の組合せが，サプライチェーン・ネットワーク・モデルの複雑さを増大させると同時に，それらがこれらの組合せ制約条件をこなしながら，リードタイムをいかに短縮するかが課題となる。いま，各業者間のリードタイムを上流工程から順にそれぞれ$LT_{a_ib_j}$，$LT_{b_jc_k}$，$LT_{c_kd_l}$，$LT_{d_le_m}$としよう。このとき，これらの各段階（工程）のリードタイムをそれぞれ短縮するとともに，このリードタイムの合計値LTN，すなわち，

$LTN=\max_{i,j}LT_{a_ib_j}+\max_{j,k}LT_{b_jc_k}+\max_{k,l}LT_{c_kd_l}+\max_{l,m}LT_{d_le_m}$をいかに短縮するかが重要な課題となる。

(ハ) コスト(Cost)

図表A-4の4段階サプライチェーン・ネットワーク・モデルにおいて，各業者間の原材料・部品・製品に関係するコストと原材料・部品および製品の供給量の積を最小化することがコスト面での課題となる。そこで，これらの合計値 TCN は以下のように表され，この最小化を考えることにする。

$$TCN = \sum_{i=1}^{I}\sum_{j=1}^{J} f_{ij} x_{ij} + \sum_{j=1}^{J}\sum_{k=1}^{K} g_{jk} y_{jk} + \sum_{k=1}^{K}\sum_{l=1}^{L} h_{kl} z_{kl} + \sum_{l=1}^{L}\sum_{m=1}^{M} \alpha_{lm} o_{lm}$$

コストのみを最小化することはある意味では簡単であるが，同期化とリードタイムの双方を考慮しながら，コストを最小化することはかなり難しい問題である。コストが最小となる企業を選択すれば良いように思われるが，工程間を同期化し，発注してから納入されるまでのリードタイムを短く，納期通り原材料・部品の供給を行う企業を選択することはかなり難しい課題である。もし，リードタイムを考慮しなければ，単純に原材料・部品を一番安く供給してくれる供給業者 i を選択すればよい。しかしながら，往々にしてリードタイムとコストにはトレードオフの関係が存在する。リードタイムが長ければ安く，短ければ高い場合が多いのである。現実の経営の場においては，同期化とリードタイムの双方を制約条件として，コストの最小化を行っていかなければならないのである。

(ニ) スループットとリードタイムの一元化

SCMの全体最適化において，リードタイムをいかに短縮するかが重要な課題であるため，供給量のスループットの検討はリードタイムを含めて行われる必要がある。(ロ)で述べたように，リードタイムの合計値 LTN は，

$LTN = \max_{i,j} LT_{a_i b_j} + \max_{j,k} LT_{b_j c_k} + \max_{k,l} LT_{c_k d_l} + \max_{l,m} LT_{d_l e_m}$ である。この LTN の短縮化と，各段階(工程)間の個別リードタイムの両面の短縮化がSCMの課題である。一方単位リードタイム期間中のスループットは，$\dfrac{スループット}{リードタイム}$ で表されるので，$\dfrac{\sum_{i=1}^{I}\sum_{j=1}^{J} x_{ij}}{LT_{a_i b_j}}$ が1つの評価指標となる。以下同様に，$\dfrac{\sum_{j=1}^{J}\sum_{k=1}^{K} y_{jk}}{LT_{b_j c_k}}$，$\dfrac{\sum_{k=1}^{K}\sum_{l=1}^{L} z_{kl}}{LT_{c_k d_l}}$，

[付録A] SCMにおけるスループットとリードタイムの問題

$\dfrac{\sum_{l=1}^{L}\sum_{m=1}^{M}o_{lm}}{LT_{d_l e_m}}$ により，各段階(工程)間のサプライチェーンのパフォーマンスを評価することができる。またサプライチェーン全体では $\dfrac{THN}{LTN}$ となり，これを最大化することがSCMの全体最適化につながる。

　一方コスト面についていえば，単位リードタイム期間中のコストは $\dfrac{\text{コスト}}{\text{リードタイム}}$ で表されるので供給業者 i と製造業者 j との間の原材料・部品に関係するコスト f_{ij} と原材料・部品の供給量 x_{ij} の積 $f_{ij}x_{ij}$ の場合であれば，$\dfrac{\sum_{i=1}^{I}\sum_{j=1}^{J}f_{ij}x_{ij}}{LT_{a_i b_j}}$ が1つの評価指標となる。同じリードタイムであれば，コストを最小化することである。以下同様に $\dfrac{\sum_{j=1}^{J}\sum_{k=1}^{K}g_{jk}y_{jk}}{LT_{b_j c_k}}$，$\dfrac{\sum_{k=1}^{K}\sum_{l=1}^{L}h_{kl}z_{kl}}{LT_{c_k d_l}}$，$\dfrac{\sum_{l=1}^{L}\sum_{m=1}^{M}\alpha_{lm}o_{lm}}{LT_{d_l e_m}}$，により評価することができる。サプライチェーン全体では，同じリードタイムであれば，TCNを最小化することがSCMの課題となる。

[付録B]　MAPS-TOCの詳細

1．MAPS-TOCの利用

　MAPS-TOCは，大きくはマスタメンテナンス，データ入力，シミュレーションの3サブシステムより構成されている。図表B-1は，MAPS-TOCのシステムメニュー画面である。なお，画面の左側においては，マスタやデータへの入力画面へのURLが示されており，右側は，出力画面へのリンクが貼られてある。

図表B-1　生産管理システムメニュー画面

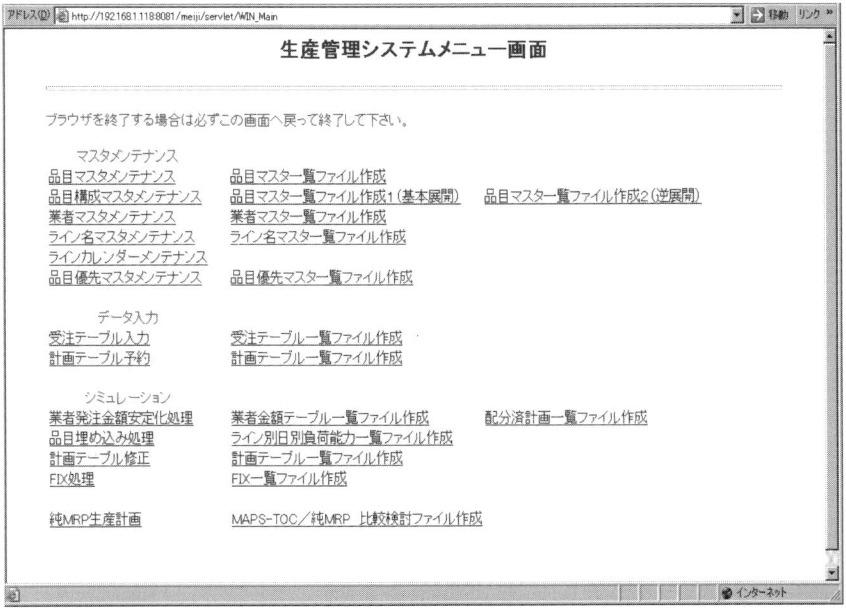

（1）　マスタメンテナンス
　①　品目マスタメンテナンス

[付録B] MAPS-TOCの詳細

品目マスタメンテナンスでは，製品あるいは部品の登録を行い，負荷係数，基準単価，検査リードタイムを決定する。

図表B-2　品目マスタメンテナンス画面

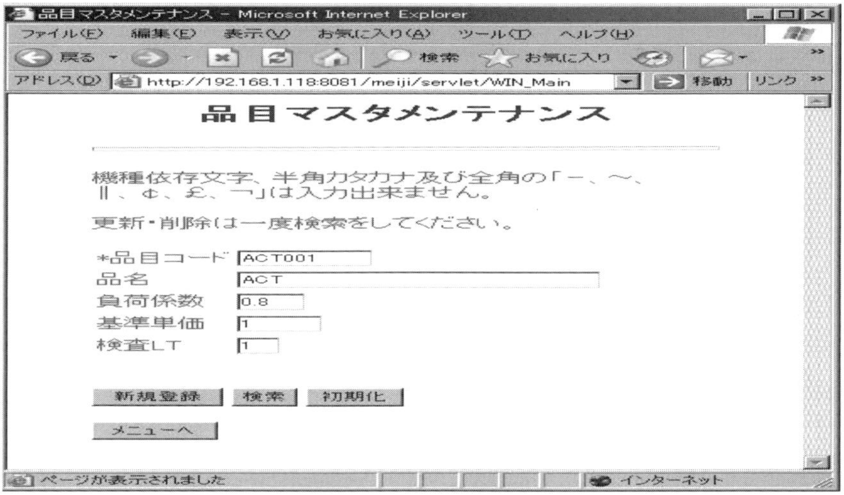

② 品目構成マスタメンテナンス

品目構成マスタメンテナンスでは，製品を構成している子部品，孫部品の構成を登録する。例えば，画面のACT002という製品はPED002という部品とPXC003という部品から構成されている。

③ 業者マスタメンテナンス

業者マスタメンテナンスでは，製品の組み立てを行う業者，部品を組み立てる業者の登録を行う。

図表B-3　品目構成マスタメンテナンス画面

図表B-4　業者マスタメンテナンス画面

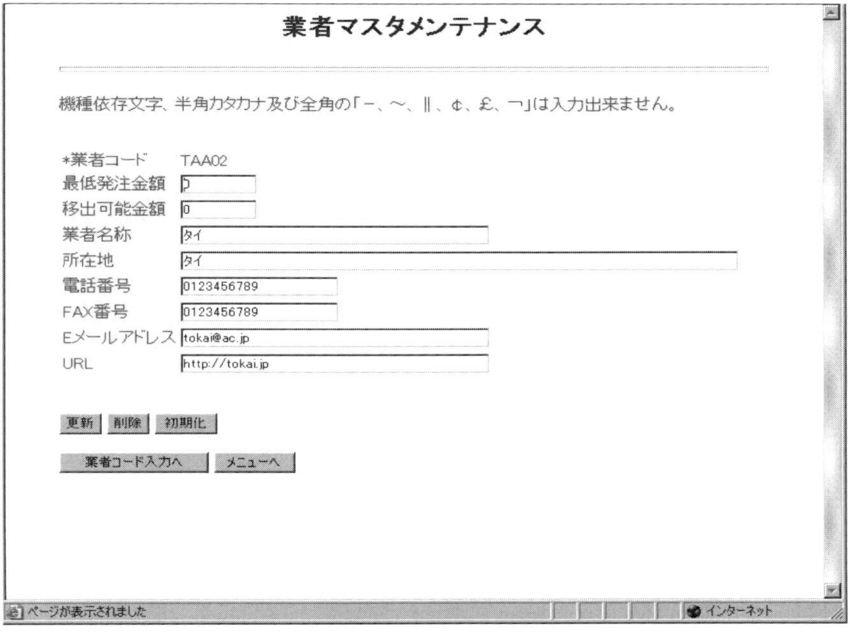

[付録B] MAPS-TOCの詳細

④ ライン名マスタメンテナンス

ライン名マスタメンテナンスでは業者のラインごとに，運搬リードタイムや基準能力値の設定をする。

図表B-5 ライン名マスタメンテナンス画面

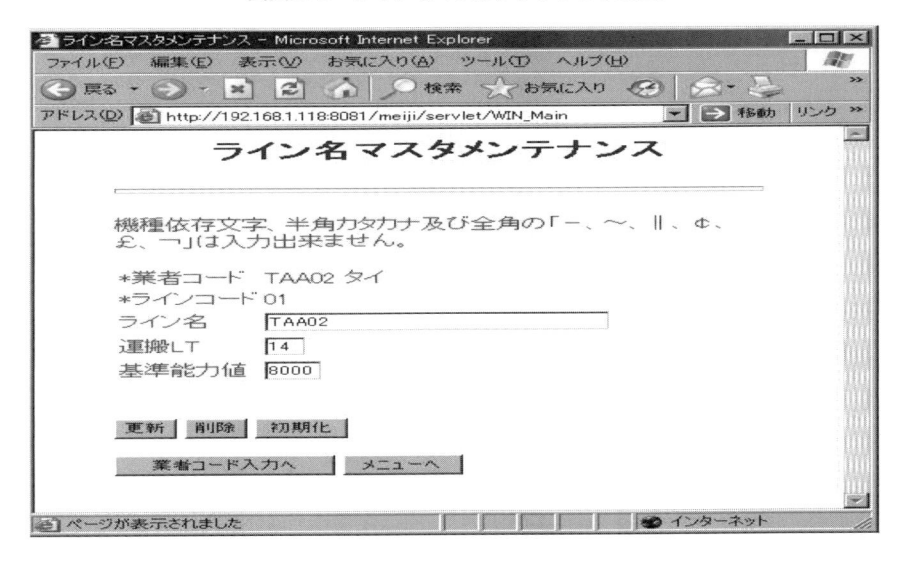

⑤ 品目優先マスタメンテナンス

品目優先マスタでは，品目（製品）ごとにどの業者がどのラインで優先して製造するかということを設定する。

(2) データ入力

① 受注テーブル入力

受注テーブル入力では，製品あるいは部品の受注入力をする。登録する情報は，受注No，受注サブNo，品目コード，客先コード，納品日，数量である。

図表B-6　品目優先マスタメンテナンス画面

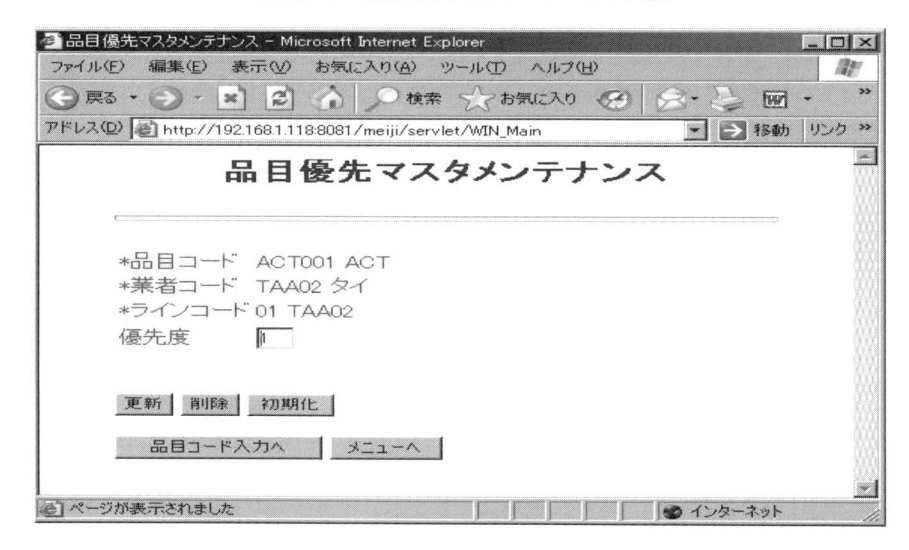

図表B-7　受注入力画面

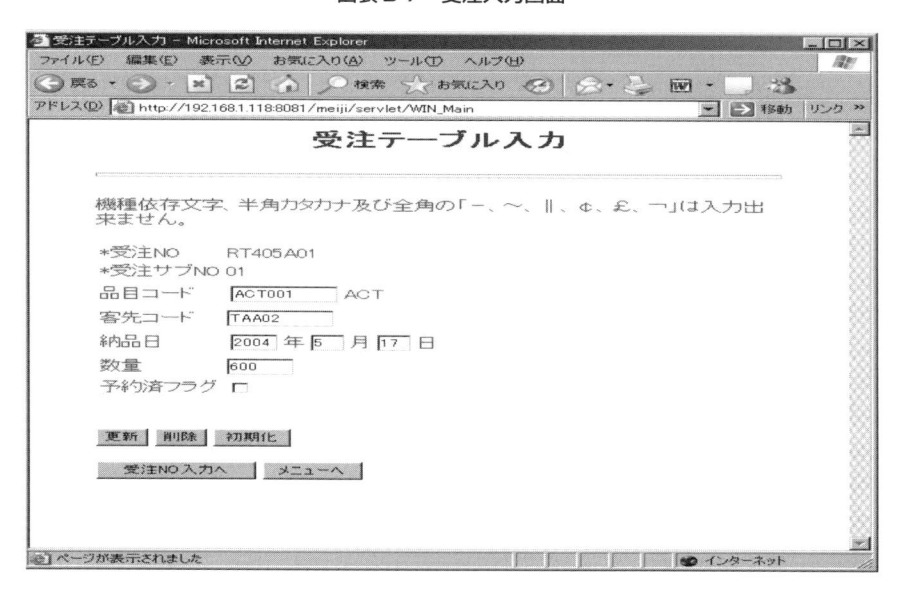

[付録B] MAPS-TOCの詳細

② 計画テーブル予約

計画テーブル予約では，受注ファイルで入力したデータをもとにして，製品あるいは部品を納期に間に合うようにいつどれだけ製造するのか決定する。下の図では，ACT001という製品を5月13日までに1,500個納品しなければならなく，5月1日，6日，7日にそれぞれ500個ずつ作るという計画を立てている。

図表B-8　計画テーブル予約画面

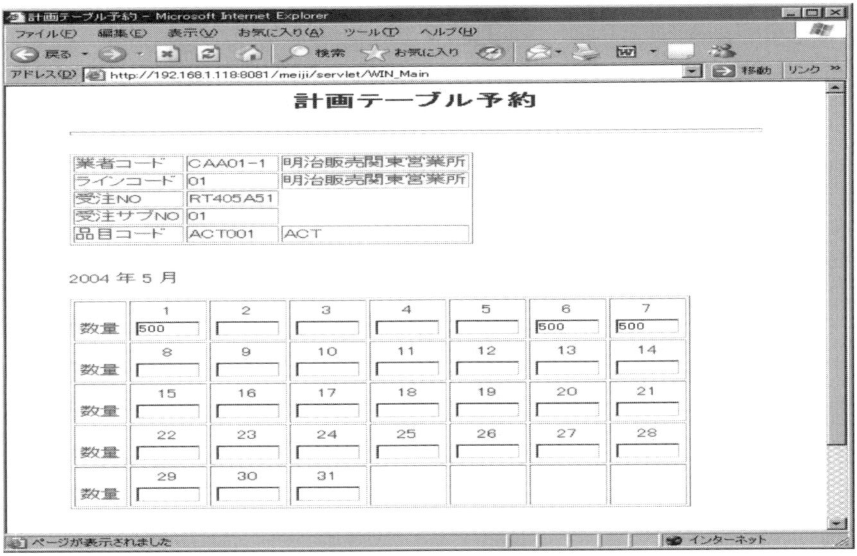

以上の流れでマスタとデータの登録が終了する。次にラインカレンダーマスタで休日を設定して，品目埋め込み処理を行う。以上により入力が終了したので計画を走らせるシミュレーションを実行する。

図表 B-9　品目埋め込み処理画面

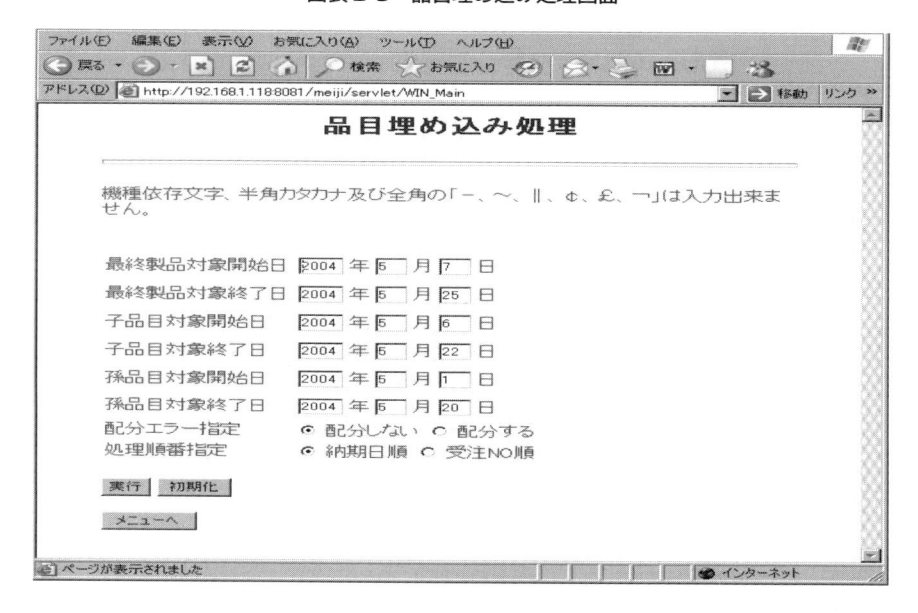

(3) シミュレーション

① 計画一覧ファイル

　計画を実行した結果は，計画一覧ファイル，ライン別日別負荷能力一覧ファイルをみることによって出力を確認することができる。

[付録B] MAPS-TOCの詳細

図表B-10　計画一覧ファイル画面

	A	B	C	D	E	F	G	H	I	J	K	L	M
1	業者コード	業者名称	ラインコード	ライン名	年月日	受注NO	受注サブN	品目コード	数量	予約済フラ	エラーフラグ	レベル	
2	CAA01-1	明治販売㈱	1	明治販売㈱	9999/12/31	RT405A01	3	ACT003	300	0	1	1	
3	TAA02	タイ	1	TAA02	9999/12/31	RT405A01	6	ACT006	400	0	1	1	
4	CAA01-1	明治販売㈱	1	明治販売㈱	9999/12/31	RT405A01	7	ACT007	250	0	1	1	
5	CAA01-1	明治販売㈱	1	明治販売㈱	9999/12/31	RT405A01	8	ACT008	500	0	1	1	
6	TAA02	タイ	1	TAA02	9999/12/31	RT405A01	9	ACT009	600	0	1	1	
7	TAA02	タイ	1	TAA02	9999/12/31	RT405A01	10	ACT010	450	0	1	1	
8	TAA02	タイ	1	TAA02	9999/12/31	RT405A01	11	ACT011	450	0	1	1	
9	CAA01-1	明治販売㈱	1	明治販売㈱	9999/12/31	RT405A01	12	ACT012	400	0	1	1	
10	CAA01-1	明治販売㈱	1	明治販売㈱	9999/12/31	RT405A01	13	ACT013	400	0	1	1	
11	CAA01-1	明治販売㈱	1	明治販売㈱	2004/5/17	RT405A01	2	ACT002	500	1	0	0	
12	TAA02	タイ	1	TAA02	2004/5/15	RT405A01	4	ACT004	400	1	0	0	
13	TAA02	タイ	1	TAA02	2004/5/15	RT405A01	8	ACT008	500	1	0	0	
14	TAA02	タイ	1	TAA02	2004/5/15	RT405A01	10	ACT010	450	1	0	0	
15	TAA02	タイ	1	TAA02	2004/5/14	RT405A01	5	ACT005	500	1	0	0	
16	TAA02	タイ	1	TAA02	2004/5/14	RT405A01	6	ACT006	400	1	0	0	
17	TAA02	タイ	1	TAA02	2004/5/14	RT405A01	9	ACT009	100	1	0	0	
18	TAA02	タイ	1	TAA02	2004/5/13	RT405A01	1	ACT001	300	1	0	0	
19	TAA02	タイ	1	TAA02	2004/5/13	RT405A01	9	ACT009	500	1	0	0	
20	TAA02	タイ	1	TAA02	2004/5/13	RT405A01	11	ACT011	450	1	0	0	
21	TAA02	タイ	1	TAA02	2004/5/11	RT405A01	1	ACT001	300	1	0	0	
22	TAA02	タイ	1	TAA02	2004/5/11	RT405A01	3	ACT003	300	1	0	0	
23	TAA02	タイ	1	TAA02	2004/5/10	RT405A01	7	ACT007	250	1	0	0	
24	TAA02	タイ	1	TAA02	2004/5/10	RT405A01	12	ACT012	400	1	0	0	
25	TAA02	タイ	1	TAA02	2004/5/10	RT405A01	13	ACT013	400	1	0	0	
26	TAA02	タイ	1	TAA02	2004/5/10	RT405A01	15	ACT015	400	1	0	0	
27	CAA01-1	明治販売㈱	1	明治販売㈱	2004/5/8	RT405A01	1	ACT001	600	0	0	1	
28	TAA02	タイ	1	TAA02	2004/5/8	RT405A01	2	ACT002	200	1	0	0	
29	CAA01-1	明治販売㈱	1	明治販売㈱	2004/5/8	RT405A01	4	ACT004	400	0	0	1	
30	CAA01-1	明治販売㈱	1	明治販売㈱	2004/5/8	RT405A01	5	ACT005	500	0	0	1	
31	CAA01-1	明治販売㈱	1	明治販売㈱	2004/5/8	RT405A01	14	ACT014	400	0	0	1	
32	CAA01-1	明治販売㈱	1	明治販売㈱	2004/5/8	RT405A01	15	ACT015	400	0	0	1	
33	TAA02	タイ	1	TAA02	2004/5/6	RT405A01	14	ACT014	400	1	0	0	
34	TAA02	タイ	1	TAA02	2004/5/1	RT405A01	2	ACT002	300	1	0	0	
35	CAA01-1	明治販売㈱	1	明治販売㈱	9999/12/31	RT405A02	1	ADT001	500	0	1	1	
36	CAA01-1	明治販売㈱	1	明治販売㈱	9999/12/31	RT405A02	2	ADT002	400	0	1	1	
37	TAA02	タイ	1	TAA02	9999/12/31	RT405A02	3	ADT004	500	0	1	1	
38	TAA02	タイ	1	TAA02	9999/12/31	RT405A02	4	ADT005	500	0	1	1	
39	CAA01-1	明治販売㈱	1	明治販売㈱	9999/12/31	RT405A02	5	ADT006	500	0	1	1	
40	CAA01-1	明治販売㈱	1	明治販売㈱	9999/12/31	RT405A02	6	ADT007	500	0	1	1	
41	CAA01-1	明治販売㈱	1	明治販売㈱	9999/12/31	RT405A02	7	ADT009	500	0	1	1	
42	CAA01-1	明治販売㈱	1	明治販売㈱	9999/12/31	RT405A02	8	ADT010	500	0	1	1	
43	CAA01-1	明治販売㈱	1	明治販売㈱	9999/12/31	RT405A02	9	ADT011	500	0	1	1	
44	CAA01-1	明治販売㈱	1	明治販売㈱	9999/12/31	RT405A02	10	ADT014	500	0	1	1	
45	CAA01-1	明治販売㈱	1	明治販売㈱	9999/12/31	RT405A02	11	ADT015	500	0	1	1	
46	TAA02	タイ	1	TAA02	2004/5/6	RT405A02	1	ADT001	500	1	0	0	

② ライン別日別負荷能力一覧ファイル

図表B-11 ライン別日別負荷能力一覧ファイル

	A	B	C	D	E	F	G	H
1	業者コード	業者名称	ラインコード	ライン名	年月日	能力値	余力	休日フラグ
2	CAA01-1	明治販売㈱	1	明治販売㈱	2004/5/1	3,500	2,520	0
3	CAA01-1	明治販売㈱	1	明治販売㈱	2004/5/2	0	0	1
4	CAA01-1	明治販売㈱	1	明治販売㈱	2004/5/3	0	0	1
5	CAA01-1	明治販売㈱	1	明治販売㈱	2004/5/4	0	0	1
6	CAA01-1	明治販売㈱	1	明治販売㈱	2004/5/5	0	0	1
7	CAA01-1	明治販売㈱	1	明治販売㈱	2004/5/6	3,500	2,640	0
8	CAA01-1	明治販売㈱	1	明治販売㈱	2004/5/7	3,500	0	0
9	CAA01-1	明治販売㈱	1	明治販売㈱	2004/5/8	3,500	1,250	0
10	CAA01-1	明治販売㈱	1	明治販売㈱	2004/5/9	0	0	1
11	CAA01-1	明治販売㈱	1	明治販売㈱	2004/5/10	3,500	0	0
12	CAA01-1	明治販売㈱	1	明治販売㈱	2004/5/11	3,500	0	0
13	CAA01-1	明治販売㈱	1	明治販売㈱	2004/5/12	3,500	0	0
14	CAA01-1	明治販売㈱	1	明治販売㈱	2004/5/13	3,500	0	0
15	CAA01-1	明治販売㈱	1	明治販売㈱	2004/5/14	3,500	0	0
16	CAA01-1	明治販売㈱	1	明治販売㈱	2004/5/15	3,500	0	0
17	CAA01-1	明治販売㈱	1	明治販売㈱	2004/5/16	0	0	1
18	CAA01-1	明治販売㈱	1	明治販売㈱	2004/5/17	3,500	860	0
19	CAA01-1	明治販売㈱	1	明治販売㈱	2004/5/18	3,500	440	0
20	CAA01-1	明治販売㈱	1	明治販売㈱	2004/5/19	3,500	1,360	0
21	CAA01-1	明治販売㈱	1	明治販売㈱	2004/5/20	3,500	130	0
22	CAA01-1	明治販売㈱	1	明治販売㈱	2004/5/21	3,500	2,950	0
23	CAA01-1	明治販売㈱	1	明治販売㈱	2004/5/22	3,500	2,150	0
24	CAA01-1	明治販売㈱	1	明治販売㈱	2004/5/23	0	0	1

　画面計画ファイル一覧に出力されるデータの中で，エラーが起きている箇所（9999／12／31となっている）がある。このエラーの原因は，能力以上の生産を受注していることが考えられる。管理者からみれば，生産ラインに負荷をかけすぎず，または遊びが出すぎずに毎日同じくらいの量を生産することが望ましいと考えるため，なるべく平準化生産できるように計画を考えなければならな

［付録B］ MAPS-TOCの詳細

い。また部品組み立てリードタイムなどを考慮して，製品の組み立てをいつにするか決めなければならない。

2．開発システムコード体系

(1) 品目コード

品目コードは，先に述べた品目マスタメンテナンスから登録をする。本書では簡単な例として製品と部品の2種類から構成されるとする。製品はACT，ACZ999，ADT，部品はPED002，PED003，PPXC003，PPXD005があり，これらをそれぞれコード化したものが，品目コードとなる。製品の品目コードは，ACT001～015，ACZ001～010，ADT001～015の40個を登録した。部品の品目コードはPED002，PED003，PXC003，PXD005の4個を登録した。下に登録の例を示した。

図表B-12　品目マスタメンテナンス

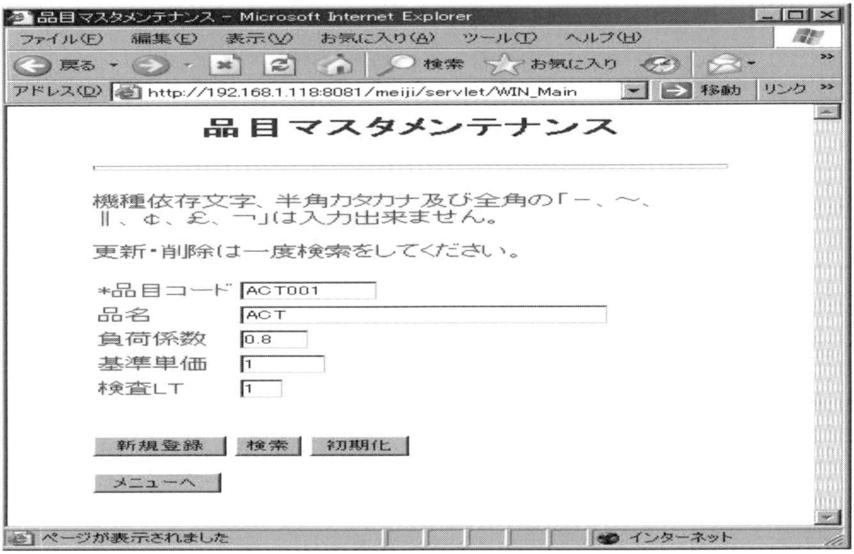

図表B-12は品名：ACT，品目コード：ACT001，負荷係数：0.8，基準単価：1，検査リードタイム：1を登録した例である。このようにすべての品目コードを登録し，品目マスタ一覧表を作成する。負荷係数・基準単価・検査リードタイムの設定は以下に述べる。

図表B-13　品目マスタ一覧表画面

	A	B	C	D	E
1	品目コード	品名	負荷係数	基準単価	検査LT
2	ACT001	ACT	1	20	1
3	ACT002	ACT	1.2	24	1
4	ACT003	ACT	1.3	26	1
5	ACT004	ACT	0.7	14	1
6	ACT005	ACT	0.9	18	1
7	ACT006	ACT	1	20	1
8	ACT007	ACT	1.2	24	1
9	ACT008	ACT	1.1	22	1
10	ACT009	ACT	1.1	22	1
11	ACT010	ACT	0.8	16	1
12	ACT011	ACT	1	20	1
13	ACT012	ACT	1	20	1
14	ACT013	ACT	1.3	26	1
15	ACT014	ACT	0.7	14	1
16	ACT015	ACT	0.9	18	1
17	ACZ001	ACZ999	1	20	1
18	ACZ002	ACZ999	1	20	1
19	ACZ003	ACZ999	1.3	26	1
20	ACZ004	ACZ999	0.7	14	1
21	ACZ005	ACZ999	0.9	18	1
22	ACZ006	ACZ999	1	20	1
23	ACZ007	ACZ999	1.2	24	1
24	ACZ008	ACZ999	1.3	26	1
25	ACZ009	ACZ999	0.9	18	1
26	ACZ010	ACZ999	1	20	1
27	ADT001	ADT	0.7	14	1
28	ADT002	ADT	0.6	12	1
29	ADT003	ADT	0.3	6	1
30	ADT004	ADT	0.6	12	1
31	ADT005	ADT	0.7	14	1
32	ADT006	ADT	0.6	12	1
33	ADT007	ADT	0.5	10	1

[付録B] MAPS-TOCの詳細

① 負荷係数・基準単価・検査リードタイム

以下のように決定する。

a．製　品

基準単価は，次のように設定した。

　　基準単価＝負荷係数×￥100（国内）

　　基準単価＝負荷係数×￥20（タイ）

MAPS-TOCでは図表B-14の製品レベルを設定することができる。

ここに示す例では，製品はACT001～ACT015（中価格製品），ACZ001～ACZ010（中価格製品），ADT001～ADT015（低価格製品）の40種の品目コードを登録し，それぞれに負荷係数・基準単価を設定した。製品レベルにより，これらの品目の検査リードタイムを1と設定した。

図表B-14　製品レベル表

製品レベル	品目コード	検査LT	負荷係数
超高価格製品	AAZ999	2	2～
高価格製品	ABZ999	2	1.2～3
中価格製品	ACZ999	1	0.5～1.5
低価格製品	ADZ999	1	～0.7

b．部　品

MAPS-TOCでは図表B-15の部品レベルを設定することができる。ここに示す例では，部品は先に述べた4種の部品，PED002，PED003，PXC004，

図表B-15　部品レベル表

部品レベル	品目コード	基準単価	検査LT
超高価格部品	PZA999	￥5000～	2
高価格部品	PZB999	￥100～￥4999	2
中価格部品	PZC999	￥200～￥999	1
低価格部品	PZD999	￥0～￥199	1 or 0

PXD005の品目コードを入力し，これらに負荷係数，基準単価を設定した。部品レベルにより，検査リードタイムは1となる。

c．品目優先度

品目優先度は先に述べた，品目優先マスタメンテナンスで登録を行う。品目にそれぞれ優先度を設け，業者はこの優先度に従って生産する。この関係を表にして示したものが次の品目優先度一覧表である。

図表B-16 品目優先度一覧画面

	A	B	C	D
1	品目コード	優先度	業者コード	ラインコード
2	ACT001	1	TAA02	1
3	ACT001	1	CAA01-1	1
4	ACT001	1	CAA01-5	1
5	ACT001	2	CAB03	1
6	ACT001	2	CAB02	1
7	ACT002	1	TAA02	1
8	ACT002	1	CAA01-1	1
9	ACT002	2	CAB03	1
10	ACT003	1	TAA02	1
11	ACT003	1	CAA01-1	1
12	ACT003	2	CAB03	1
13	ACT003	2	CAB02	1
14	ACT004	1	TAA02	1
15	ACT004	1	CAA01-1	1
16	ACT004	1	CAA01-5	1
17	ACT004	2	CAB03	1
18	ACT005	1	TAA02	1
19	ACT005	1	CAA01-5	1
20	ACT005	1	CAA01-1	1
21	ACT005	2	CAB03	1
22	ACT006	1	TAA02	1
23	ACT007	1	TAA02	1
24	ACT007	1	CAA01-1	1
25	ACT007	1	CAA01-5	1
26	ACT007	2	CAB03	1
27	ACT007	2	CAB02	1

[付録B] MAPS-TOCの詳細

(2) 受注テーブル入力（受注No.）

受注テーブル入力画面で受注ナンバー（受注No.）を設定する。例えば画面RT405A01の場合，5桁目は納期を入力し，6桁目は数量を入力する。また客先の優先度として本書の場合，優先度が大きい場合をA，優先度が中程度の場合をB，優先度が小さい場合をCと設定する。受注ファイルの作成では，受注サブナンバー（受注サブNo.），品目コード，客先コード，納品日，数量を入力し，予約済みフラグをたてる。

図表B-17　受注テーブル入力画面

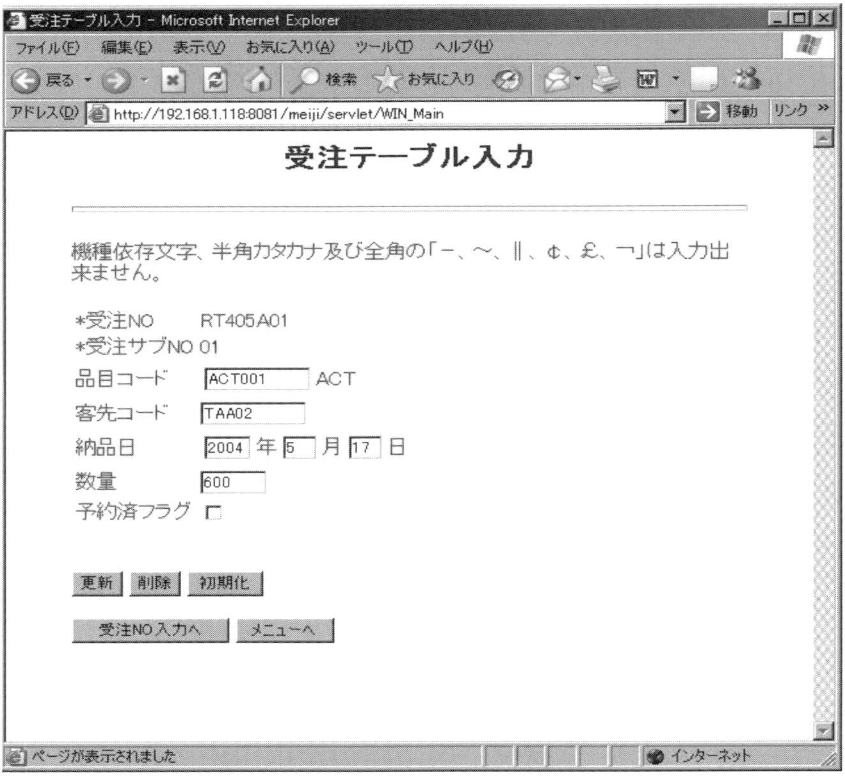

上の例の受注No. RT405A01，受注サブNo. 01では，品目 ACT（品目コード：

ACT001),客先TAA02に納品日：2004年5月17日に600個の注文が入ったことを示す例である。受注は計41個を請け負い，この41個の受注ファイルを一覧にした例を次の受注ファイル一覧表に示す。

本書でいう受注サブNo.とは，名前の通りに受注No.のサブ的な2桁の数字をつけたものである。同じ製品または部品につけられた受注No.に，受注サブNo.をつけることにより，より明確化することができる。

図表B-18　受注ファイル一覧画面

	A	B	C	D	E	F	G	H	I	J
1	受注NO	受注サブN	品目コード	客先コード	納期日	数量	エラー数量	納期エラー	予約済フラ	配分済フラグ
2	RT405A01	1	ACT001	TAA02	2004/5/17	600	0	0	1	0
3	RT405A01	2	ACT002	TAA02	2004/5/17	500	0	0	1	0
4	RT405A01	3	ACT003	TAA02	2004/5/17	300	0	0	1	0
5	RT405A01	4	ACT004	TAA02	2004/5/17	400	0	0	1	0
6	RT405A01	5	ACT005	TAA02	2004/5/17	500	0	0	1	0
7	RT405A01	6	ACT006	TAA02	2004/5/17	400	0	0	1	0
8	RT405A01	7	ACT007	TAA02	2004/5/17	250	0	0	1	0
9	RT405A01	8	ACT008	TAA02	2004/5/17	500	0	0	1	0
10	RT405A01	9	ACT009	TAA02	2004/5/17	600	0	0	1	0
11	RT405A01	10	ACT010	TAA02	2004/5/17	450	0	0	1	0
12	RT405A01	11	ACT011	TAA02	2004/5/17	450	0	0	1	0
13	RT405A01	12	ACT012	TAA02	2004/5/17	400	0	0	1	0
14	RT405A01	13	ACT013	TAA02	2004/5/17	400	0	0	1	0
15	RT405A01	14	ACT014	TAA02	2004/5/17	400	0	0	1	0
16	RT405A01	15	ACT015	TAA02	2004/5/17	400	0	0	1	0
17	RT405A02	1	ADT001	TAA02	2004/5/12	500	0	0	1	0
18	RT405A02	2	ADT002	TAA02	2004/5/12	400	0	0	1	0
19	RT405A02	3	ADT004	TAA02	2004/5/12	500	0	0	1	0
20	RT405A02	4	ADT005	TAA02	2004/5/12	500	0	0	1	0
21	RT405A02	5	ADT006	TAA02	2004/5/12	500	0	0	1	0
22	RT405A02	6	ADT007	TAA02	2004/5/12	500	0	0	1	0
23	RT405A02	7	ADT009	TAA02	2004/5/12	500	0	0	1	0
24	RT405A02	8	ADT010	TAA02	2004/5/12	500				

（3）　業者コード

本書では業者として3種類の業者を設定している。組み立て業者，部品業者販売業者である。この3種類の業者をコード化し，業者マスタメンテナンスに

入力し，業者マスタを作成する。

図表B-19　業者マスタメンテナンス入力画面

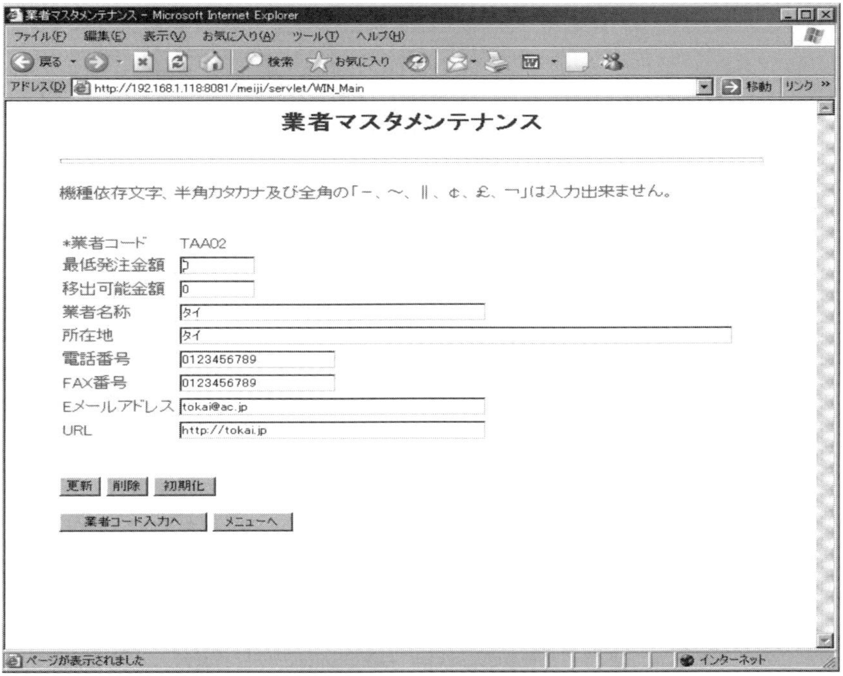

① 組み立て業者

組み立て業者は，部品を組み立て製品に仕上げる業者である。本書ではタイ（業者コード：TAA02）・バンコク工業（：TAB03）・チェンマイ工業（：TAB04）の3業者を登録した。業者コードの3桁目は優先度を表し，優先度大はA，優先度中はBと表現した。また組立標準金額は次式で設定した。

　　組立標準金額＝基準能力×100×1ヵ月の稼働日数

② 部品業者

部品業者は製品を組み立てる前の部品を製造する会社で，本書ではバンコク精密(業者コード：TPA04)・タイ精密(：TPB02)・チェンマイ精密(：TPB06)の3業者を登録した。業者コードの3桁目は優先度を表し，優先度大はA，優先度中はBと表現した。また部品標準金額は次式で設定した。

部品標準金額＝基準能力×平均単価×2ヵ月の稼働日数／平均負荷

③ 販売業者

販売業者は，明治販売の関東営業所，北海道営業所，東北営業所，中部営業所，近畿営業所，広島営業所，四国営業所，九州営業所と，中央商事，慶応販売，関学商事，三丸商事，五井物産，MIA(アメリカ)，MIE(ヨーロッパ)，MIH(ホンコン)，MIO(オセアニア)，MIM(中東)の計18社を設定した。

この①～③の業者をコード化し，業者マスタ一覧表を作成した例を次に示す。なお，業者への最低発注金額，移出可能金額は0円に設定した。なお客先には，明治販売の8箇所の営業所，中央商事，慶応販売，関東商事，三丸商事，五井物産，MIA(アメリカ)，MIE(ヨーロッパ)，MIH(ホンコン)，MIO(オセアニア)，MIM(中東)の18の客先を設定して，客先コードを設定している。

図表B-20 業者マスター覧表画面

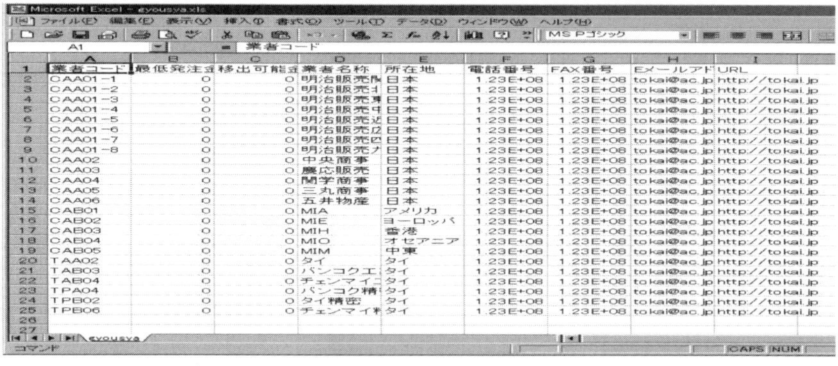

	A	B	C	D	E	F	G	H	I
1	業者コード	最低発注金	移出可能金	業者名称	所在地	電話番号	FAX番号	Eメールアド	URL
2	CAA01-1	0	0	明治販売	日本	1.23E+08	1.23E+08	tokai@ac.jp	http://tokai.jp
3	CAA01-2	0	0	明治販売	日本	1.23E+08	1.23E+08	tokai@ac.jp	http://tokai.jp
4	CAA01-3	0	0	明治販売	日本	1.23E+08	1.23E+08	tokai@ac.jp	http://tokai.jp
5	CAA01-4	0	0	明治販売	日本	1.23E+08	1.23E+08	tokai@ac.jp	http://tokai.jp
6	CAA01-5	0	0	明治販売	日本	1.23E+08	1.23E+08	tokai@ac.jp	http://tokai.jp
7	CAA01-6	0	0	明治販売	日本	1.23E+08	1.23E+08	tokai@ac.jp	http://tokai.jp
8	CAA01-7	0	0	明治販売	日本	1.23E+08	1.23E+08	tokai@ac.jp	http://tokai.jp
9	CAA01-8	0	0	明治販売	日本	1.23E+08	1.23E+08	tokai@ac.jp	http://tokai.jp
10	CAA02	0	0	中央商事	日本	1.23E+08	1.23E+08	tokai@ac.jp	http://tokai.jp
11	CAA03	0	0	慶応販売	日本	1.23E+08	1.23E+08	tokai@ac.jp	http://tokai.jp
12	CAA04	0	0	関学商事	日本	1.23E+08	1.23E+08	tokai@ac.jp	http://tokai.jp
13	CAA05	0	0	三丸商事	日本	1.23E+08	1.23E+08	tokai@ac.jp	http://tokai.jp
14	CAA06	0	0	五井物産	日本	1.23E+08	1.23E+08	tokai@ac.jp	http://tokai.jp
15	CAB01	0	0	MIA	アメリカ	1.23E+08	1.23E+08	tokai@ac.jp	http://tokai.jp
16	CAB02	0	0	MIE	ヨーロッパ	1.23E+08	1.23E+08	tokai@ac.jp	http://tokai.jp
17	CAB03	0	0	MIH	香港	1.23E+08	1.23E+08	tokai@ac.jp	http://tokai.jp
18	CAB04	0	0	MIO	オセアニア	1.23E+08	1.23E+08	tokai@ac.jp	http://tokai.jp
19	CAB05	0	0	MIM	中東	1.23E+08	1.23E+08	tokai@ac.jp	http://tokai.jp
20	TAA02	0	0	タイ	タイ	1.23E+08	1.23E+08	tokai@ac.jp	http://tokai.jp
21	TAB03	0	0	バンコクエ	タイ	1.23E+08	1.23E+08	tokai@ac.jp	http://tokai.jp
22	TAB04	0	0	チェンマイ	タイ	1.23E+08	1.23E+08	tokai@ac.jp	http://tokai.jp
23	TPA04	0	0	バンコク精	タイ	1.23E+08	1.23E+08	tokai@ac.jp	http://tokai.jp
24	TPB02	0	0	タイ精密	タイ	1.23E+08	1.23E+08	tokai@ac.jp	http://tokai.jp
25	TPB06	0	0	チェンマイ	タイ	1.23E+08	1.23E+08	tokai@ac.jp	http://tokai.jp
26									
27									

［付録B］ MAPS-TOCの詳細

（4） ライン入力

それぞれの業者にラインを設定し入力する。そのラインに伴った運搬リードタイム，基準能力値を設定した。運搬リードタイムは，部品業者が14日，組み立て業者が7日，販売業者が8日に設定した。この際に注意しなければならないことは，基準能力値を超えないような計画を立てることである。

図表B-21　ライン名マスタメンテナンス入力画面

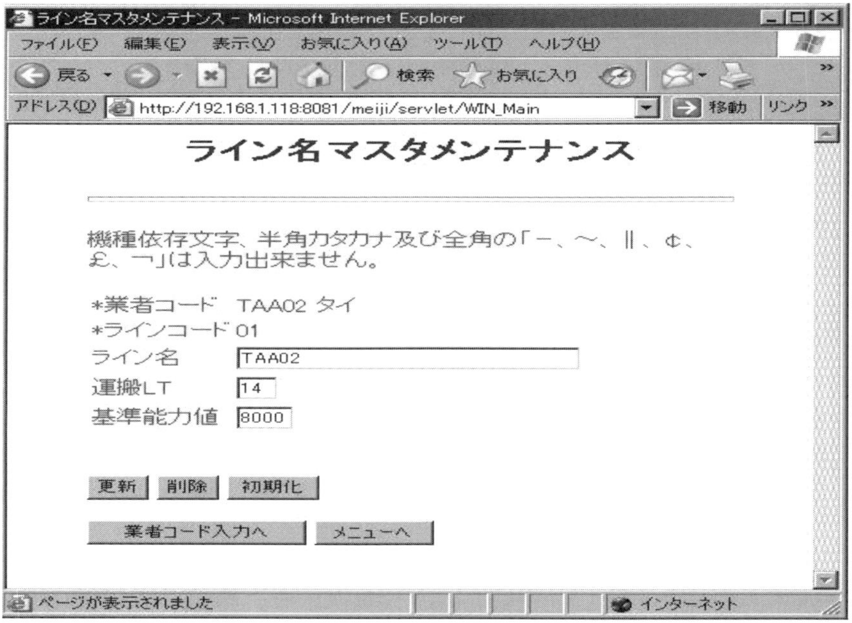

図表B-22　業者ラインファイル一覧画面

	A	B	C	D	E	F	G
1		業者名称	ラインコード	ライン名	運搬LT	基準能力値	
2	CAA01-1	明治販売関	1	明治販売関	8	8,000	
3	CAA01-2	明治販売	1	明治販売	8	8,000	
4	CAA01-3	明治販売東	1	明治販売東	8	2,000	
5	CAA01-4	明治販売中	1	明治販売中	8	2,000	
6	CAA01-5	明治販売近	1	明治販売近	8	3,000	
7	CAA01-6	明治販売広	1	明治販売広	8	1,500	
8	CAA01-7	明治販売四	1	明治販売四	8	1,500	
9	CAA01-8	明治販売九	1	明治販売九	8	1,500	
10	CAA03	慶応販売	1	慶応販売	8	1,500	
11	CAA04	関学商事	1	関学商事	8	1,500	
12	CAA05	三丸商事	1	三丸商事	8	1,500	
13	CAA06	五井物産	1	五井物産	8	1,500	
14	CAB01	MIA	1	MIA	8	5,000	
15	CAB02	MIE	1	MIE	8	5,000	
16	CAB03	MIH	1	MIH	8	5,000	
17	CAB04	MIO	1	MIO	8	5,000	
18	CAB05	MIM	1	MIM	8	1,500	
19	TAA02	タイ	1	TAA02	14	8,000	
20	TAA02	タイ	2	TAA02	14	1,500	
21	TAA02	タイ	3	TAA02	14	1,000	
22	TAB03	バンコクエ	1	TAB03	14	1,500	
23	TAB04	チェンマイ	1	TAB04	14	1,200	
24	TPA04	バンコク精	1	TPA04	7	8,000	
25	TPA04	バンコク精	2	TPA04	7	2,500	
26	TPB02	タイ精密	1	TPB02	7	5,000	
27	TPB06	チェンマイ	1	TPB06	7	1,500	

(5) 休日フラグの設定

図表B-23は業者コードCAA01-1（明治販売関東営業所）の例である。休日フラグを立てると，休日の能力は0となり生産できなくなる。この休日設定をすべての業者に行った。なお，業者には日本だけでなく様々な国があるが，本研究では，その業者すべてを日本の暦に合わせた設定を行った。具体的には日曜日に加え，ゴールデンウィークを休日と設定しフラグを立てた。この例の場合，5月なので設定した休日は2日，3日，4日，5日，9日，16日，23日，30日の計8日間である。

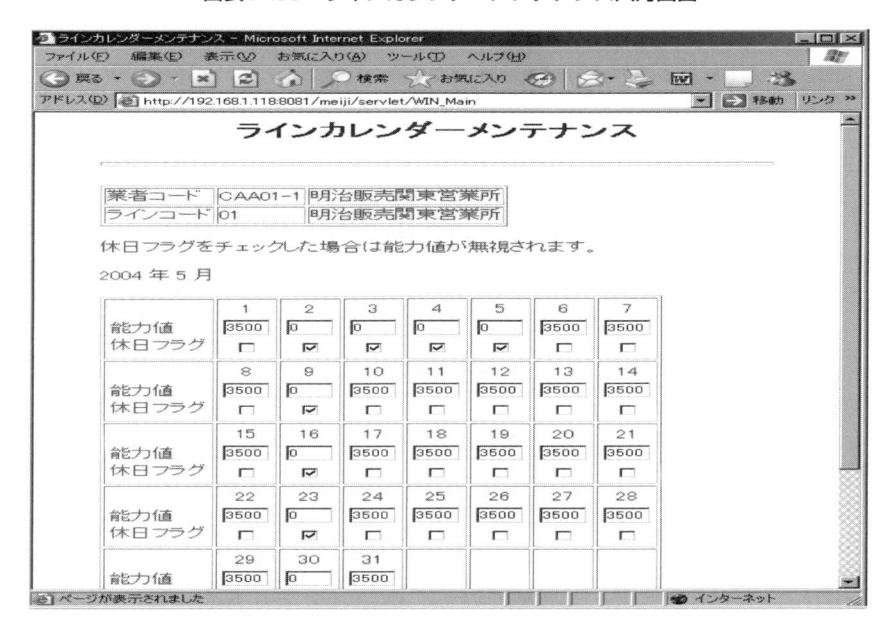

図表B-23　ラインカレンダーメンテナンス入力画面

3．シミュレーションの実行例

　受注を受けた製品に対し計画を立てる。業者コード，ラインコード，受注ナンバー，受注サブナンバー，品目コードを入力すると，図表B-24に示した計画テーブル予約画面に進む。具体的には納期，リードタイムに合わせた数量の計画を組み，予約済みフラグを立てる。各ラインには能力が存在するので，その能力に注意をしなければならない。

　図表B-25の計画テーブル入力画面の例では，明治販売関東営業所に1,500個入った受注を5月1日，6日，7日各日500個の生産を行う計画を立てたことを示している。この計画をすべての受注に対して行い，計画テーブル一覧表を作成した。

図表B-24　計画テーブル入力画面

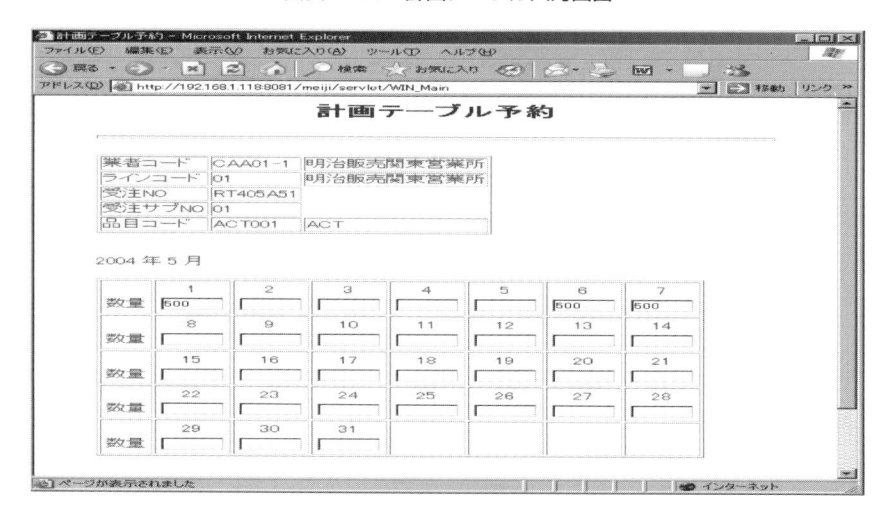

図表B-25　計画テーブル一覧画面

　品目埋め込み処理を行いシミュレーションを実行する。品目埋め込み処理は2004年5月7日〜25日まで行った。ここで，リードタイムなどによる納期遅れ，

[付録B] MAPS-TOCの詳細

能力値超えがあるとエラーが起きてしまう。能力値と余力から計画修正を続けて行う。

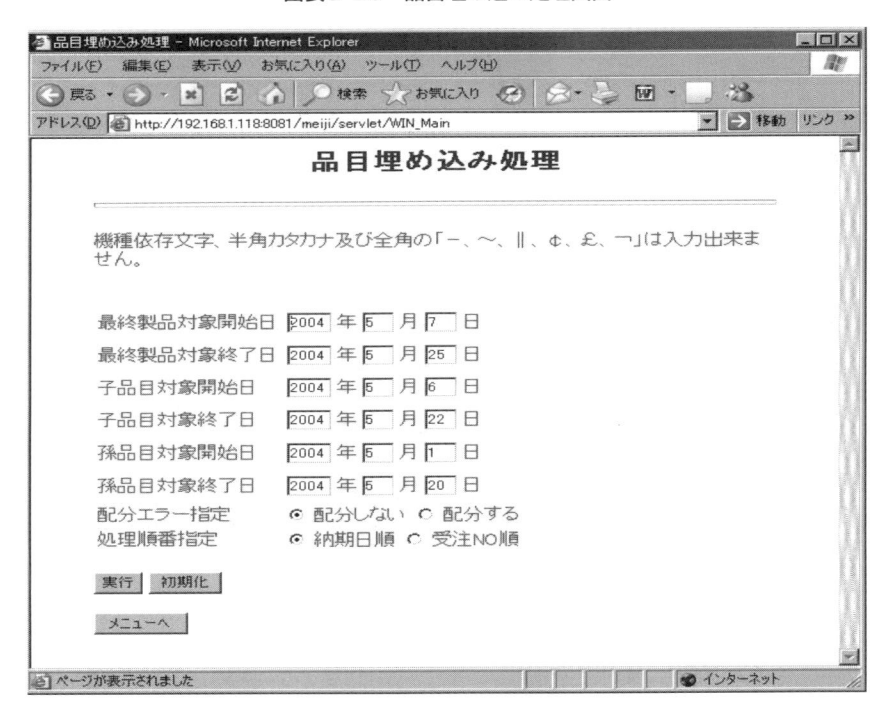

図表B-26　品目埋め込み処理画面

品目埋め込み処理を実行するために図表B-26のように年月日を入力した。

品目埋め込み処理を実行すると、配分済み計画一覧ファイルに、図表B-27のように表示される。これは5月各日の能力値と余力を示したファイルである。ここでエラーが起きた場合、先に示したように、年月日が9999年12月31日と表される。そしてエラーが起きないような計画を立てられるまで、計画テーブルを修正していく。この例では1ヵ月分、つまり2004年5月分の41個の受注を請け負い、シミュレーションを行っている。リードタイムや納期に合わせた生産を行うことができ、結果に示した通り41個の受注をMAPS-TOCを用い、

基準生産計画を作成することに成功している。

図表B-27　配分済み計画一覧ファイル画面

	A	B	C	D	E	F	G	H
1	業者コード	業者名称	ラインコード	ライン名	年月日	能力値	余力	休日フラグ
2	CAA01-1	明治販売㈱	1	明治販売㈱	2004/5/1	3,500	2,520	0
3	CAA01-1	明治販売㈱	1	明治販売㈱	2004/5/2	0	0	1
4	CAA01-1	明治販売㈱	1	明治販売㈱	2004/5/3	0	0	1
5	CAA01-1	明治販売㈱	1	明治販売㈱	2004/5/4	0	0	1
6	CAA01-1	明治販売㈱	1	明治販売㈱	2004/5/5	0	0	1
7	CAA01-1	明治販売㈱	1	明治販売㈱	2004/5/6	3,500	2,640	0
8	CAA01-1	明治販売㈱	1	明治販売㈱	2004/5/7	3,500	0	0
9	CAA01-1	明治販売㈱	1	明治販売㈱	2004/5/8	3,500	1,250	0
10	CAA01-1	明治販売㈱	1	明治販売㈱	2004/5/9	0	0	1
11	CAA01-1	明治販売㈱	1	明治販売㈱	2004/5/10	3,500	0	0
12	CAA01-1	明治販売㈱	1	明治販売㈱	2004/5/11	3,500	0	0
13	CAA01-1	明治販売㈱	1	明治販売㈱	2004/5/12	3,500	0	0
14	CAA01-1	明治販売㈱	1	明治販売㈱	2004/5/13	3,500	0	0
15	CAA01-1	明治販売㈱	1	明治販売㈱	2004/5/14	3,500	0	0
16	CAA01-1	明治販売㈱	1	明治販売㈱	2004/5/15	3,500	0	0
17	CAA01-1	明治販売㈱	1	明治販売㈱	2004/5/16	0	0	1
18	CAA01-1	明治販売㈱	1	明治販売㈱	2004/5/17	3,500	860	0
19	CAA01-1	明治販売㈱	1	明治販売㈱	2004/5/18	3,500	440	0
20	CAA01-1	明治販売㈱	1	明治販売㈱	2004/5/19	3,500	1,360	0
21	CAA01-1	明治販売㈱	1	明治販売㈱	2004/5/20	3,500	130	0
22	CAA01-1	明治販売㈱	1	明治販売㈱	2004/5/21	3,500	2,950	0
23	CAA01-1	明治販売㈱	1	明治販売㈱	2004/5/22	3,500	2,150	0
24	CAA01-1	明治販売㈱	1	明治販売㈱	2004/5/23	0	0	1

あ と が き

　企業におけるコンピュータ技術，あるいはICTの利用の歴史は，一面では失敗の歴史であったといえる。ICTベースの情報システムの導入が企業における様々な業務の効率向上をもたらしてきた一方で，1960年代のMIS，1980年代のSISなど，ブームを引き起こしながらも短期間のうちにその有効性が疑問視され，失敗の烙印を押されたシステム概念は多い。システム概念が世間一般の注目を集め，それに対する十分な理解がないままに，これをビジネスパフォーマンス向上の切り札と考えるユーザー企業，そしてビジネス機会としてとらえるベンダー企業とが，拙速ともいえるシステムの構築と導入を推し進め，結果的にシステム概念に含まれる「スマートな提言」までも否定する事態を引きこすことは，企業経営にとっても，またICTの開発にとっても不幸なことである。

　本書では，多くの企業で導入が進められているSCMという現代的ビジネスプロセス構築手法の理論的可能性を，現在の，そして近い将来に実現・利用可能なICTを念頭に追究し，また，それを企業において効果的に機能させるための組織的・社会的諸条件を考察している。企業における情報システムの構築は単なる技術的問題ではなく，組織的な，さらには社会的な問題として理解されなければならないという認識が本書のこうした構成の背後に存在している。組織制度・文化，さらには企業倫理，CSR，自然環境保護，情報倫理に関する議論を深めることは，これからの企業情報システムの構築と運用において必須のものである。

　こうした多岐にわたる議論をカバーする本書を読み解くためのキーコンセプトは「スマート・シンクロナイゼーション」であり，これを基軸にB to B & C，e-SCM，TOCC，eKCM，タッキングマネジメント，CSR連鎖などといった多くの有用な概念が本書では提言されている。また，スマート・シンクロナイゼ

ーションを実現するための生産計画作成システムのプロトタイプとして構築されたMAPS-TOCの概要も示されている。こうした試みは単にSCMへの理解を深めるにとどまらず，ICTを企業経営においていかに活用するのかについての重要な洞察をもたらすものである。

　いうまでもなく，本書での様々な提言を企業実務において生かすには，それぞれの企業ならびに産業の特性をふまえ，適切な解釈をほどこすことが必要となる。本書の執筆者はそうした解釈のための議論に参加することをいとわないであろう。こうした議論こそが，企業におけるICT利用の失敗の歴史に終止符を打つ切り札となりうるからである。

　2006年1月

本書が実り多い議論のきっかけになることを祈って

山下　洋史

村田　潔

Index

事項索引

あ行

アーキテクチャ　151
アーキテクチャ・ベースの産業論　151
アソートメント　177
安心　231
イノベーション　10
インターコーポレート・
　アセスメント　232
インターネット　3, 23
インターネット・ショッピング　178
インダストリー・パーク方式　161
インテグラル型　151
イントラネット　39
インハウス方式　161
ウィン・ウィン関係　44
影響タッチ・ポイント　97
エージェント　181
エクストラネット　39
エコ・デザイン　222
エントロピー　84, 111, 134, 190
オプトイン・メール　98
オペレーショナルリスク　229
オンデマンド・ビジネス　47
オンライン・ショップ　97

か行

外部環境一体化機能　102
科学的管理法　190
囲い込み型戦略　148
過剰在庫　201
カスタマー・オリエンテッド
　e-SCM　171
カスタマイゼーション　177
カストロフィー・モデル　53
仮想組織　45
価値創出パートナー　161
環境の内部化　217
環境マネジメント・システム　223
関係コスト　16
関係性パラダイム　168
関係性マーケティング　169
管理の限界　190
機会損失コスト　43
基幹システム　25
企業・消費者間のツーウェイ・コミュニケ
　ーション　172
企業間コラボレーション　44
企業群間競争　83
企業の権力　215
企業の社会的責任　65, 214
企業倫理　65, 68, 216
技術的抵抗力　51
基準生産計画　106
基準単価　255
業者マスタ　245
協調型戦略　148
グリーン調達　222, 227
グリーン連鎖　227
クロス・ボーダー型M&A　157
経験志向型行動　175
継続的改善　204
検査リードタイム　255
購買後一体化機能　102
購買後タッチ・ポイント　96
購買時一体化機能　102
購買時タッチ・ポイント　96
購買前一体化機能　102
購買前タッチ・ポイント　96
顧客　95
顧客歓喜　98
顧客シェア　172

顧客生涯価値　172
コスト　16, 235, 242
個の自律性の尊重　28
ゴミ箱モデル　10
コモディティ化　39
コラボレーション　41
コンシェルジュ機能　173
コンピュータ・ウィルス　49
コンプライアンス　75

さ行

再生資源　223
最適解　197
サブ・システム　208
サプライチェーン・ネットワーク　200
サプライチェーン・ネットワーク・モデル　237
サプライチェーン・モデル　14
サプライヤー・システム　148
産出　116
シームレス　48
支援　192
仕掛り在庫　120
事業戦略　210
自然環境保護　217
持続可能な発展　220
自働化　29
自動化（automate）　63
社会的責任投資（SRI）　231
社会変容　63
ジャスト・イン・タイム　106
従属需要品目　106, 130
集中化された低エントロピー源　135, 139
受注テーブル　247
循環型社会　222
情報エンリッチメント　63
情報化（informate）　63
情報共有　27
情報系ネットワーク　25
情報セキュリティ　50, 75
情報ネットワーク　11
人的抵抗力　51

信頼　231
垂直的ヒエラルキー・コントロール　140
水平協働システム　44
水平的コーディネーション　140
スケジューリング　135
ステークホルダー　67, 215
スマートマシーン　63
スループット　15, 207, 237, 240
生産の同期化　162
脆弱性　64
脆弱なスマートさ　64
生・販統合　150
製販統合　150
製品アーキテクチャ　152
制約条件　197, 199
全体最適化　28, 109
操作変数　198
組織活性化　31
ソフトウェアエージェント　182

た行

第3のリスク　230
代替的双対モデル　110
タッキング　203
知的財産　71
同期化　129, 131, 210
同期化ロジック　106, 133
道徳的行動主体　68
投入　116
トータル・ソリューション　45
独立需要品目　130
共食い状態　159
トランザクションコスト　43

な行

内部統制　76
ナレッジ・コミュニティ　91, 93
二重の情報共有　84
二重の知識共有　88
二重の低エントロピー源　139
ネット消費者購買プロセス　180

は行

パーソナライゼーション　177
バーチャル・モール　6
ハイパーメディア型CME　175
ハイパーメディア環境　175
パッケージ化　39
発言オプション　229
バランストスコアカード　88
非ゴーイングコンサーン　77
ビジネス・アーキテクチャ　47
ビジネス・モデル　9
非操作変数　198
非ボトルネック工程　118
標準化　40
品目コード　253
品目マスタ　245
ファイアウォール　23
負荷係数　255
複雑性問題　153
複社発注政策　149
プッシュ方式　14
部分最適化　109
プラットフォームの共有化　159
プル方式　14
ブロードバンド化　39
分散された低エントロピー源　139
平準化　131
ベスト・プラクティス・ベクトル　205
ボトルネック　109, 113, 132, 137
ポリシーの真空状態　66

ま行

マーケティング・パラダイム・シフト　168
マス・カスタマイゼーション　155
マルチ・ブランド化戦略　158
満足解　198
無関心圏　32
無機的情報　171
無限負荷山積み　107, 138
目的志向型行動　175
モジュール・サプライヤー　160
モジュール化　151
モジュラー化　153
問題と解の柔らかい結合　196

や行

柔らかい結合　226
柔らかいシステム　200
柔らかい組織　94
有機的情報　171
ユーザー・イノベーション　22
緩やかな連結　148
予期せぬ成功　94
余力　119

ら行

ライン選択　114
リードタイム　15, 200, 241
利害関係者　67, 215
利便性と安全性のジレンマ　64, 65
倫理問題　67
レピュテーショナルリスク　229
ロイヤリティ　102
ロット生産方式　112
論理的順応性　62

欧文索引

4C (company, customer, competitor, collaborator)　44
B to B (Business to Business)　5, 7, 20
B to B&C (Business to Business & Consumer)　20, 26, 35
B to C (Business & Consumer)　5, 6, 20
BPR (Business Process Reengineering)　24
C to C (Consumer to Consumer)　8
CIM (Computer-Integrated Manufacturing)　162
CRM (Customer Relationship

Management） 82
CSR（Corporate Social
　Responsibility） 65, 214
CSR調達 228
CSR連鎖 228
EDI（Electronic Data Interchange） 5
ERP （Enterprise Resource
　Planning） 39, 85
e消費者 173
eマーケティング 169
eラーニング 88
ICT（Information & Communication
　Technology） 3, 37
ICT依存社会 62
IP（Internet Protocol） 38
ISO14000シリーズ 223
JITシステム 136, 140
loose coupling 10
MAPS-TOC 122, 128, 139, 142, 244

ME自動化技術 156
MPS（Master Production
　Schedule） 106, 129, 138
MRPシステム 136, 140
NVO（Networked Virtual
　Organization） 45
OES（Order Entry System） 150
OJC（On the Job Computing） 28
QCD（Quality, Cost, Delivery） 7
SCMチーム 109
SIS（Strategic Information System） 5
SOA（Service-Oriented
　Architecture） 45
TCO（Total Cost of Ownership） 43
VAN（Value Added Network） 5
V-CALS（Vehicle-Commerce At Light
　Speed） 148
VMI（Vendor Managed Inventory） 72

〈編著者紹介〉

山下 洋史（やました・ひろし）
　明治大学商学部教授，博士（工学），博士（商学）
　明治大学グローバル e-SCM 研究センター代表
《主要著書》
　『情報・知識共有を基礎としたマネジメント・モデル』，東京経済情報出版，2005年
　『グローバルSCM：サプライチェーン・マネジメントの新しい潮流』（共編著），有斐閣，2003年
　『人事情報管理のための評定傾向分析モデル』，経林書房，2000年
　『情報管理と経営工学』，経林書房，1999年
　『人的資源管理の理論と実際』，東京経済情報出版，1996年

村田　潔（むらた・きよし）
　明治大学商学部教授
　明治大学グローバル e-SCM 研究センター副代表
　Journal of Information, Communication and Ethics in Society 編集委員
《主要著書》
　『ポストモダン組織論』(共著)，同文舘，2005年
　『情報倫理：インターネット時代の人と組織』(編著)，有斐閣，2004年
　『グローバルSCM：サプライチェーン・マネジメントの新しい潮流』（共編著），有斐閣，2003年
　『経営情報論』(共著)，有斐閣，2003年

《検印省略》

平成18年3月15日　初版発行　　略称：シンクロ

スマート・シンクロナイゼーション
―― e ビジネスとSCMによる二重の情報共有 ――

　　編著者　Ⓒ　山　下　洋　史
　　　　　　　　村　田　　　潔
　　発行者　　　中　島　治　久

発行所　同文舘出版株式会社
東京都千代田区神田神保町1-41 〒101-0051
電話　営業03(3294)1801　振替00100-8-42935
編集03(3294)1803　　http://www.dobunkan.co.jp

Printed in Japan 2006　　印刷：三美印刷
　　　　　　　　　　　　製本：トキワ製本

ISBN4-495-37481-8